Wolfgang Scheffknecht

Scharfrichter

Eine Randgruppe im
frühneuzeitlichen Vorarlberg

UVK · Universitätsverlag Konstanz

Die Deutsche Bibliothek – CIP-Einheitsaufnahme
Scheffknecht, Wolfgang:
Scharfrichter : eine Randgruppe im frühneuzeitlichen Vorarlberg / Wolfgang Scheffknecht. – Konstanz : UVK, Univ.-Verl. Konstanz, 1995
ISBN 3-87940-494-1

ISBN 3-87940-494-1

Satz: Claudia Wild
Druck: Konkordia Druck GmbH, Bühl/Baden
Einbandgestaltung: Riester & Sieber, Konstanz
Papier: Chlorfrei gebleicht, ohne optische Aufheller

Gedruckt mit freundlicher Unterstützung
der Vorarlberger Landesregierung

Inhalt

Vorwort

Es besteht eine merkwürdige Diskrepanz zwischen der Präsenz von Scharfrichtern in Sagen und Märchen sowie neuerdings in Kino- und Fernsehfilmen und dem gesicherten Wissen über seine Person in breiten Bevölkerungsschichten. Zu allen Zeiten ging eine schaurige Faszination von ihr und den Gegenständen ihrer Tätigkeit aus. Kaum ein historisches Landes- oder Stadtmuseum verzichtet auf eine Abteilung, in welcher die Strafrechtsgeschichte dokumentiert ist. Foltergeräte, Richtschwerter, Holzschnitte mit Darstellungen der peinlichen Befragung oder einer Hinrichtung u.a.m. sollen dem Betrachter das Strafsytem der vorindustriellen Zeit nahebringen. Trotzdem hält nach wie vor ein Großteil selbst der Abgänger höherer Schulen nach jahrelangem Geschichtsunterricht Hexenprozesse, die Anwendung der Folter, den Vollzug von Verstümmelungsstrafen sowie die Person des berufsmäßigen Scharfrichters für typisch mittelalterliche Phänomene; ein Mißverständnis, das durch schlecht aufbereitete Ausstellungen und filmische Darstellungen häufig noch verstärkt wird.[1] Die schaurige Faszination des Scharfrichters sowie das allmähliche Bewußtwerden der angesprochenen Mißverständnisse führten mich zur Beschäftigung mit diesem Thema.

Wer sich mit der Geschichte der Scharfrichter auseinandersetzt, wird bald feststellen, daß diese unendlich vielschichtig ist. Die Person des Scharfrichters läßt sich nicht einfach auf eine der bekannten Klischeevorstellungen reduzieren. Er war in der Regel weder der blutrünstige Kerl, der seine Freude daran hatte, anderen Menschen Pein zu bereiten, noch womöglich ein alkoholabhängiger roher Geselle, dem jedes Gefühl für die Leiden jener abging, die ihm unter die Hand kamen. Wir können in ihm auch nicht einfach einen kritik- und ehrlosen Gesellen sehen, der sich als Scherge in den Dienst jeder beliebigen Obrigkeit stellte. Die historische Wirklichkeit ist wesentlich vielschichtiger. Sie bewegt sich zwischen den Polen eines Meister Franz von Nürnberg, der sich erfolgreich für die Humanisierung des Strafvollzugs in der Reichsstadt des 16. Jahrhunderts einsetzte[2], eines Franz Wohlfahrt von Salzburg, der es zu einigem Wohlstand brachte und hinter dessen leicht protzigen Selbstdarstellung sich, wie Handschriftsachverständige behaupten, eine extreme Gefühlskälte verbarg, wie man sie sonst bei Lustmördern finde[3], und des zügellosen Jakob Vollmar von Hall, der seine Anstellung verlor, weil er die Mitmenschen immer wieder bedrohte und überdies der Wilderei frönte[4]. Wir können die Scharfrichter genausowenig wie alle anderen Menschen in ein schlichtes Schwarz-weiß-Schema pressen. Dies zu zeigen, ist eine der Motivationen, die mich veranlaßten, dieses Buch zu schreiben. Ich will zwar nicht, wie Pavel Kohut es in seinem satirischen Roman »Die Henkerin« ausdrückte, »meinen bescheidenen Teil dazu beitragen, daß wir eines Morgens nicht in einer Welt ohne Scharfrichter aufwachen«[5], aber ich möchte einen bescheidenen Anteil dazu beitragen, daß ein etwas klareres und wirklichkeitsnaheres Bild der Vorarlberger Scharfrichter entsteht. Aber noch eine weitere Motivation soll genannt werden: Einen anderen Menschen zu töten, ist wohl nach wie vor »eine der heikelsten Aufgaben«, die einem Vollzugsbeamten aufgebürdet werden kann.[6] Jack Pursley, der in Texas in den letzten Jahren Hinrichtungen vollstreckte, soll unter dieser Last in zehn Jahren seiner Tätigkeit »um dreißig Jahre gealtert« sein.[7] So kann vielleicht auch diese kleine Studie mithelfen zu zeigen, was die Gesellschaft demjenigen aufbürdet, den sie mit der Vollstreckung von Todesurteilen beauftragt.

An dieser Stelle möchte ich allen jenen danken, ohne deren kleinere und größere Hilfeleistungen und Beiträge diese Arbeit nicht hätte geschrieben werden können. Ihre Zahl ist so groß, daß ich sie nicht alle namentlich nennen kann. Besonders danke ich Herrn Werner Dobras (Lindau), Herrn Emmerich Gmeiner (Bregenz), Herrn Univ.-Doz. Dr. Alois Niederstätter (Bregenz), Herrn Mag. Norbert Schnetzer (Bregenz), Herrn Dr. Eberhard Tiefenthaler (Bregenz), Herrn Dr. Manfred Tschaikner (Bludenz), Herrn Mag. Christoph Volaucnik (Feldkirch), Herrn Dr. Hubert Weitensfelder (Wien) und Herrn Dr. Ernst Ziegler (St. Gallen) für zahlreiche wertvolle Quellenhinweise und Diskussionsbeiträge, die zur Klärung mancher Frage von großer Wichtigkeit waren. Ein vorzüglicher Dank gilt dem Direktor des Vorarlberger Landesarchivs, Herrn Univ.-Prof. DDr. Karl Heinz Burmeister, von dem die eigentliche Anregung zur Beschäftigung mit der Geschichte der Vorarlberger Scharfrichter stammte, der meine Forschungen stets mit wohlwollendem Interesse verfolgte und der mir die Gelegenheit bot, im Rahmen des landeskundlichen Arbeitskreises zu diesem Thema zu referieren. Auch ihm verdanke ich eine Reihe wertvollster Hinweise und Anregungen. Nicht zuletzt danke ich dem Universitätsverlag Konstanz, vor allem Herrn Dr. Artur Göser, für die Aufnahme dieses Buches in die »Weiße Bibliothek« und die stets zuvorkommende und mustergültige verlegerische Betreuung.

I. Einleitung

Nur schwer läßt sich ein Bild von den Lebensumständen und der Geschichte der Vorarlberger Scharfrichter gewinnen. Die quellenmäßigen Nachrichten über sie sind sehr verstreut. Oft stößt man in unerwartetem Zusammenhang auf die Person des Scharfrichters. Und so fügt sich das Bild nur mühsam zusammen. Der Historiker, der sich damit beschäftigt, sammelt ein Mosaiksteinchen nach dem anderen. So kann an dieser Stelle noch keineswegs ein vollständiges Bild der Geschichte der Vorarlberger Scharfrichter präsentiert werden. Immer noch klaffen mehr oder weniger große Lücken in unserem Wissen über ihre Lebensumstände. Die hier vorgelegte Untersuchung versteht sich daher auch keineswegs als auch nur annähernd vollständige und abschließende Darstellung des Themas. Vielmehr soll an dieser Stelle so etwas wie ein Zwischenbericht über die bisher geleistete Forschungsarbeit geboten werden. Dabei bleiben viele Fragen nach wie vor offen. Sie zu beantworten ist die Aufgabe künftiger Forschungen.

Als zeitlicher Rahmen für diese Untersuchung wurde die Zeit vom ausgehenden 16. Jahrhundert bis zum beginnenden 19. Jahrhundert gewählt. Der Schwerpunkt liegt dabei auf den letzten Jahrzehnten des 17. und auf dem 18. Jahrhundert, da für diesen Abschnitt die Quellenlage am günstigsten ist. Das

19. Jahrhundert, für das die archivalischen Quellen bekanntlich besonders reich fließen, wurde in einem Exkurs lediglich gestreift. Es ist soweit in die Darstellung einbezogen, als es zu zeigen gilt, daß sich zu dieser Zeit der Strafvollzug und mit ihm das Berufsbild des Scharfrichters grundlegend änderte.

Als geographischer Rahmen wurde Vorarlberg in seinen heutigen Grenzen gewählt. Damit soll, das sei hier ausdrücklich betont, keineswegs die Vorstellung einer Landeseinheit in eine Zeit zurückprojiziert werden, in der es sie nicht gegeben hat. Wenn in diesem Zusammenhang also von Vorarlberger Scharfrichtern die Rede ist, so sind darunter mindestens zwei verschiedene Gruppen zu verstehen: Die Scharfrichter der österreichischen Herrschaften vor dem Arlberg, die in Bregenz wohnten, und die gräflich hohenemsischen Scharfrichter. Im übrigen wird sich zeigen, daß die Zuständigkeit beider nicht unbedingt an die politischen Grenzen gebunden war.

II. Die Entstehung des Scharfrichterberufs

In Deutschland wird 1276 erstmals ein professioneller Scharfrichter im Augsburger Stadtbuch erwähnt.[8] In den folgenden Jahrhunderten findet dieses Amt Verbreitung über den gesamten deutschen Sprachraum, so daß die Bambergische Halsgerichtsordnung von 1507 und die Carolina von 1532 den Scharfrichter als »alleinigen Strafvollstrecker« bezeichnen können.[9] Die Entstehung dieses Berufes hängt aufs engste mit den Bemühungen zur Durchsetzung des staatlichen Gewaltmonopols zusammen.[10] Das Mittelalter kannte eine staatliche Rechtsprechung im heutigen Sinne noch nicht. Bei einem Vergehen wurden die Gerichte nicht von sich aus aktiv. Der durch ein Verbrechen Geschädigte konnte diese gleichsam als Schiedsrichter anrufen. Kläger und Beklagter standen einander dann in einem verbalen oder auch physischen Zweikampf gegenüber. Oft wurde zur Rechtsfindung ein Gottesurteil bemüht. Die Bestrafung des für schuldig Befundenen erfolgte in der Regel ebenfalls nicht durch staatliche Organe, sondern dieser wurde dem Geschädigten gleichsam zur freien Verfügung übergeben. Hinrichtungen konnten durch einen Fronboten oder durch eine von Fall zu Fall zu bestimmende Person vollstreckt werden.[11] Als weiteres Rechtsmittel stand einem Geschädigten außerdem noch die Fehde zur Verfügung, die genauen Regeln unterworfen war.

In einem deratigen, halb privaten System, das die meisten peinlichen Strafen durch Geldbußen ablösen ließ, war kein Platz für einen hauptberuflichen Scharfrichter.[12]

Gegen Ende des Mittelalters änderte sich dies jedoch grundsätzlich. Schon seit karolingischer Zeit hatte der Staat immer wieder den Anspruch erhoben, Verbrechen gegen die Allgemeinheit durch Gerichte zu ahnden. Durch die Gottes- und Landfriedensbewegung erhielt dieser Wandlungsprozeß die entscheidende Dynamik. Die Fehde wurde bekämpft und mit dem »Ewigen Landfrieden« von 1495 schließlich verboten. Bei dieser Zurückdrängung des Rechts auf private Rache und der Einschränkung der Friedlosigkeit fand der Staat übrigens Unterstützung von seiten der Kirche, die mittlerweile ihre zunächst ablehnende Haltung gegenüber der Todesstrafe abgelegt hatte, je mehr ihre wichtigsten Repräsentanten zur Verwaltung des Staates herangezogen worden waren.[13] Dieser Wandel äußert sich auch in dem seit dem Spätmittelalter besonders in Süddeutschland bezeugten Verfahren gegen die »landschädlichen Leute«. Ohne daß eine Klage notwendig war, ging der Staat nun gleichsam von sich aus gegen verdächtige Fremde und Gewohnheitsverbrecher vor, ein Verfahren, bei dem »nicht mehr die Tat oder der Täter, sondern der soziale Unwert des Beschuldigten« bestraft wurde.[14]

Es kam also zu einer »Umgestaltung des Strafverfahrens«[15], zu einer Modernisierung und Rationalisierung. An die Stelle des Akkusationsverfahrens trat allmählich das Inquisitionsverfahren mit einem berufsmäßigen, geschulten Richter, dessen Aufgabe es war, »den objektiven Tatbestand festzustellen«[16]. In diesem Verfahren hatte das Gottesurteil, das vor allem von den Repräsentanten der Kirche als irrational bekämpft wurde[17], keinen Platz mehr. Der Schuldige sollte vielmehr gestehen, und als Instrument, um zu einem Geständnis zu kommen, wurde die Folter angewandt, die wie noch zu zeigen sein wird, »auf klare und rationale Weise« eingeschränkt und begrenzt werden sollte[18]. Auch die Art der Strafen änderte sich. An die Stelle des früheren Bußsystems trat allmählich das System der peinlichen Strafen an Leib und Leben. Dieses neue System benötigte einen professionellen Scharfrichter, der die Folter und die genannten Strafen fachgerecht durchführen konnte. Seine Einführung ist somit das Resultat einer Entwicklung, die Boockmann als Rationalisierungs- und Modernisierungsprozeß bezeichnete.[19] Es muß wohl nicht eigens betont werden, daß der geschilderte Prozeß regionalen Schwankungen unterworfen war. Mancherorts gab es noch im 16. Jahrhundert keinen professionellen Scharfrichter.[20]

Im Bereich des heutigen Vorarlberg finden sich seit dem Spätmittelalter Spuren des geschilderten Prozesses. Als Beispiel mag hier der Teilungsvertrag zwischen Albrecht II. von Werdenberg-Heiligenberg-Bludenz und seinen Sarganser Vettern aus dem Jahr 1355 dienen, in welchem auch das Recht, die landschädlichen Leute zu bestrafen, erwähnt und zwischen den Vertragspartnern geteilt wird. Jene, die innerhalb der Marken der Stadt Bludenz aufgegriffen wurden, sollten vor dem Gericht der Albrecht zugesprochenen Stadt Bludenz abgestraft werden, das über Stock und Galgen verfügte.[21] Als zweites Beispiel sei noch das 1502 von Kaiser Maximilian erwirkte Privileg des Hinteren Bregenzerwaldes erwähnt, nach dem Angeklagte nicht nach dem Übersiebnungsverfahren, sondern auch aufgrund eines auf der Folter gewonnenen Geständnisses zum Tode verurteilt werden durften.[22]

Eine erste Nachricht über das Walten eines berufsmäßigen Scharfrichters innerhalb des Gebietes des heutigen österreichischen Bundeslandes Vorarlberg stammt aus dem Jahr 1470. Damals sollte in Bregenz ein Mann hingerichtet werden. Offensichtlich verfügte zu dieser Zeit die österreichische Herrschaft noch nicht über einen eigenen Scharfrichter. Der Ammann und das Gericht von Bregenz sahen sich daher gezwungen, die Stadt Ravensburg um Hilfe zu bitten. Sie ließen anfragen, ob die Ravensburger geneigt wären, den Bregenzern ihren Scharfrichter für eine Exekution zu leihen. Die Stadtväter von Ravensburg kamen der Bitte nach, knüpften ihre Zusage aber an die Erfüllung einer Bedingung. Sie verlangten die Garantie, daß ihnen ihr Nachrichter unversehrt wieder zurückgegeben würde. Sie waren nur bereit, ihn »auf sicheres Geleit« nach Bregenz reisen zu lassen. Dort glaubte man offensichtlich, die gewünschte Garantie geben zu können. So wurde der Knecht des Ammanns nach Ravensburg geschickt, wo er »im Namen seines Herrn dem Obersten-Gebüttel zu Ravensburg mit handgegebener Treue an Eidesstatt angelobt, den Nachrichter wieder sicher zurückzugeleiten.« Dieser reiste also nach Bregenz, um, wie gewünscht, eine Exekution vorzunehmen. Doch die Hinrichtung mißlang: »... da sei er vielleicht zu schwach gewesen und es sei ihm die Hinrichtung nicht nach Willen gelungen«. Daraufhin fielen die Zuschauer »mit gewaffneter Hand« über ihn her, schlugen ihn und erstachen ihn schließlich. Der Ammann und der Rat der Stadt Bregenz mußten sich nach einem gerichtlichen Nachspiel schließlich bei denen von Ravensburg entschuldigen und versprechen, die Täter, soweit es sich um Untertanen ihrer Herrschaft handelte, zu bestrafen.[23] So endete die erste für Vorarlberg bezeugte Amtshandlung eines Scharfrichters. Über die Hintergründe der Volkswut, die dem unseligen Nachrichter das Leben kostete, unten noch zu berichten sein.

Vier Jahre später, zu Beginn des Jahres 1474 ist vielleicht erstmals ein Scharfrichter belegt, der zumindest für einen Teil des späteren Bundeslandes Vorarlberg bestellt war. Am 22. Januar jenen Jahres bat Graf Eberhard zu Sonnenberg die Stadt Chur, den dortigen Nachrichter nach Sargans zu senden. In seinem Brief betont er, daß er denselben Nachrichter »auch bestelt« habe.[24] Es bleibt aber unklar, ob besagter Nachrichter für den gesamten Herrschaftskomplex des Sonnenbergers und somit für einen großen Teil des heutigen Vorarlberg zuständig war oder nur für Sargans.

Auch in den folgenden Jahrzehnten wurden zahlreiche Hinrichtungen in den verschiedensten Teilen Vorarlbergs vollstreckt. Durch eine Reihe von Quellen ist belegt, daß diese jeweils, wie übrigens auch die meisten Körper- und Ehrenstrafen und die peinliche Befragung oder Folter, von einem berufsmäßigen Scharfrichter, zu dieser Zeit meist Nachrichter genannt, vorgenommen wurden.[25] Die Häufigkeit der Zeugnisse läßt vermuten, daß bereits zu dieser Zeit ein Scharfrichter in Bregenz oder irgendwo in den österreichischen Herrschaften vor dem Arlberg ansässig war. Einen sicheren Beweis besitzen wir allerdings bislang noch nicht. Erstmals ist 1565 in einem Bludenzer Rechnungsbuch von einem »Nachrichter Zu Bregenz« die Rede. Das Vogteiamt wies diesem damals »den geburenden thail seins dienst gelts Aus dem Amt Bluodenz durch hannden des Ambtmans zu Bregenz« zu. Das Vogteiamt Bludenz bezahlte ihm 8 fl. oder 7 pfd. pf.[26] Ab dieser Zeit reißen die Quellennachrichten über die Tätigkeit eines Nachrichters zu Bregenz nicht mehr ab.

Über die Gründe für die Anstellung eines eigenen Scharfrichters in Bregenz um die Mitte des 16. Jahrhunderts wissen wir nichts Näheres. Gerade zu dieser Zeit erreichte die Wirtschaftskrise im Gebiet des späteren Vorarlberg einen gewissen Höhepunkt. Es lassen sich auch eine Reihe negativer Begleiterscheinungen wie beispielsweise die Verschärfung des sittlichen Drucks, des Korporationsdrucks etc. beobachten, die schließlich ein ideales Fundament für die erste große Welle der Vorarlberger Hexenverfolgungen bildeten. Die frühesten für Vorarlberg bezeugten Verfahren gegen Hexen scheiterten, und zwar nicht zuletzt deshalb, weil noch keine gut ausgebildeten Scharfrichter zur Verfügung standen.[27] Es ist daher naheliegend, die Anstellung und Ansiedlung eines eigenen Scharfrichters im Land in diesen Zusammenhang zu stellen.

Schon durch die oben zitierte kurze Quellennotiz wird etwas angedeutet, was bis zum Beginn des 19. Jahrhunderts für die Vorarlberger Scharfrichter typisch bleiben sollte. Die Bezeichnung »Nachrichter Zu Bregenz« ist irreführend. Sein primärer Dienstherr war nämlich nicht die Stadt Bregenz, sondern vielmehr die österreichische Landesherrschaft. Das wird klar, wenn wir einen Blick in die ältesten erhaltenen Dienstreverse werfen, in denen sein Zuständigkeitsgebiet definiert wird. In der Anstellungsurkunde für Jakob Vollmar von 1574 ist sein Amtsbereich mit den Herrschaften Feldkirch, Bregenz, Bludenz, Sonnenberg, Vaduz und den acht Gerichten in Churwalchen umschrieben[28]; in den Instruktionen für Wolff Vollmar von 1608 finden wir die gleiche Formulierung[29], in jenen für Ottmar Vollmar von 1695 heißt es, er sei für die »Arlbergischen Herrschaften« [30] zuständig. Der Zuständigkeitsbereich des Scharfrichters zu Bregenz war also leichten Variationen unterworfen, deckte sich aber weitgehend mit den österreichischen Herrschaften vor dem Arlberg, zu denen seit 1523 alle Gebiete des heutigen Vorarlberg mit Ausnahme der Reichsherrschaft Blumenegg, der Probstei St. Gerold, der Grafschaft Hohenems und des Reichshofes Lustenau gehörten.[31] Der Scharfrichter war hierzulande in erster Linie kein städtischer, sondern ein herrschaftlicher Beamter. Wenn er auch in den Quellen immer wieder »Nachrichter Zu Bregenz« genannt wird, so bezog sich diese Ortsangabe vor allem auf seinen Wohnort. Er wurde daher auch nicht von der Stadt Bregenz angestellt und bezahlt, sondern von der österreichischen Landesherrschaft. Folglich hatten sich die einzelnen österreichischen Vogteiämter auch an seiner Besoldung zu beteiligen. Wie aus der oben zitierten Quelle ersichtlich ist, bezahlte das Vogteiamt in Bludenz den Scharfrichter nicht allein für alle seine in der Stadt Bludenz und in der Herrschaft Sonnenberg vorgenommenen Exekutionen, sondern es trug auch anteilsmäßig sein Wartgeld mit. Dasselbe taten auch die Vogteiämter in Bregenz und Feldkirch. In gleicher Höhe beteiligte sich auch die Stadt Bregenz nachweislich seit 1660 am Wartgeld des Scharfrichters zu Bregenz.[32] Wie ist diese städtische Beteiligung an der Besoldung eines herrschaftlichen Beamten zu verstehen? Seit 1643 besaß die Stadt Bregenz den Blutbann vollständig. Zuvor empfing ihn der jeweilige Stadtammann vom Vogt, d.h. die Stadt übte die Blutgerichtsbarkeit zwar de facto aus, de iure lag sie immer noch bei den österreichischen Vögten.[33] In bezug auf die Blutgerichtsbarkeit gab es auch in anderen Teilen Vorarlbergs, etwa in Dornbirn oder in Rankweil-Sulz ähnliche Misch- und Übergangsformen. Die Stadt Bregenz dürfte sich also wegen des Blutbannes, den sie nun innehatte, an der Besoldung des Scharfrichters beteiligt haben. In erster Linie war dieser aber nach wie vor ein herrschaftlicher Beamter. So blieben die österreichischen Räte in Innsbruck die entscheidenden Ansprechpartner, wenn es etwa um Verbesserungen und bauliche Maßnahmen an seiner Behausung in Bregenz ging. Der Bregenzer Scharfrichter, wie er der Einfachheit halber hier genannt werden soll, war, wenn man es überspitzt ausdrückt, einer der ersten, vielleicht sogar überhaupt der erste österreichische Beamte, der für ganz Vorarlberg zuständig war, und das noch bevor von einer eigentlichen Landeseinheit gesprochen werden kann.

Der Bregenzer Scharfrichter wurde also in allen österreichischen Landesteilen verwendet. Auswärtige Scharfrichter kamen nur noch in Ausnahmefällen zum Zug, etwa wenn der heimische Scharfrichter aus irgendwelchen Gründen Unterstützung benötigte: So ging beispielsweise im März 1585 Meister Jacob von Lindau seinem Schwager, dem Bregenzer Scharfrichter, bei einer Hinrichtung in Feldkirch zur Hand.[34] Auch in Seuchenzeiten gaben die österreichischen Beamten in den Herrschaften vor dem Arlberg mitunter einem auswärtigen Henker gegenüber dem Bregenzer den Vorzug. Als im Oktober 1585 vier Keßler in Bludenz der peinlichen Befragung unterzogen werden sollten, konnte der Bregenzer Nachrichter nicht geholt werden, weil zu »diser zeiten die pesti zue Bregenz regiert«. Die Bludenzer schickten daher einen Boten nach Lindau, um den dortigen Scharfrichter anzufordern.[35] Gelegentlich wurden auch fremde Scharfrichter ins Land geholt, die als ausgesprochene Spezialisten auf diesem oder jenem Gebiet galten. Das war vor allem im Zusammenhang mit Hexenprozessen immer wieder der Fall. 1595 wandte sich das Vogteiamt Bludenz an den Lindauer Scharfrichter Othmar Dibler, als sein Bregenzer Kollege Jacob Vollmar einer der Hexerei verdächtigten Frau trotz achtmaliger Anwendung der Folter kein Geständnis abringen konnte. Die Bludenzer Beamten meinten, »das der scharf Richter Zuo Lindaw Besser mit der gleichen verlumbten Personen umbgen khonde«. Da sich aber Meister Dibler neben keinem anderen Scharfrichter gebrauchen lassen wollte, mußte zunächst mit Meister Vollmar abgerechnet werden. Als Dibler schließlich nach Bludenz kam, blieb er allerdings genauso erfolglos wie zuvor sein Bregenzer Amtskollege.[36] Im Rechnungsjahr 1596/97 sind neben dem Bregenzer Scharfrichter Jakob Vollmar gleich mehrere auswärtige Henker in Bludenz bezeugt. Meister Peter Dibler aus Ravensburg und sein Bruder, Meister Othmar Dibler aus Lindau, richteten im Herbst 1596 einen Dieb mit dem Feuer hin.[37] Im Oktober 1597 richtete Othmar Dibler aus Lindau in Bludenz den als Hexer zum Tode verurteilten Thoman Flisch hin.[38] Im selben Rechnungsjahr trat Meister Christof Hirt aus Biberach im Zusammenhang mit einem großen Hexenprozeß in Bludenz in Aktion. Er hatte sich kurz zuvor in Feldkirch diesbezüglich bewährt. Er galt ganz offensichtlch als ein ausgesprochener Spezialist auf diesem Strafrechtsgebiet, und sein Engagement in Bludenz scheint nicht ohne erheblichen Druck von seiten der Bevölkerung zustande gekommen zu sein.[39] Meister Jakob Vollmar aus Bregenz fungierte im genannten Prozeß nur als sein Gehilfe. Hirt wurde, wie noch zu zeigen sein wird, auch wesentlich besser bezahlt als seine Kollegen, weshalb die österreichische Regierung in Innsbruck schließlich befahl, künftig an seiner Stelle den Nachrichter von Hall oder jenen von Meran zu verwenden.[40] Es läßt sich nicht genau klären, weshalb hier so häufig auf auswärtige Scharfrichter zurückgegriffen wurde. Möglicherweise hatte man in Bludenz das Vertrauen zu Jakob Vollmar völlig verloren, nachdem er im Hexenprozeß des Jahres 1595 – zumindest in den Augen eines Großteils seiner Zeitgenossen – versagt hatte. Andererseits hat wohl auch die große Anzahl der Verfahren jener Jahre[41] dazu gezwungen, auf andere als die einheimischen Scharfrichter zurückzugreifen.

Zu dieser Zeit scheint es zumindest vorübergehend zwei Scharfrichter in Bregenz gegeben zu haben. 1592 wurde Meister Petter, der Nachrichter zu Bregenz, mehrfach von seinem Bruder Meister Othmar nach Bludenz begleitet und von ihm bei den verschiedensten Verrichtungen unterstützt.[42]

Auch in den nicht-österreichischen Teilen Vorarlbergs griff man lange Zeit auf den österreichischen Scharfrichter aus Bregenz zurück. Über die heutigen Landesgrenzen blickte man auch hier offensichtlich nur dann hinaus, wenn ein ausgesprochener Spezialist gefragt war. Als es etwa im Dezember 1630 dem Bregenzer Scharfrichter nicht gelang, den der Hexerei verdächtigten Georg Türtscher auf der Folter zu einem Geständnis zu bringen, obwohl dieser bereits 74 Jahre alt war, hielt er ihn für keinen gewöhnlichen Hexer, sondern für einen »Schwarzkünstler« und riet dem Hohenemser Rentmeister, seinen Tettnanger Kollegen Jerg Schnell zu konsultieren. Dieser war dafür bekannt, daß er solche Leute »mit sonderbaren, jedoch erlaubten Mitteln vor anderen zum Bekenntnis zu bringen wußte.« Dieses Vorhaben wurde jedoch vom Grafen Kaspar untersagt.[43]

1649 hören wir erstmals von einem eigenen Hohenemser Scharfrichter.[44] Wir wissen nicht genau, was die Grafen von Hohenems bewog, nun auf die Dienste des Bregenzer Scharfrichters zu verzichten und einen eigenen anzustellen. Wie in Bregenz fällt auch hier die Ansiedlung und Anstellung eines eigenen Scharfrichters mit dem Beginn der Hexenverfolgungen zusammen, die im hohenemsischen Herrschaftsbereich wesentlich später einsetzten und länger dauerten als in den österreichischen Teilen Vorarlbergs.[45] Dafür spricht auch, daß in die Hohenemser Scharfrichterordnung im Unterschied zu den Bregenzer Ordnungen, eine eigene Taxe für Richten mit dem Schwert und anschließendem Verbrennen aufgenommen wurde[46], also für jene Strafe, die seit dem 17. Jahrhundert bei Verurteilungen wegen Hexerei meist verhängt wurde. Außerdem kann man einen Zusammenhang mit den Grenzstaatplänen der Hohenemser vermuten. Interessanterweise blieb der Scharfrichter von Hohenems auch dann für Feldkirch zuständig, als die Grafen von Hohenems nicht mehr die dortige Vogtei inne hatten. Möglicherweise wurde dieser Umstand durch andere Zeitumstände bedingt. Nach dem Dreißigjährigen Krieg kam es vielerorts zu einer starken Zunahme der Verbrechen. Von staatlicher Seite wurde darauf mit einer rigoroseren Auslegung der Gesetze und einer konsequenteren Verhängung vor allem der schweren Strafen reagiert. In Gegenden, in denen die Quellenlage die Erstellung einer einigermaßen zuverlässigen Strafstatistik erlaubt, konnte für diese Zeit eine starke Zunahme der Hinrichtungen, vor allem der grausamen und aufwendigen wie des Räderns etc., festgestellt werden. Man spricht gelegentlich sogar von einer Konjunkturzeit für die Scharfrichter.[47] Es ist leicht möglich, daß diese Zeitumstände dazu geführt haben, daß man im Bereich des heutigen Vorarlberg mehr als einen Scharfrichter benötigte.

Zwischen 1661 und 1668 wurde zwar wieder der Bregenzer Scharfrichter in Hohenems in Anspruch genommen, aber vom Beginn der siebziger Jahre des 17. Jahrhunderts bis zum Ende des 18. Jahrhunderts hatte Hohenems jeweils einen eigenen Scharfrichter.[48]

Dessen eigentlicher Zuständigkeitsbereich war der Herrschaftskomplex der Grafen von Hohenems, im wesentlichen also die Grafschaft Hohenems und der Reichshof Lustenau. Doch auch hier lassen sich Unterschiede beobachten. So heißt es im Anstellungsvertrag für Heinrich Wachter aus dem Jahr 1649, daß er auch für die Herrschaft Feldkirch zuständig sei. Ihm wird ausdrücklich die Benutzung der Scharfrichterbehausungen Hohenems-Bauren und Feldkirch erlaubt. Diese Bestimmungen fehlen in den späteren Anstellungsdekreten,[49]

Abb. 1: Darstellung eines Scharfrichters und verschiedener Hinrichtungsarten auf einem 1749 in Bregenz gedruckten Steckbrief.

dürften aber in der Praxis beibehalten worden sein. So wurde der Hohenemser Scharfrichter Johannes Reichle in seiner Anstellungsurkunde vom 27. März 1680 »Meister Hans Reichle von Feldkirch« genannt. Er war schon seit 1671 in Hohenems bezeugt. Sieben zwischen 1671 und 1683 geborene Kinder sind im Hohenemser Taufbuch eingetragen, zwei weitere 1686 und 1694 geborene Kinder finden sich im Feldkircher Taufbuch.[50] Auch die 1716 und 1718 geborenen Kinder des Michael Reichle wurden in das Feldkircher Taufbuch eingetragen, in welchem er bereits 1716 als Scharfrichter bezeichnet wird. Seine Hohenemser Anstellungsurkunde datiert erst aus dem Jahr 1738.[51] Bis zu diesem Jahr ist sein Vater als Hohenemser Scharfrichter bezeugt. An ihn ging auch das jährliche Wartgeld.[52] Von 1738 bis 1758 erfolgten diese Zahlungen an Michael Reichle.[53] Ähnliches läßt sich schließlich auch bei Hans Georg Vollmar beobachten. Zwischen 1725 und 1741 werden ihm drei Kinder in Feldkirch getauft. In derselben Zeit wird er als »Frei-Mann unter dem Kapf«, also eindeutig als Feldkircher Scharfrichter bezeichnet.[54] Aus den dreißiger und frühen vierziger Jahren des 18. Jahrhunderts besitzen wir eine Reihe von Zeugnissen über seine Amtsausübung in Feldkirch.[55] Dazwischen taucht er jedoch im Rechnungsjahr 1734/35 auch einmal in Hohenems auf.[56] Sein gleichnamiger Sohn war schließlich von 1759 bis 1789 Scharfrichter in Hohenems.[57]

Es fällt auf, daß künftige Hohenemser Scharfrichter gelegentlich bereits in Feldkirch bezeugt sind, während ihre Vorgänger noch in Hohenems amtierten. Möglicherweise wurde einem künftigen Hohenemser Scharfrichter Feldkirch als eine Art Warteposten oder Bewährungsposten zugesprochen.

Doch damit nicht genug. Mehrfach sind vorübergehend auch Scharfrichter in Feldkirch unter dem Kapf bezeugt, die später nirgends in Vorarlberg eine Anstellung fanden, z.B. der schon erwähnte Johann Georg Vollmar, der älteste Sohn Johann Ottmar Vollmars, oder Mathias Burkhard, der mit einer Tochter Johannes Reichles verheiratet war. Diese eindeutig als Scharfrichter titulierten Herren treten praktisch nie als Urteilsvollstrecker auf. Wir können vermuten, daß sie ihre Berufsausbildung absolviert hatten und, da es mehr Scharfrichter als freie Stellen gab, hier als Gehilfen des Hohenemser Scharfrichters fungierten und deshalb im Scharfrichterhaus unter dem Kapf wohnen durften. Vielleicht hatten sie, ähnlich wie Johann Philipp Vollmar um 1690 in Grünenbach, einen Teil der dem jeweiligen Scharfrichter zustehenden Wasenmeisterei gepachtet. Diese Annahme findet eine gewisse Stütze darin, daß die Einkünfte aus den Abdeckereien für die Scharfrichter sehr interessant waren, da sie um vieles konjunkturunabhängiger als die Einnahmen aus dem Strafvollzug waren. Andererseits grenzten sie sich aus Standesbewußtsein so gut wie möglich von den Abdeckern ab. Aus diesem Grund verpachteten sie die Abdeckereien gerne oder ließen diesen Dienst von Knechten ausüben, wie das für Feldkirch 1682 ausdrücklich bezeugt ist.[58] Überdies war eine Dezentralisierung des Wasendienstes schon allein aus praktischen Gründen sinnvoll.

Die Affinität zwischen den Hohenemser und Feldkircher Scharfrichtern ist im 17. und 18. Jahrhundert wesentlich enger als zwischen jenen von Bregenz und Feldkirch. Die Ursache dafür dürfte wohl mit den Grenzstaatplänen der Grafen von Hohenems und ihrem Engagement als habsburgische Vögte der Herrschaft Feldkirch zusammenhängen. Graf Kaspar hatte 1613 die Herrschaften Vaduz und Schellenberg erworben und in der Folge versucht, einen Herrschaftskomplex aufzubauen, der das ganze Rheintal umfaßte. Über mehrere Jahrzehnte hindurch waren die Hohenemser übrigens auch Vögte von Feldkirch und strebten – ohne Erfolg – danach, diese Vogtei erblich zu machen.[59] Offensichtlich hinterließ das Engagement der Hohenemser wenigstens in verwaltungstechnischer Hinsicht seine Spuren.[60]

Im Rechnungsjahr 1766/67 kam es für den Hohenemser Scharfrichter zu einer Neuerung. Während er in den Jahrzehnten zuvor jeweils 14 fl. jährliches Wartgeld vom Rentamt in Hohenems erhalten hatte[61], wurden ihm im besagten Jahr lediglich 7 fl. ausbezahlt; »die andere Helfte hat das Löbl. Oberamt Bregenz zu bezahlen« [62], wird diese Veränderung lapidar kommentiert. Nachdem 1759 der Mannesstamm der Grafen von Hohenems erloschen war, gelangten die hohenemsischen Reichslehen 1765 an das Haus Österreich. Der Allodialbesitz des Grafenhauses blieb weiterhin umstritten und wurde schließlich in weiblicher Linie weitervererbt. 1766 fand eine erste Scheidung zwischen Lehens- und Allodialbesitz statt.[63] Bei dieser Gelegenheit scheint nun die Scharfrichterbesoldung zwischen dem neuen Lehensherrn, nämlich Österreich, und der Inhaberin der Allodialgüter, der Gräfin Maria Rebekka, aufgeteilt worden zu sein. Dies blieb bis zum Ende der Hohenemser Scharfrichterei so. Im Rechnungsjahr 1775/76 wurde die Herabsetzung des vom Hohenemser Rentamt auszubezahlenden Wartgeldes nochmals näher begründet. In der sogenannten Hausmeisterrechnung heißt es dazu:

»Dem Hans Jörg Vollmar, Scharfrichter, gebührt nach beschehener Separation der Reichs- und Österreichischen Lehenherrlichkeits Jurisdiction anstatt des Vorhero genossenen Wartgelds pr. 14 fl. wegen gebliebener Criminal Jurisdiction zu Lustnau annoch 7 fl., die er laut Abr. pr. 456 erhalten.« [64] Mit Hans Jörg Vollmar endet auch die Linie der Hohenemser Scharfrichter. Sein Walten ist bis 1789 quellenmässig belegt.

Wir können festhalten, daß es etwa seit 1565 in Bregenz einen für die österreichischen Herrschaften vor dem Arlberg zuständigen und ab ca. 1649 in Hohenems einen für den emsischen Herrschaftskoplex und Feldkirch zuständigen Scharfrichter in Vorarlberg gegeben hat. Für die Zeit vor 1565 ist uns nicht viel Gesichertes bekannt. Das mag einerseits an der schlechten Quellenlage liegen, andererseits ist es auch denkbar, daß wir es in dieser Zeit vor allem bezüglich der Scharfrichter mit rasch wechselnden Verhältnissen zu tun haben. Nowosadtko hat nachgewiesen, daß es erst zu Beginn des 16. Jahrhunderts zu einer Konsolidierung des Scharfrichterberufs und der rein staatlichen Strafverfolgung gekommen ist.[65] Die Verfestigung der neuen Verhältnisse mit einem Scharfrichter als alleinigem Strafvollstrecker und Vollzieher der Folter, wie sie etwa durch die Halsgerichtsordnung Karls V. von 1532 umgesetzt wurde, machte einen in Vorarlberg ortsansässigen Scharfrichter unumgänglich nötig. Vorher genügte es vielleicht, im Bedarfsfall einen auswärtigen Henker herbeizurufen. Diese Situation änderte sich erst wieder mit den großen Strafrechtsreformen an der Wende vom 18. zum 19. Jahrhundert.

III. Das Berufsbild

Den Vorarlberger Scharfrichtern kamen wie anderen Amtskollegen vielfältige Aufgaben zu, die nicht allein dem Bereich des Strafvollzugs zuzuordnen waren. Ihre Tätigkeiten im Bereich der Justiz werden in der Literatur meist als »Haupterwerbszweige« bezeichnet.[66] Oft kamen dazu noch Nebenerwerbszweige wie die Abdeckerei, die, wie noch zu zeigen sein wird, gelegentlich erträglicher sein konnten als der Strafvollzug. Wenden wir uns zunächst den »primären« Aufgaben der Vorarlberger Scharfrichter zu.

1. Der Strafvollzug

Die Todesstrafen

Im Mittelalter und in der Frühen Neuzeit bestand zwischen der Form der Hinrichtung und dem bestraften Verbrechen eine enge Beziehung. Das Töten durch den Scharfrichter ist äußerst symbolträchtig. Art und Form der Hinrichtung orientierten sich an der Gefährlichkeit und an der Schwere des Vergehens.[67] Sie waren nicht wie in der Moderne »auf den gleichmäßigen und möglichst sterilen Vollzug abgestellt, sondern differierten stark nach dem Grad des zugefügten

Schmerzes und der Entehrung.«[68] Eine Reihe von Vergehen zog fast überall die gleichen Strafen nach sich. So wurden beispielsweise Hexen in der Regel bei lebendigem Leib oder nach vorheriger Tötung verbrannt. Daneben läßt sich aber eine Fülle von regionalen Unterschieden und Besonderheiten in der Wahl und der Ausformung der Hinrichtungen beobachten.[69]

Das Enthaupten

Die Enthauptung galt als die »ehrlichste« aller Todesstrafen. Sie ist überall, auch in Vorarlberg, recht häufig bezeugt. Sie konnte grundsätzlich bei jedem todeswürdigen Verbrechen verhängt werden. Seit der Einführung eines berufsmäßigen Scharfrichters wurde die Enthauptung meist mit dem Schwert vollzogen.[70] Diese Art der Hinrichtung war für den Scharfrichter eine äußerst schwierige Tätigkeit, die hohes technisches Können und bedingungslose Konzentration erforderte[71]. Mit einem kräftigen Schlag mußte er dem Delinquenten das Haupt vom Rumpfe trennen. Damit dies gelang, hatte er seinen Streich genau zu plazieren. Der Verurteilte kniete entweder mit gefalteten Händen vor dem Scharfrichter auf dem Boden, oder er saß auf einem Richtstuhl, wie es etwa durch den Holzschnitt auf einem Steckbrief aus dem Jahr 1749 bezeugt ist. Die Enthauptung in sitzender Haltung ist für Vorarlberg ab dem ausgehenden 16. Jahrhundert belegt. Als 1596 in Bludenz eine Kindesmörderin mit dem Schwert gerichtet wurde, wurden auch 10 kr. »umb ain Schabellen (= dreibeiniger Stuhl mit Lehne) Zalt, darauf Man die Weibsperson gesezt, wie man Sj Gricht.« [72] In den meisten Abrechnungen über Enthauptungen des 17. und des 18. Jahrhunderts finden sich Ausgaben für einen Stuhl, auf den der Delinquent gesetzt wurde.[73] Riß man den Delinquenten vor der Enthauptung mit glühenden Zangen, dann setzte man ihn nicht auf einen Stuhl, sondern band ihn an einen Stock oder Pflock.[74] In seltenen Fällen wurde die Enthauptung auch an einem stehenden oder gar schreitenden Delinquenten vollzogen. Für Vorarlberg ist dies im Falle der Hinrichtung des Grafen Arco bezeugt. Ein Augenzeuge der Hinrichtung berichtet:

»... Auf dieses erneuert er öffentlich, noch kniend, mit großer Anmut die Reu und Leid über alle seine Sünden, begehrt und verlangt darüber die priesterliche Absolution, stehet auf, gibt mir das Kreuzl, zieht sich aus bis aufs Hemd, laßt durch den Kammerdiener sich die Augen verbinden (maßen dem Scharfrichter verboten war, ihn zu berühren), begehrt wiederum von mir und drückt mit großer Begierd und Andacht das Kreuz ans Herz, sprechend, es ist doch weiter hier kein Gnad zu hoffen, also sei Du mir gnädig, mein Jesu. Will mithin seinem Erlöser noch den letzten Liebeskuß geben und sein Seel in seine bluttriefenden heiligsten Wunden anbefehlen. Indessen führt der Scharfrichter den Streich und nimmt das hochgräfliche Haupt samt den vordersten Gliedern an dem Daumen und Zeigefinger rechter Hand, welche er mit dem Kreuz gegen den Mund erhebt, in einem Streich, auch das Kreuz halb hinweg. Der Leichnam fallet hinter sich, das Haupt aber mit dem Kreuzlein nach für sich und drückt dasselbe, weil es von dem Schwert (wie noch zu ersehen) nur halb abgehauen worden, erst auf dem Boden gar ab, als wollte

Abb. 2: Hinrichtung eines Vaganten durch das Schwert in Hohenems 1749, Holzschnitt auf einem 1749 in Bregenz gedruckten Steckbrief.

er noch auf dem Boden dem liebwertesten Heiland den Liebeskuß versetzen, den er noch stehend zu verrichten durch den unverhofften Streich des Scharfrichters verhindert worden.«[75]

Der Streich des Scharfrichters traf den Grafen also stehend und offenbar völlig unerwartet. Ein ähnlicher Verlauf ist auch von der Hinrichtung des Tiroler Kanzlers Wilhelm Bienner aus dem Jahr 1651 in Rattenberg überliefert. Bienner wurde auf einem Stuhl sitzend vom Haller Scharfrichter enthauptet. Ehe dieser jedoch zum Todesstreich ausholte, war er mit viel Lärm von der Richtbühne herabgesprungen, hatte sie dann aber leise, ohne daß der Delinquent es bemerkte, wieder betreten. Der Sinn dieser Aktion war es, den Delinquenten in Sicherheit zu wiegen. Er sollte nicht ahnen, daß der Augeblick der Hinrichtung unmittelbar bevorstand. Die List gelang bei Bienner in gleicher Weise wie beim Grafen Arco. Auch er wurde mitten im letzten Gebet enthauptet. Bei ihm schlug der Scharfrichter sogar die gefalteten Hände mit ab.

Durch diese für den Delinquenten überraschend vorgenommene Hinrichtung wurde die Arbeit des Scharfrichters erleichtert, der es mit einem relativ ruhigen Delinquenten zu tun hatte. Man kann sich leicht ausmalen, daß die Nerven eines auf die Hinrichtung wartenden Menschen aufs äußerste angespannt waren und daß eine Kleinigkeit genügte, um ihm die Fassung zu rauben. Dies bezeugt auch der Priester, der den Kanzler Bienner auf seinem letzten Gang begleitete, wenn er schreibt, er habe es nicht gerne gesehen, daß der Scharfrichter mit so großem Lärm von der Bühne gesprungen sei, »weil ich besorgt war, es möchte Herr Bienner erschrecken und irritiert

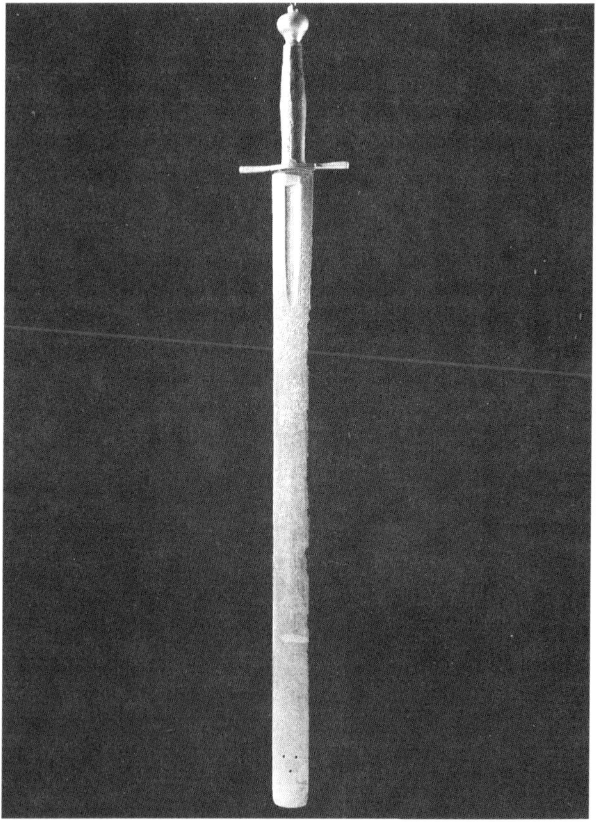

Abb. 3: Bregenzer Richtschwert. Mit diesem Schwert soll Graf Arco 1704 in Bregenz enthauptet worden sein.

werden.«[76] Es dürfte wohl kein Zufall sein, daß derartig listenreich und überraschend vorgenommene Hinrichtungen vor allem im Zusammenhang mit der Exekution von adeligen oder höher gestellten Persönlichkeiten bezeugt sind. Ihnen wollte man es offenbar unbedingt ersparen, in der Öffentlichkeit die Fassung zu verlieren. Auch im Angesicht des Todes behielt der Adel seine Vorrechte. So wurden dem Grafen Arco die Augen durch einen Kammerdiener verbunden, da es dem Scharfrichter ausdrücklich untersagt war, ihn zu berühren. Nach der Hinrichtung legten des Grafen Arco persönliche Diener den Leichnam in den Sarg. Er wurde später in geweihter Erde beigesetzt usw. Sein Beichtvater konnte offen eingestehen: »Nachdem der Leib [sc. Graf Arcos] ausgeblutet, klaub ich mein Kreuzlein, welches an etlichen Orten mit dem hochgräflichen Blut besprengt worden, auf dem Boden wieder zusammen, werd es auch zu ewigem Andenken wohl aufbewahren.«[77] Dem Adeligen ersparte man den entehrenden direkten Kontakt mit dem Henker.

Damit die Hinrichtung mit dem Schwert gelang, mußte nicht nur der Delinquent Haltung und Ruhe bewahren, auch die Konzentration des Scharfrichters durfte durch nichts beeinträchtigt werden. Es ist in diesem Zusammenhang nicht uninteressant, daß überdurchschnittlich viele Fehlrichtungen von Frauen bezeugt sind. Bei der Enthauptung von Frauen scheint es dem Scharfrichter schwerer gefallen zu sein, Fassung zu bewahren.[78]

Die komplizierten und technisch anspruchsvollen Hinrichtungen konnten also leicht mißlingen.[79] Deshalb galt es durchaus als erwähnenswert, wenn ein in die Jahre gekommener

Scharfrichter wie der Bregenzer Jakob Vollmar 1760 noch als alter Mann »glicklich und ruhiglich« eine Enthauptung durchführte.[80]

Das Fehlrichten hatte für den Scharfrichter oft verhängnisvolle Folgen, wie der bereits erwähnte älteste erhaltene Bericht über eine Hinrichtung für den Bereich Vorarlbergs deutlich macht. 1470 mißlang dem Ravensburger Scharfrichter in Bregenz eine Hinrichtung mit dem Schwert. Daraufhin fielen die Zuschauer »mit gewaffneter Hand« über ihn her und erschlugen ihn.[81] Die Ursachen für derartige Ausbrüche des Volkszornes sind in der Forschung nach wie vor umstritten.[82] Betrachtet man die Gesamtheit der überlieferten Fälle, so kann man feststellen, daß die Zuseher den Scharfrichter meist sein zunächst gescheitertes Werk noch vollenden ließen, ehe sie über ihn herfielen.[83] Es ist allerdings auch belegt, daß die Ausschreitungen der Zuschauer schon unmittelbar nach dem ersten Fehlschlag einsetzten[84]. Dennoch deutet vieles darauf hin, daß wir es hier eher mit einer »regelrechten, geordneten Volksjustiz«[85] zu tun haben als mit spontanem Volkszorn, der sich am Mitleid für den Delinquenten entzündete oder der einem enttäuschten Tötungswunsch der Zuseher oder gar einer unbewußten Ablehnung des peinlichen Strafsystems[86] entsprang. Dafür spricht auch die Tatsache, daß der Scharfrichter nach einer gescheiterten Hinrichtung und seiner Flucht gelegentlich mit einer hartnäckigen Verfolgung durch die aufgebrachte Volksmenge zu rechnen hatte.[87]

Die These Danckerts, daß in der gescheiterten Hinrichtung eine Ablehnung des Opfers durch die Gottheit und im Henker nun nicht mehr ein rechtens Tötender, sondern ein Mörder gesehen wurde[88], ist nicht so abwegig, wie Oppelt meint[89]. Bei einer mißglückten Hinrichtung wurden vermutlich tief verwurzelte (volks)magische Vorstellungen wirksam, welche die Christianisierung nur leicht zu überdecken vermochte. Nach dem Scheitern einer Hinrichtung konnte man nicht einfach zur Tagesordnung übergehen, es mußte vielmehr ein Sühneakt folgen. Bei einer gescheiterten Hinrichtung mit dem Strang oder beim Ertränken konnte der Delinquent freigelassen werden, wie das im ausgehenden Mittelalter auch vielfach bezeugt ist. Der Scharfrichter kam in diesen Fällen normalerweise ungeschoren davon[90]. Im Gegensatz dazu war eine Begnadigung nach einer gescheiterten Hinrichtung mit dem Schwert meist nicht mehr möglich, da der Delinquent bereits zu schwer verletzt war[91]. Gleichwohl sind auch hier Fälle überliefert, daß jemand nach einer fehlgeschlagenen Enthauptung freigelassen wurde.[92] Im übrigen sind auch vereinzelt Fälle belegt, daß Personen, die andere Hinrichtungsarten überlebt hatten, begnadigt wurden. So galt mancherorts der Brauch, daß ein Geräderter, der das dritte Morgenrot erlebte, begnadigt wurde[93]. Bei den Strafen des Ertränkens und des Lebendigbegrabens konnte man dem Delinquenten gelegentlich sogar die Chance einräumen, die Hinrichtung zum Scheitern zu bringen: In Basel wurden die Ertränkten an einer gewissen Stelle aus dem Rhein gefischt, um zu sehen, ob sie noch lebten; in Niederösterreich gab man Fischräubern, die in einer Reuse ertränkt werden sollten, ein Messerchen mit, mit dem sie sich unter Umständen befreien konnten.[94] Auch jenen, die lebendig begraben wurden, gab man hin und wieder ein Messer mit ins Grab und ließ ihnen eine Hand frei, um ihnen eine, wenn auch minimale, Chance der Befreiung zu geben.[95] Die geschilderten Maßnahmen hatten wohl den Sinn, ein Gottesurteil nicht zu verunmöglichen. Die Vorstellung, daß eine gescheiterte Hinrichtung Ausdruck einer höheren Gerechtigkeit sei, ist tief im Volksbrauchtum verankert. Dem Delinquenten steht in diesem Falle eine Wiedergutmachung zu. Reste davon sind auch heute noch im Volksbrauchtum vorhanden. Wenn beim traditionellen Abbrennen der Funken die Funkenhexe nicht verbrennt oder explodiert, dann muß sie anschließend bestattet werden, sie darf nicht verbrannt oder zerstört werden. Dementsprechend handelte man auch 1989 in Bludesch und Kehlegg. Dort wurde ein christliches Begräbnis nachgeahmt und beim Leichenzug ein Kreuz vorangetragen.[96] Dem Delinquenten, in diesem Fall der Funkenhexe, wird nachträglich jenes ordentliche Begräbnis zugestanden, das ihm durch die Hinrichtung mit dem Feuer eigentlich vorenthalten bleiben sollte.

Ein weiterer Grund dafür, daß es gerade bei fehlgeschlagenen Hinrichtungen mit dem Schwert zu Ausschreitungen und Übergriffen kam, mag auch damit in Zusammenhang stehen, daß bei keiner anderen Hinrichtungsart der Tod so »unmittelbar durch Menschenhand und nicht durch Einwirkung irgendwelcher Elemente herbeigeführt« wird wie bei der Hinrichtung mit dem Schwert[97]; außerdem floß gerade bei dieser Art der Hinrichtung das Blut in Strömen. Das blutige Sterben erregte die Zuschauer am meisten und beflügelte ihre Phantasien in besonderer Weise.[98]

Die technische Schwierigkeit der Vollstreckung und die gefährlichen Konsequenzen, die dem Ausführenden im Falle eines Fehlers drohten, machten das Enthaupten wohl zur »erregendste[n] Tätigkeit des Scharfrichters«[99].

Auch für Vorarlberg sind eine Reihe von Begnadigungen zum Tod durch das Schwert bezeugt. Dabei wurde dem Delinquenten gewährt, durch das Schwert und nicht durch eine andere Hinrichtungsart sterben zu müssen. Worin hier die Gnade lag, wird für den modernen Menschen dann besonders deutlich, wenn jemand von einer so grausamen Todesart wie dem Rädern, Vierteilen oder Verbrennen zum Enthaupten begnadigt wurde. In einem solchen Fall ersparte man dem Delinquenten unnötige Schmerzen und Grausamkeiten. Humanität oder Sorge um das Seelenheil des Betroffenen, der unter dem Eindruck eines zu harten Urteils an der Gerechtigkeit Gottes zu zweifeln beginnen könnte, waren eine der Triebfedern der Begnadigung. Dies wird gelegentlich aus der Formulierung der Begnadigungsurteile deutlich. Dort heißt es häufig, der Delinquentin oder dem Delinquenten solle dies oder jenes erspart bleiben, um zu verhindern, daß sie oder er verzweifle und so Gefahr für das Seelenheil bestehe. Ein eindrucksvolles Beispiel ist das vom Rechtskonsulenten des Klosters Mehrerau, Dr. Johann Jakob Huber, erstellte Rechtsgutachten über die Lustenauerin Maria Algin, die zu Weihnachten 1737 ihr anderthalbjähriges Kind ermordet hatte. Darin werden das Lebendigbegraben und Pfählen sowie das Ertränken im Rhein verworfen, dafür aber die Hinrichtung durch das Schwert nach vorherigem Abschneiden der rechten Hand empfohlen. Huber rät in seinem Gutachten, die Reaktionen der Delinquentin beim Verlesen des Urteils zu beobachten. Zeigte sie besonderes Entsetzen, wenn sie hörte, daß ihr vor der Hinrichtung die rechte Hand abgehauen werden sollte, so möge man ihr diesen Teil der Strafe erlassen, um ihr Seelenheil keinen unnötigen Gefahren auszusetzen.[100] Ähnliche Erwägungen mögen die Bludenzer Richter 1517 bewogen haben, den wegen Mordes verurteilten Jakob Reckh aus dem Montafon vom Tod durch das Rad zum Tod durch das Schwert zu begnadigen[101]; oder den Grafen Kaspar von Hohenems 1631, der wegen Hexerei verurteilten Verena Türtscher das Reißen mit glühenden Zangen und das Verbrennen bei lebendigem Leibe zugunsten der Enthauptung und nachfolgendem Verbrennen des Leichnams zu erlassen[102]. Allerdings dürfte in den genannten wie auch in anderen Fällen noch ein weiterer Beweggrund, der in den Urteilen nie direkt angesprochen wird, die Richter veranlaßt haben, Gnade zu gewähren. Wie etwa die Vorfälle bei fehlgeschlagenen Hinrichtungen zeigen, herrschte in der Regel unter den Zuschauern offensichtlich eine Atmosphäre erregter Anspannung. Die relativ labile Ordnung konnte leicht gestört werden, wenn ein Urteil und eine Vollstreckung als übertrieben grausam empfunden wurden. Ein schwächlicher, gebrechlicher oder offensichtlich psychisch kranker Delinquent erweckte meist ohnehin schon das Mitleid der Menge; flehte er noch dazu um Gnade oder schrie er vor Schmerz auf, konnte die Stimmung unter den Zuschauern in Feindlichkeit gegenüber dem Scharfrichter umschlagen.[103] Die Begnadigung zu einer milderen Form der Hinrichtung war somit auch ein Schutz für die Person des Scharfrichters. Sie half überdies mit, Zweifel an der Gerechtigkeit der Richter und an der Rechtmäßigkeit der Strafen nicht aufkommen zu lassen. Voraussetzung für diese

Begnadigungen war jedoch immer die sichtbare Reue des Delinquenten.

Oft scheinen die Delinquenten erst am Richtplatz, gleichsam in letzter Minute die Begnadigung zur Hinrichtung mit dem Schwert erwirkt zu haben. So war 1592 in Bludenz alles für eine Hinrichtung mit dem Strang vorbereitet. Zwei Männer hatten sogar schon eigens eine Leiter von Nüziders geholt, als der Delinquent, ein Jakobsbruder, doch noch »Zum schwertt Erbetten worden«.[104] 1596 wurde ebenfalls in Bludenz einer Kindsmörderin die Begnadigung zum Tod durch das Schwert gewährt, als der Sack, in welchem sie eingenäht und ertränkt werden sollte, schon bereitgestellt war und folglich auch bezahlt werden mußte.[105]

Nicht alle überlieferten Begnadigungen können jedoch allein mit humanitären oder praktischen Motiven der Richter erklärt werden. Dies wird besonders deutlich bei der Begnadigung vom Tod durch Erhängen zum Tod durch das Schwert, wie z.B. bei Hans Troyer aus Prad im Vintschgau, der 1598 in Bludenz vom Bregenzer Scharfrichter Jakob Kuenli enthauptet wurde.[106] Zwar verursachte die Hinrichtung durch das Schwert bei fachgerechter Durchführung mit einiger Wahrscheinlichkeit weniger Schmerzen als das Hängen, doch wir müssen uns fragen, ob die Menschen der Frühen Neuzeit wirklich derartig feine Unterschiede machten, wenn es um Schmerzen ging. Können wir bei ihnen wirklich eine so große Sensibilität in puncto Grausamkeit voraussetzen? Einiges spricht dagegen. Mit Recht ist darauf hingewiesen worden, daß wir bei Menschen, die in einer Zeit lebten, in der ohne Narkose Zähne gezogen und Beine amputiert wurden, in der infolge übermäßigen Alkoholgenusses ab frühestem Kindesalter fast jeder Erwachsene unter Gicht litt und in der vielerorts am Johannistag zum Gaudium der Zuschauer Dutzende von Katzen bei lebendigem Leibe ins Feuer geworfen wurden, mit einer anderen Qualität von Grausamkeit und Schmerz zu rechnen haben.[107] Folglich müssen wir auch einen gröberen Beurteilungsraster voraussetzen. Abseits des Schmerzes und der Grausamkeit wird noch etwas anderes eine Rolle gespielt haben. Das Enthaupten galt als die »ehrlichste« Hinrichtungsart. Demjenigen, den man zum Tod durch das Schwert begnadigte, wurden nicht nur Schmerzen nachgelassen, er wurde außerdem noch vor einem größeren Ehrverlust bewahrt. Ein mit dem Strang Gerichteter blieb oft lange Zeit am Galgen hängen, im Extremfall bis zu seiner völligen Verwesung. Danach verscharrte man seine Überreste unter dem Galgen. Selbstverständlich konnten auch die Überreste eines durch das Schwert Gerichteten in entehrender Weise am Galgen ausgestellt werden, wenn etwa das abgeschlagene Haupt auf dem Galgen oder einer Stange aufgesteckt wurde. Dies war aber, wie noch zu zeigen sein wird, nicht die Regel, sondern galt als strafverschärfend. Es lag im Ermessen der Richter, einem Enthaupteten auch das Begräbnis auf der Richtstätte zu ersparen und ihn in geweihter Erde beisetzen zu lassen. Bei besonderem Entgegenkommen, wie etwa beim Grafen Arco, konnte dem Delinquenten bei der Hinrichtung mit dem Schwert sogar jede unmittelbare Berührung mit dem Scharfrichter erspart werden. Die Begnadigung zur Enthauptung konnte für die Zeitgenossen der Frühen Neuzeit weit mehr bedeuten als das Ersparen von Schmerz. Es bedeutete auch, daß dem Delinquenten und darüber hinaus seinen Angehörigen wenigstens ein Rest von Ehre erhalten blieb.

In diesem Zusammenhang ist es auch erklärlich, weshalb oftmals bei einer Begnadigung zum Tod durch das Schwert die ursprünglich ausgesprochene Strafe am toten Körper vollstreckt wurde.[108] Dem Delinquenten wurden auf diese Weise Schmerz und Grausamkeit erspart, seine Ehre wurde jedoch nach wie vor getroffen.

Das Hängen

Das Hängen ist nicht nur eine sehr weit verbreitete, sondern auch eine schon sehr früh bezeugte Hinrichtungsart. Es wird gelegentlich auf dieselbe Wurzel zurückgeführt wie das Kreuzigen, wobei die eine Strafform eher im Norden, die andere eher im Süden Europas und im Vorderen Orient bezeugt ist. Einiges spricht dafür, daß das Hängen auf eine Form des Menschenopfers zurückgeht, bei der der Getötete den Elementen ausgesetzt und dem Sturmgott Wotan übergeben wird. Daher durfte sein Leichnam ursprünglich nicht vom Galgen genommen werden, sondern mußte dort vermodern und von selbst herabfallen. Unter anderem dürfte diese alte, nicht mehr bewußte Vorstellung von einem Menschenopfer mit dafür verantwortlich sein, daß der Delinquent beim Reißen des Stricks oft nicht nochmals gehängt, sondern freigelassen wurde, wie beispielsweise bei der geplanten Hinrichtung dreier Diebe im Jahr 1400 im Bregenzerwald. Als beim zweiten der Strick riß, wurden er und der dritte Delinquent begnadigt.[109] Die Gottheit hatte das ihr dargebotene Opfer nicht gewollt. Mit diesem uralten Opfercharakter des Hängens dürfte wohl auch in Zusammenhang stehen, daß die Galgen auf freiem Feld, wenn möglich auf einer kahlen Anhöhe standen. Dieser Platz sollte möglichst im nördlichen Vorfeld der Siedlung liegen. Der Norden, die Mitternachtsseite, galt in der magischen Weltsicht der spätmittelalterlichen und frühneuzeitlichen Menschen als die Seite, von der die Schicksalsmächte herkamen. Auf ihrem unheilbringenden Weg zur menschlichen Siedlung konnten sie so durch ein Opfer besänftigt werden. Sowohl der Lustenauer[110] als auch der Bregenzer Galgen[111] erfüllten diese Voraussetzungen völlig.

Noch einige andere Beobachtungen stützen die Annahme, daß das Hängen ursprünglich auf ein Opfer für Wotan zurückgeht: Es wurde als glückliches Vorzeichen angesehen, wenn die Raben, die Tiere Wotans, später oft auch Galgenvögel genannt, an der Leiche eines Gehängten rissen: Das war ein Zeichen, daß die Gottheit das Opfer angenommen hatte. Auch die Beobachtung, daß zumindest in der Frühzeit diese Strafe nur an Männern vollstreckt wurde, spricht für die oben geäußerte Annahme. Wotan, der Sturmgott, war zugleich auch Kriegsgott. Es ist leicht verständlich, daß er in dieser Eigenschaft hauptsächlich an männlichen Opfern interessiert war.[112]

Das Hängen war technisch viel weniger anspruchsvoll als die anderen Hinrichtungsarten. Im Grunde benötigte man lediglich einen Baum und einen Strick dazu. In der für uns durch Quellen erhellten Zeit wurde das Hängen in der Regel an einem Galgen vorgenommen. An diesen wurden zwei Leitern angelehnt. Der Scharfrichter stieg zusammen mit dem

Delinquenten hinauf, legte ihm die Schlinge um den Hals und befestigte das Hanfseil am Galgen, oftmals an einem dafür vorgesehenen Haken. Dann stieg der Scharfrichter wieder von der Leiter herab und stieß die Leiter um, auf welcher der Delinquent stand. Dieser starb daran, daß ihm durch das Zuziehen der Schlinge Luftröhre und Blutgefäße verschlossen wurden.[113] Da der Hingerichtete meist lange Zeit am Galgen hängen blieb, mußte jeweils ein eigens hierzu angefertigter Strick verwendet werden.

Der Scharfrichter trug übrigens auch bei der Hinrichtung durch den Strang Handschuhe. Dies ist sowohl durch die erhaltenen Rechnungen als auch durch die Anstellungsverträge bezeugt: 1585 erhielt der Bregenzer Scharfrichter, der in Feldkirch eine Hinrichtung mit dem Strang durchgeführt hatte, für Strick und Handschuhe 4 sch. 4 $^1/_2$ pf.[114] Im selben Jahr bekam er nach einer derartigen Hinrichtung in Bludenz für Strick und Handschuhe 40 kr., was 6 sch. 8 pf. entsprach.[115] Die Anstellungsurkunde für den Hohenemser Scharfrichter Heinrich Wachter aus dem Jahr 1649 sah für eine Hinrichtung mit dem Strang eine Entlohnung in Höhe von 4 fl. sowie 40 kr. für Strick und Handschuhe vor. Dieselbe Bestimmung findet sich auch in den Anstellungsurkunden für die Hohenemser Scharfrichter Johannes Reichle aus dem Jahr 1680, Christian Rauch von 1691 und Michael Reichle aus dem Jahr 1738 sowie im Vertragsentwurf für Hans Martin Miller aus dem Jahr 1685.[116] Der Anstellungsrevers für den Bregenzer Scharfrichter Johann Peter Vollmar I. aus dem Jahr 1762 sah für den Strick und die Handschuhe ebenfalls ein Fixum von 40 kr. vor. Außerdem hatte der Scharfrichter Anspruch auf 4 fl. für die

Abb. 4: Hinrichtung von Mitgliedern einer Räuberbande durch den Strang in Hohenems 1749, Holzschnitt auf einem 1749 in Bregenz gedruckten Steckbrief.

Durchführung der Hinrichtung und 1 fl. für das Herbeischaffen der Leiter.[117] Die Handschuhe sollten den Scharfrichter vor Schaden schützen, da in den Augen der Zeit dem Hinzurichtenden ein dämonischer Charakter zugeschrieben wurde, der durch Berührung übertragbar war. Das Tragen von Handschuhen bei der Hinrichtung erfüllt somit den gleichen Zweck wie das gelegentlich bezeugte Tragen einer Maske, durch die der Scharfrichter vor dem bösen Blick des zu Tötenden geschützt werden sollte. Aus demselben Grund mußte der Scharfrichter, wenn er bei der Enthauptung den tödlichen Streich führte, genau hinter dem Delinquenten stehen.[118]

Das Hängen galt als eine typische Diebesstrafe[119]. Wie die erhaltenen Urteile belegen, wurde die Hinrichtung durch den Strang auch in Vorarlberg meist bei Dieben angewandt. So richtete man 1585 in Bludenz Davit Praunschweiler aus Someraw »zum closter der herrschaft Sonnenberg« gehörig, mit dem Strang hin, weil er des Nachts ein Pferd gestohlen hatte.[120] 1755 wurde in Feldkirch Michael Maurus, genannt der »Truckher Michel«, ebenfalls wegen Diebstahls gehängt.[121] Dasselbe Schicksal widerfuhr 1771 in Hohenems Johann Georg Beer aus dem Thurgau, der zahlreiche Diebstähle begangen hatte[122].

Das Hängen galt außer in Sachsen gemeinhin als reine Männerstrafe.[123] So sahen beispielsweise die Carolina und das Tiroler Landrecht in jenen Fällen, in denen Männer durch Hängen hingerichtet werden sollten, für Frauen das Ertränken vor, das jedoch meist in die Hinrichtung durch das Schwert umgewandelt wurde.[124] Für Vorarlberg sind jedoch, allerdings erst für das 18. Jahrhundert, mehrere Fälle bezeugt, in denen auch Frauen zum Tod durch den Strang verurteilt wurden. So richtete man im Februar 1749 in Hohenems neben dem Zigeuner Johann Cleman auch seine Gefährtin Catharina Dannerin – beide waren an nächtlichen Einbrüchen, Viehdiebstählen und anderen »Diebereyen« beiteiligt gewesen – an dem Galgen durch den Strang[125]. Aus demselben Jahr besitzen wir ebenfalls aus Hohenems einen Holzschnitt, in dem die Hinrichtung einer Frau durch den Strang im Bild festgehalten ist.[126] In einem Bregenzer Mandat gegen fahrende Bettler und Zigeuner aus dem Jahr 1720, das sich durch die besondere Schärfe der angedrohten Strafen auszeichnet, heißt es, Frauen und Kinder, die das 18. Lebensjahr bereits vollendet und sich auf leichtfertige Weise einer Jauner- oder Zigeunerbande angeschlossen hatten, die sich von Raub und Diebstahl ernährte, sollten nicht mehr wie bisher mit dem Schwert, sondern mit dem Strang hingerichtet werden.[127] Hier tritt die verschärfende und entehrende Komponente der Strafe besonders deutlich zutage. In Fällen, die als besonders schwerwiegend empfunden wurden, scheute man sich in Vorarlberg im 18. Jahrhundert also nicht, auch Frauen aufzuhängen. Die zitierten Fälle liegen durchaus im Trend. Seit dem 16. Jahrhundert sind für den deutschen Sprachraum immer wieder Hinrichtungen von Frauen durch den Strang nachzuweisen, wenn auch deutlich seltener als bei Männern[128]. Bei einem bedeutenden Teil der belegbaren Fälle waren Zigeunerinnen die Opfer, bei denen die Hemmschwelle zur Anwendung dieser Strafe offenbar deutlich niedriger lag[129].

Das Hängen galt, wie schon dargelegt, als eine besonders schimpfliche und ehrvermindernde Strafe, die dann verhängt wurde, wenn man das Delikt als besonders feige, verabscheuungswürdig oder heimtückisch empfand. Die Umwandlung in eine andere Form der Todesstrafe wurde daher als Gnade empfunden, wie aus der Formulierung eines Hohenemser Begnadigungsurteils besonders deutlich wird: Am 26. Juli 1760 ließen die dortigen Richter dem »Gregori Bauer als mündern Verbrechens schuldig die Gnadt angedeihen, statt des Strang in die Schwerdtstraffe zu verwandlen, und also disser durch das Schwerdt von Leben zum Todt hingericht werden solle.«[130]

Der entehrende Charakter dieser Strafe stand wohl vor allem damit in Zusammenhang, daß man dem Gehängten in der Regel ein Begräbnis verweigerte und ihn am Galgen verwesen ließ. Einer weit verbreiteten Auffassung zufolge konnte ein Toter seine ewige Ruhe erst dann finden, wenn er bestattet war.[131] Die in vielen vorchristlichen Kulturen, auch bei den Germanen, verbreitete Ansicht, daß es schimpflich sei, unbestattet liegenzubleiben, wurde zwar von manchem gelehrten christlichen Theologen, wie z.B. von Augustinus, als unrichtig abgetan, blieb in weiten Kreisen der Bevölkerung aber noch lange bestehen.[132]

Nun blieb den Gehängten meist nicht nur ein Begräbnis vorenthalten, ihre Leichen lösten sich noch dazu für jedermann sichtbar allmählich am Galgen auf und wurden von aasfressenden Tieren, von Raben und gelegentlich auch von Hunden – Tiergattungen, die im Volksglauben als dem Teufel nahestehend galten – zerrissen.[133] Diese Art der Zerstückelung von Leichen galt als besonders entehrend. So wurde auch das Martyrium jener Heiligen, die Vögeln oder Hunden zum

Fraß vorgeworfen worden waren, als außergewöhnlich schwer betrachtet, weshalb diese auch eine besondere Verehrung genossen.[134] Die Vernichtung des Körpers beim Hängen war also, wenn auch nicht im gleichen Ausmaß wie bei der Verbrennung, eine radikalere als bei der Hinrichtung mit dem Schwert.

Das Vierteilen

Die äußerst grausame Strafe des Vierteilens ist in abgewandelter Form auf der ganzen Welt bezeugt. Wie der Name schon sagt, geht es darum, den Körper des Delinquenten in vier Stücke zu zerteilen. Dies konnte auf verschiedene Arten geschehen. Entweder wurden Arme und Beine des Delinquenten an je ein Pferd gebunden und sein Körper danach durch die auseinandergetriebenen Tiere zerrissen, oder der Delinquent mittels einer Axt in vier Stücke zerhauen. Die Strafe verhängte man hauptsächlich bei Hochverrätern und Fürstenmördern. Sogar die Theresianische Halsgerichtsordnung sah das Vierteilen noch für Hochverräter vor. In Tirol wurde sie darüber hinaus auch noch bei Mördern von schwangeren Frauen verhängt.[135]

In den Vorarlberger Scharfrichterordnungen sind Taxen für das Vierteilen vorgesehen. Es wird wie das Rädern zum »großen Richten« gezählt und entsprechend gut entlohnt. 1574 erhielt der Bregenzer Scharfrichter dafür 2 fl., 1695 und 1762 6 fl. bzw. 8 fl., wenn es sich beim Hingerichteten um eine vermögende Person handelte.[136] In den Hohenemser Scharfrichterordnungen finden wir keine Bestimmungen über das

Vierteilen, obwohl diese Strafe auch dort vollstreckt wurde, wie noch zu zeigen sein wird. Das Vierteilen wurde äußerst selten vollstreckt, und dann meist am toten Körper.

Um die Mitte des 18. Jahrhunderts scheint diese grausame Strafe wie auch das Rädern in allen Teilen Vorarlbergs aus Gründen, auf die weiter unten noch gesondert einzugehen sein wird, eine Art Renaissance erlebt zu haben. Ein Beispiel hierfür liegt aus dem Jahr 1749 vor. In Hohenems wurde damals der Zigeuner Poldus Hafner – er war der Anführer einer Bande, die mehrere nächtliche Einbrüche, Vieh- und andere Diebstähle begangen hatte – zum Tod durch das Rad verurteilt. Im Urteil heißt es, daß sein »Cörper in vier gleiche Theille zerhauen, und zerschnitten und die Stückhe auf die vier Gemaine Landes Strassen ofentlich aufgehengen und gestekhet werden sollen.« [137] Dieses Urteil wurde ausdrücklich vom Grafen bestätigt und gutgeheißen. Wahrscheinlich war es das Vorbild für den Holzschnitt, der einen Steckbrief aus dem Jahr 1749 ziert.[138] Dieser erzählt die Vollstreckung der Strafe wie eine Bildergeschichte. Der Delinquent wurde zunächst gerädert, danach wurde sein nackter Körper vom Scharfrichter auf einen Tisch gelegt und mit einem Beil in vier Teile zerhauen. Die Körperviertel wurden an eigens errichteten Schnell- oder Kniegalgen aufgehängt. Wie dem Urteil zu entnehmen ist, befanden sie sich an den vier gemeinen Landstraßen. Damit sind wohl die Ein- und Ausfallsstraßen der Grafschaft Hohenems gemeint. Der Kopf des Delinquenten wurde ebenfalls abgehauen und zusammen mit den Köpfen anderer Hingerichteter auf den Galgen gesteckt. Über die Motivation zu diesem Gemetzel gibt uns das Urteil selbst

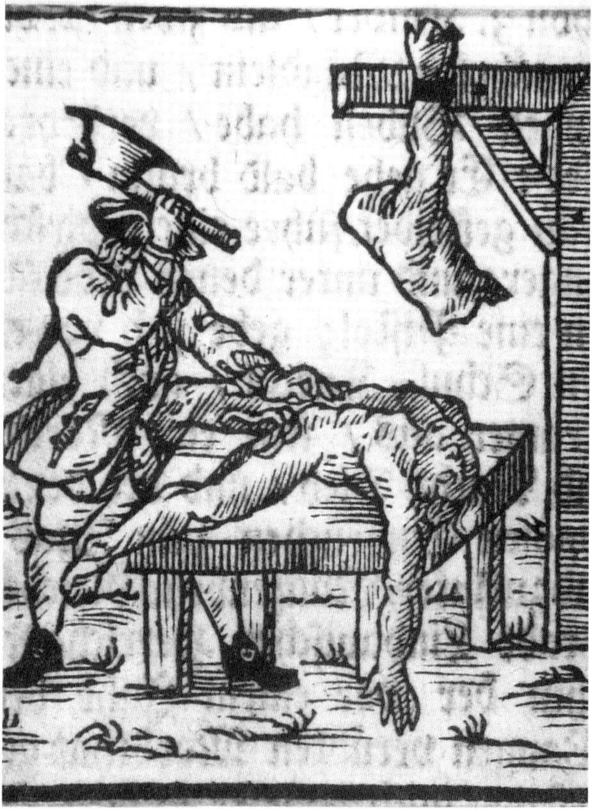

Abb. 5: Vierteilung in Hohenems 1749, Holzschnitt auf einem 1749 in Bregenz gedruckten Steckbrief.

Auskunft. Da heißt es, dies alles solle »mäniglich zu abscheylichem Beyspill und Wahrnung« geschehen.

Das Rädern

Das Rädern galt nicht nur als »schimpflichste und ehrloseste Strafe«[139], es war sicherlich auch die »wohl qualvollste Todesstrafe«[140]. Dabei wurden dem Delinquenten mittels eines schweren Rades, das für diese Vollstreckung eigens angefertigt werden mußte, alle Glieder zerstoßen und anschließend der bereits tote, gelegentlich aber noch lebende Körper durch die Speichen eines anderen Rades geflochten. Zu diesem Zweck wurde der Delinquent meist ausgestreckt am Boden festgebunden. Der Scharfrichter ließ dann ein schweres Rad, das in der Regel durch eine Metallkante verstärkt war, auf Unter- und Oberschenkel, auf Unter- und Oberarme und schließlich auf das Brustbein und den Hals fallen und zertrümmerte so die entsprechenden Knochen. Um das Brechen der Knochen zu erleichtern, wurden kantige Hölzer unter die Gliedmaßen gelegt, wie auf vielen Abbildungen noch leicht zu erkennen ist. Anschließend flocht der Scharfricher den Körper des gelegentlich noch lebenden Delinquenten auf dem Rücken liegend, damit er seinen letzten Seufzer gen Himmel fahren lassen konnte, durch die Speichen eines anderen Rades. Dieses wurde dann auf einer hohen Stange oder Säule aufgerichtet, um den Körper des Hingerichteten in ähnlicher Weise wie bei der Exekution mit dem Strang den Elementen auszusetzen und vermodern zu lassen. Freilich gab es verschiedene Varianten des Räderns. So konnte verordnet werden, die Strafe von unten nach oben, also bei den Beinen beginnend, oder von oben nach unten zu vollstrecken. Im letzteren Fall wurde der erste Stoß gegen den Hals oder das Brustbein geführt, wodurch der Tod meist auf der Stelle eintrat. Gelegentlich wurde der Delinquent auch dazu begnadigt, vor dem Rädern enthauptet oder erwürgt zu werden. Im Falle der vorherigen Enthauptung wurde das abgeschlagene Haupt danach auf das Rad aufgesteckt. In Tirol legte der Scharfrichter dem Delinquenten oft einen Nagel unter, wodurch der Tod beim ersten Stoß eintrat. Gelegentlich war die Anzahl der Stöße, die der Scharfrichter dem Delinquenten zu verabreichen hatte, genau geregelt. In Tirol waren es beispielsweise je drei auf jeden Arm und jedes Bein sowie drei auf die Brust, insgesamt also fünfzehn Stöße.[141]

Für Vorarlberg ist die Strafe des Räderns vom frühen 16. bis ins späte 18. Jahrhundert bezeugt. Die erste bekannte Erwähnung stammt aus dem Oktober 1517. Damals wurde Jacob Reckh aus dem Montafon zum Tod durch das Rad verurteilt, weil er Hans Baertli aus St. Gallenkirch ermordet hatte. In der Folge begnadigte das Gericht aber Reckh zum Tod durch das Schwert.[142] Das Rädern wurde ausschließlich an Männern, denen ausgesprochen schwerwiegende Gewaltverbrechen nachgewiesen werden konnten, vollstreckt: 1520 räderte man in Bludenz den mehrfachen Mörder Hans Mangad[143]; 1583 wurde der aus Nenzing stammende Ambros Steinbrech »alls von wegen volbrachtem mordt unnd darzuo etlich vilen malen laider ausser der christenhait gehanndelt« zu »rad und pranndt« verurteilt[144]. 1642 enthauptete und räderte man in Bludenz einen Frauenmörder.[145]

In praktisch allen Vorarlberger Scharfrichterordnungen des 16. bis 18. Jahrhunderts finden wir Taxen für das Rädern.[146] Während für Vorarlberg Beispiele für den Vollzug dieser Strafe nach der Mitte des 17. Jahrhunderts über viele Jahrzehnte fehlen, häufen sie sich etwa ab 1750 wieder. Dagegen wurde im benachbarten Tirol offensichtlich 1705 letztmals jemand gerädert.[147]

In Hohenems wurde noch 1749 ein Mitglied einer in Lustenau ausgehobenen Zigeunerbande mit dem Rad gerichtet. Im Urteil heißt es »auf von dem Reichs Hochgräfl. Hochenembsischen Oberamt geführte Inquisition, güetliche Einbekantnus, eingehollt gerichtliche Urkunden und beschechenen Rechts Saz nach Anleitung Kayser Carl des Fünften und des H. Röm. Reichs Paynlicher Halsgerichtsordnung auch vorliegenden hochlöbl. Schwäbisch Krayses Patenten anmit Zu recht erkennt, daß die Delinquenten wegen ihren vill fältige höchst strafbahren Begangenschaften, nächtlichen Einbrüchen, Vich und anderen Diebereyen, und Zwahr der Johann Cleman nebst der Catharina Dannerin an dem Galgen durch den Strang, der Poldus Hafner aber mit dem Rad durch Zerstessung seiner glieder von oben herab, Ihnen selbst zu wohlverdienter Strafe und mäniglich zu abscheylichem Beyspill und Wahrnung vom Leben zum Tode gestraft, der letzteren Cörper in vier gleiche Theille zerhauen, und zerschnitten und die Stückhe auf die vier Gemaine Landes Strassen ofentlich aufgehengen und gestekhet werden sollen.«[148] Über den Anführer der Bande wurde also eine kumulierende Strafe verhängt. Er sollte zunächst gerädert und anschließend gevierteilt werden. Wenn auch das Rädern in seiner milderen Form, von

Abb. 6: Hinrichtung eines Räubers durch das Rad in Hohenems 1749, Holzschnitt auf einem 1749 in Bregenz gedruckten Steckbrief.

oben herab, verhängt wurde, so ist dennoch bemerkenswert, daß hier jemand mit ausdrücklicher Billigung durch den Grafen Franz Rudolf gerädert wurde, dem nicht einmal ein Mord nachgewiesen werden konnte. Die auch für jene Zeit ungewöhnliche Härte des Urteils erklärt sich vielleicht aus der Tatsache, daß es sich beim Delinquenten um einen Zigeuner handelte. Die Justiz im vorindustriellen Vorarlberg hatte die Tendenz, bei Zigeunern gleiche Vergehen härter zu bestrafen. So heißt es etwa in einem Bregenzer Mandat von 1720 wider das fahrende Volk, das »gottlose und verruchte Jauner und Zigeuner Volk« sollte, wenn es »auf einer Missethat ergriffen, oder in andere Weeg kundtbar gemacht« würde, »ohne weitläuffige Untersuchung und langwierigen Proceß und nur auf einig vorläufiges Examen zum Rad condemnirt werden.«[149]

Fast ein Jahrzehnt später wurde diese grausame Strafe in Feldkirch, also im österreichischen Herrschaftsbereich verhängt. Damals mußte der Bregenzer Scharfrichter die beiden Brüder Johannes und Andreas Mayer aus Meinigen, die vom Gericht in Rankweil »pto latrocinij« verurteilt worden waren, hinrichten. Johannes Mayer war mit dem Rad zu töten. Das Urteil bestimmte, daß ihm als erstes der »Herz oder sogenannte Gnaden Stoss« verabreicht werden sollte und »sodann erst die glieder abzustossen, so forth der Cörper hernach auf das raad offentlich zu legen« sei. Sein Bruder dagegen war mit dem Schwert hinzurichten, sein Körper danach aber ebenfalls auf das Rad zu legen. Die Hinrichtungen fanden am 3. November 1758 statt. Der Bregenzer Scharfrichter mußte bereits einen Tag vorher in Feldkirch erscheinen und das »Stossraad« sowie die anderen notwendigen Utensilien mitbringen.[150]

Die letzte direkte Nachricht von der Anwendung dieser grausamen Hinrichtungsart in Vorarlberg stammt aus dem Jahr 1772. Damals wurde in Dornbirn, also ebenfalls im Bereich der österreichischen Herrschaft, der mehrfache Mörder Johann Michael Feurstein mit dem Rad gerichtet. Feurstein hatte seine zwei Schwäger Ferdinand und Thomas Fussenegger sowie mehrere Kinder des Joseph Fussenegger in der Achmühle durch Beimengen von Mäusegift unter das Mehl ermordet, weil er hoffte, nach deren Tod das Mühllehen an sich bringen zu können. In seinem Urteil heißt es, er solle »zu wohl verdienter Strafe dem Scharfrichter zu Handen gestellt, auf die gewöhnliche Richtstatt geführet und alldorth mit dem Rad von oben her ab anfangs der Hals, hernach das Herz, nachmalen alle Gliedmassen abgestossen und also vom Leben zum Tod hingerichtet, so fort der todte Körper in das Rad geflochten werden solle und dieses alles von Rechts wegen.«[151]

In diesem einen Fall war die Härte der Strafe sicherlich durch die Schwere des Vergehens motiviert. Feurstein hatte immerhin versucht, eine ganze Familie auszurotten. Trotzdem wandte man auch hier die mildere Version der Strafe, das Rädern von oben nach unten, an.

Im letzten Drittel des 18. Jahrhunderts wurde in Vorarlberg offensichtlich gar nicht so selten gerädert, denn sonst hätten die Zeitgenossen wohl kaum noch 1777 darauf gedrängt, daß die »Köpf von denen Rädern und Pfählen abgenommen und in die Erde verscharret werden«[152].

Die Gründe dafür, daß diese Strafe in der Zeit der Aufklärung, zu der sie gar nicht zu passen scheint, noch einmal so aktuell werden konnte, sind sicherlich vielfältig. Wie noch zu zeigen sein wird, dürften die »pädagogischen« Ambitionen der Aufklärer hierbei eine nicht geringe Rolle gespielt haben.

Das Rädern war eine Strafe, die höchste körperliche, sicherlich aber auch höchste psychische Anforderungen an den Scharfrichter stellte. Es sind Fälle bezeugt, in denen sich der zuständige Scharfrichter körperlich nicht in der Lage sah, eine Hinrichtung mit dem Rad vorzunehmen, und deswegen ein anderer, eigentlich nicht zuständiger Kollege für ihn einspringen mußte.[153] Aus diesem Grund wurde das Rädern zum sogenannten »großen Richten« gezählt. Eine Hinrichtung mit dem Rad war also vergleichsweise teuer. 1583 erhielt der Bregenzer Scharfrichter dafür, daß er einen Delinquenten mit »rad und pranndt« in Bludenz hingerichtet hatte, 17 fl. 2 kr. oder 14 pfd. 18 sch. 1 pf. für Besoldung und Unkosten[154].

Das Rädern war auch noch aus anderen Gründen sehr teuer. Es mußte eine ganze Reihe verschiedener Geräte zur Verfügung gestellt werden. Da bei jeder Hinrichtung ein neues Rad verwendet wurde, kamen in der Regel nicht unbedeutende Summen für Zimmermannsarbeiten zusammen, zumal aus Gründen, auf die später einzugehen sein wird, meist ungewöhnlich viele Handwerker an diesen Arbeiten beteiligt wurden. Dies ist ersichtlich aus der Rechnung über die bereits erwähnte Hinrichtung Feuersteins in Dornbirn:

»Vor 17 Werkschue 3 zöllige thill, 4 stuck blancken und unter sätz Säul, so zu der Böhne gebraucht, auf welcher der Maleficant hingericht worden ist pr. 12 fl.,

für 3 Zimmerman, welche die Böhne und Säul zum Rad auf setzen gemacht, jedem a 30 kr. = 1 fl. 30 kr.,

für das Rad, worauf der Körper gelegt worden 1 fl. 40 kr.,
für die Aichen Säul und Stock in dem Boden, auf welchen selbe aufgericht worden 2 fl.,
für die eiserne Ring zum Rad und Saul samt 2 grosen Nägelen 32 kr.«[155]

Das Lebendigbegraben

Das Lebendigbegraben war eine Frauenstrafe. Sie wurde meist bei Kindsmord oder Unzucht, in seltenen Fällen auch über unzüchtige Männer, verhängt.[156] Wahrscheinlich weist diese Strafe ebenfalls einen »kultischen Hintergrund« auf. Wie beim Hängen dürfte es sich beim Lebendigbegraben ursprünglich um ein Menschenopfer gehandelt haben. Die durch ein Verbrechen beleidigte Gottheit sollte so wieder versöhnt werden. War es beim Hängen der männlich gedachte Sturm- und Kriegsgott, an welchen sich das Sühneopfer richtete, so war es beim Lebendigbegraben wahrscheinlich die weiblich gedachte Erdgottheit.[157] Diese Strafe ist in verschiedenen Varianten überliefert. In der Regel wurde die gefesselte Delinquentin in eine meist unter dem Galgen ausgehobene Grube gelegt, die danach zugeschüttet wurde. Oft bedeckte man sie zuvor noch mit Dornengestrüpp. Häufig trieb der Scharfrichter danach einen Holzpflock durch den Körper der Delinquentin. Beide Maßnahmen sollten wohl verhindern, daß die Hingerichtete zur Wiedergängerin wurde. Ihr Körper wurde gleichsam im Grab angenagelt. Das Dornengestrüpp bildete ein zusätzliches Hindernis, das von der Leiche nicht ohne weiteres zu überwinden war. Sehr häufig wurde der

Deliquentin auch noch ein Rohr in den Mund gesteckt, ehe man die Grube zuschüttete. Dies wurde gelegentlich falsch gedeutet. So meint Ilg, die begrabene Person hätte dadurch Luft bekommen sollen, und es hätte ihr so die Möglichkeit gegeben werden sollen, sich selbst zu befreien.[158] Das ist allenfalls eine sekundäre, gleichsam einer Rationalisierung entsprungene Motivation dieser Maßnahme. Der eigentliche Grund liegt vielmehr darin, daß der Seele der Hingerichteten die Möglichkeit gegeben werden sollte, aus dem Grab zu entweichen. Es handelte sich also um eine Art »Seelenloch«.[159] Gelegentlich haftete dieser Strafe auch noch der Charakter eines Gottesurteils an, wenn der Delinquentin beispielsweise ein Messer mit in die Grube gegeben und ihr so die Chance gewährt wurde, sich zu befreien. Auch in dieser Maßnahme spiegelt sich der ursprüngliche Opfercharakter der Strafe. Die Gottheit konnte selber entscheiden, ob sie das Opfer annehmen wollte oder nicht. Eine andere Variante des Lebendigbegrabens war das in Sagen oft erwähnte Einmauern.[160] Das Lebendigbegraben wurde bereits zu Beginn der Neuzeit als äußerst grausam und als nicht mehr zeitgemäß angesehen. In Nürnberg setzte sich im 16. Jahrhundert der bekannte Scharfrichter Meister Franz mit Erfolg für die Abschaffung dieser Strafe ein und fand dabei Unterstützung beim örtlichen Klerus.[161] In Tirol schrieb im ausgehenden 17. Jahrhundert ein Jurist, die Strafe des Lebendigbegrabens werde von der Landesordnung noch für Abtreibung angedroht, aber »theils aus Sorge der entstehenden Verzweiflung theils wegen Schamhaftigkeit des weiblichen Geschlechts« nicht mehr verhängt.[162]

In Vorarlberg wurden noch relativ spät Frauen dazu verurteilt, lebendig begraben zu werden. 1501 wurde Magdalena Hildeprande aus dem Pfarrsprengel Tschagguns, die »umb wol verschult inzicht, misstaut und sache« im Hinteren Bregenzerwald ins Gefängnis gekommen war, von Ammann und Rat dazu verurteilt, daß sie dem Scharfrichter übergeben werden soll, der sie an der Richtstätte lebendig begraben und nach dem Willen Gottes sterben lassen sollte. Auf Bitten »der priesterschaft dess gantzen landtz, mit inen ain menge schwanger frowen und andere und ain grosse zal jungckfrowen, darzuo ain gantze gemaind, so im Pregenzerwald nie mer geschehen ist« wurde sie allerdings begnadigt und des Landes verwiesen.[163] 1518 wurde Auffren Greberin aus Egg im Bregenzerwald ebenfalls zu dieser Strafe verurteilt. Sie hatte ihr eigenes Kind getötet und im Stall vergraben. Sie wurde dem Nachrichter übergeben. Dieser sollte sie zum Galgen hinaufführen und darunter begraben. Dabei sollten Dornen unter und über sie gelegt und ihr ein Rohr an den Mund gegeben werden. Ihr Vermögen verfiel Land und Gericht. Auch in diesem Fall kam das Urteil nicht zur Vollstreckung. Auffren Greber wurde zum Ertränken begnadigt, nachdem sich viele Fürbitter für sie eingefunden hatten.[164] Noch einmal ist dann 1584 in einem Sonnenberger Malefizurteil vom Lebendigbegraben die Rede. Damals wurde Katherina Ganitzerin von einem Malefizgericht in Nüziders, das unter dem Vorsitz des Sonnenberger Ammanns tagte, zum Tode verurteilt. Sie hatte ohne fremde Hilfe auf offenem Felde in der Nähe von Schruns ein Kind zur Welt gebracht und es bald nach der Geburt ins Wasser geworfen. Außerdem hatte sie schon vorher einmal ein erst 14 Tage altes Kind in der Ill ertränkt. Katharina Ganitzerin wurde in einen Sack eingenäht und ertränkt. Wegen ihres jugendlichen Alters ersparte ihr das Gericht das Reißen mit glühenden Zangen sowie das Lebendigbegraben und das Pfählen. Nach der Hinrichtung wurde ihre Leiche unter dem Hochgericht begraben.[165]

Spätere Zeugnisse für diese Strafform sind aus Vorarlberg bislang nicht bekannt geworden. Obwohl das Lebendigbegraben offenbar nicht mehr vollstreckt wurde, haben Bestimmungen darüber bis gegen Ende des 17. Jahrhunderts Eingang in die Vorarlberger Scharfrichterordnungen gefunden. Das Lebendigbegraben wurde zum sogenannten »großen Richten« gezählt. Der Bregenzer Scharfrichter konnte 1574 dafür 2 fl., 1695 und 1762 6 fl. bzw. 8 fl. verlangen, wenn es sich um vermögende Personen handelte.[166] In den Hohenemser Scharfrichterordnungen finden sich keine diesbezüglichen Angaben.

Das Ertränken

Das Ertränken wurde wie das Lebendigbegraben hauptsächlich, wenn auch nicht ausschließlich, an Frauen vollzogen. Diese Strafe wandte man vor allem bei Diebstahl und Betrug[167] und später, wie noch zu zeigen sein wird, bei anderen als außergewöhnlich schwer empfundenen Delikten an. Da das Ertränken schon früh als sehr grausame Strafe empfunden wurde, kam es oft zu Begnadigungen. Dies ist schon beim bislang ältesten bekannten Beispiel für diese Strafe in Vorarlberg der Fall. Am 31. Jänner 1491 wurde in Feldkirch Greth

Hafnerin wegen Eidbruches und Unterschlagung zum Tod durch Ertränken verurteilt und dem Nachrichter »empfolchen«. Auf Bitten der Gattin des Feldkircher Vogtes, anderer ehrsamer Frauen, des Kirchherren und anderer Priester begnadigte man sie jedoch schließlich. Sie mußte schwören, Feldkirch ohne Erlaubnis von Ammann und Rat nicht mehr zu verlassen.[168]

Wie schon gezeigt wurde, sind andererseits vor allem für das 16. Jahrhundert auch Begnadigungen von Strafen, die als noch grausamer empfunden wurden, beispielsweise vom Lebendigbegraben zum Ertränken, bezeugt.

Als primär verhängte und auch vollstreckte Strafe ist das Ertränken für Vorarlberg nur selten belegbar. Eines der wenigen Beispiele stammt aus dem Rechnungsjahr 1587/88. Am 22. Dezember des Jahres 1587 wurde in Bludenz eine gewisse Barbara Ganndtnerin verhaftet. Sie hatte drei Jahre zuvor je einen Brand in Bludenz und in Nenzing gelegt. Im Laufe der Untersuchung, die sich wegen ihrer Schwangerschaft erheblich in die Länge zog, gestand sie diese Vergehen in gütlichem Verhör, also ohne gefoltert zu werden. Sie wurde zum Tod durch Ertränken verurteilt. Die Vogteiamtsrechnung gibt uns Aufschluß über den Ablauf der Hinrichtung. Barbara Ganndtnerin wurde, auf einen Wagen gebunden, zu einem Gewässer, vermutlich zur Ill, geführt. Hier muß eine Bretterkonstruktion, wahrscheinlich eine Art Steg errichtet worden sein, denn die Rechnung verzeichnet eine Ausgabe von 10 sch. 3 pf. »umb fünff Laden oder Pretter, so beim wasser und auf dem wagen gebraucht worden«. Bei diesem Gerüst angekommen, wurde die Delinquentin in einen Sack eingenäht. Jedenfalls verzeichnet die Vogteiamtsrechnung 1 pfd. 4 sch. 6 pf. »umb Sechs ellen Zwilch Zum Sackh, darinnen Sy erthrennckht worden«. Wir können vermuten, daß sie vom Scharfrichter ins Wasser geworfen und mittels einer Stange unter Wasser gedrückt wurde, bis sie kein Lebenszeichen mehr von sich gab. So wird das Ertränken jedenfalls oft im Bild dargestellt. Der Leichnam wurde danach wieder aus dem Wasser gefischt und in einem Pferdekarren zum Hochgericht gebracht, wo ihn der Scharfrichter vergrub. Für alle diese Verrichtungen erhielt er jedenfalls eine Bezahlung. Die Handschuhe, die er bei der Exekution getragen hatte, warf er auch in diesem Falle weg. Für sie erhielt er, wie üblich, einen kleinen Betrag. Der Prozeß zog sich übrigens außergewöhnlich lange hin. Die Delinquentin verbrachte von ihrer Verhaftung bis zur Hinrichtung 191 Tage im Arrest. Der Grund dafür war ihre Schwangerschaft. Mit den eigentlichen Verhören wartete man, bis sie entbunden hatte. Der Scharfrichter erhielt für die Hinrichtung 1 pfd. 15 sch.pf. also 2 fl., für das Wegschaffen und Beerdigen des Körpers dieselbe Summe sowie 4 sch. 5 pf. oder 15 kr. für Strick und Handschuhe. Insgesamt brachte ihm die Exekution ohne das Zehrgeld umgerechnet 4 fl. 15 kr. ein. Die Kosten lagen damit ungefähr in der Größenordnung einer Hinrichtung mit dem Strang.[169] 1596 wurde, wie schon erwähnt, in Bludenz eine Kindesmörderin ebenfalls zum Tod durch Ertränken verurteilt, aber letztlich zum Tod durch das Schwert begnadigt.

Das Ertränken spielte noch im 18. Jahrhundert in den Gedanken der Juristen eine gewisse Rolle, wurde aber, wie der bereits angeführte Fall der Lustenauer Kindsmörderin Maria

Algin zeigt, als zu grausam empfunden und durch andere Hinrichtungsarten, meist durch die Enthauptung, ersetzt.

In den Scharfrichterordnungen wurde diese Strafe bis Ende des 17. Jahrhunderts berücksichtigt. Man zählte sie zum »kleinen Richten«. 1574 erhielt der Bregenzer Scharfrichter dafür 1 fl., 1695 4 fl.[170] In den späteren Bregenzer sowie in den Hohenemser Scharfrichterordnungen findet diese Strafe keine Berücksichtigung mehr.

Das Verbrennen

Die Strafe des Verbrennens, deren Grundgedanke es war, »den Verbrecher, dessen Tat als besonders abscheulich erschien, völlig vom Erdboden zu vertilgen«, ist auch in Vorarlberg häufig bezeugt. Sie ist äußerst symbolkräftig. Dem Feuer als »eine[r] der elementarsten Urgewalten« schrieben die Menschen des Mittelalters und der Frühen Neuzeit eine starke reinigende Kraft zu, die alles Böse verzehrte. Mit dem Rauch, den der Wind weggetrug, wurde gleichsam auch die Bosheit des Hingerichteten davongetragen. Wenn zum Schluß noch die Asche in einen Fluß geschüttet oder unter dem Galgen vergraben wurde, dann war der Missetäter nicht nur völlig vernichtet, sondern an seiner Vertilgung waren alle Elemente beteiligt.[171] Es verwundert daher nicht, daß diese Strafe an besonders grausamen und gefährlichen Verbrechern vollstreckt wurde. Für die Menschen des Spätmittelatlers und der Frühen Neuzeit waren das vor allem Ketzer und Hexen. Dies ist wohl der Grund dafür, daß das Verbrennen ins Bewußtsein der modernen Menschen vor allem als Hexen- und Ketzerstrafe eingegangen ist. Daß diese Strafe ein viel breiteres Anwendungsspektrum hatte, wird zu zeigen sein.

Es ist aber durchaus typisch, daß die ersten Zeugnisse des Vollzugs dieser Strafe in Vorarlberg Wiedertäufer betreffen. Im Juli 1528 wurden zwei Eigenleute der Vogtei Bregenz durch das Feuer hingerichtet, weil sie Täufer waren.[172] Bei der zeitlich nächsten Hinrichtung durch das Feuer aus dem Bereich Vorarlbergs wissen wir überhaupt nichts über das Delikt, welches auf diese grausame Art bestraft wurde. 1572 richtete der Bregenzer Nachrichter, Meister Mathys Pflug, einen gewissen Hanns Würffel in Bludenz mit dem Schwert und mit dem Feuer.[173] In den folgenden Jahren wurde die Strafe des Verbrennens in Vorarlberg für die verschiedensten Verbrechen angewandt: 1583 tötete man den huterischen Sendboten Melchior Platzer durch das Schwert und verbrannte ihn anschließend, weil er sich geweigert hatte, vom täuferischen Glauben abzulassen.[174] Im selben Jahr wurde der aus Nenzing stammende Ambros Steinbrech wegen öffentlich begangenen Diebstahls gefänglich eingezogen. Man verurteilte ihn zu »rad und pranndt«, »alls von wegen volbrachtem mordt unnd darzuo etlich vilen malen laider ausser der christenhait gehanndelt (= Sodomie).«[175] Im Jänner 1585 wurde in Feldkirch ein nicht näher bezeichneter »Petter« mit Strang und Brand gerichtet. Auch über die ihm zur Last gelegten Verbrechen ist uns nichts bekannt.[176] Noch 1596 wurde in Bludenz der Leichnam eines gehängten Diebes verbrannt.[177] In der Folgezeit ist das Verbrennen jedoch hauptsächlich als Strafe bei Personen bezeugt, bei denen man den Tatbestand der Hexerei als bestätigt ansah.[178]

Wie sich aus den zitierten Beispielen leicht erkennen läßt, gab es grundsätzlich zwei Möglichkeiten, die Strafe zu vollziehen: Am lebendigen Leib oder nach vorheriger Tötung. Die Verbrennung bei lebendigem Leibe kam, wie Tschaikner durch seine Forschungen gezeigt hat, sogar bei der Hinrichtung von Hexen in den österreichischen Herrschaften vor dem Arlberg bereits zu Beginn des 17. Jahrhunderts mehr oder weniger aus der Übung. Im Normalfall wurde schon damals eine Hexe mit Schwert und Brand gerichtet, ein Verfahren, dem die Regierung in Innsbruck gerne zustimmte.[179] Die diesbezüglich geübte Praxis im Einflußbereich der Grafen von Hohenems unterschied sich davon kaum.[180] Voraussetzung für die Begnadigung zu dieser milderen Form der Bestrafung war jedoch, daß der Delinquent oder die Delinquentin Reue zeigte. Dennoch sind sowohl aus den österreichischen Herrschaften vor dem Arlberg als auch aus dem Herrschaftsbereich der Grafen von Hohenems einige Fälle von Verbrennung bei lebendigem Leib bezeugt. Diese ungleich schärfere Form der Strafe wurde in Fällen verhängt, die aus irgendwelchen Ursachen von den Zeitgenossen als besonders schwer empfunden wurden. Dieses schlimme Schicksal widerfuhr im Juli 1597 fünf wegen Hexerei verurteilten Frauen in Bludenz. Im einhellig gefaßten Urteil heißt es, »daß sie dem Scharfrichter sollen bevolhen werden, der sie binden, wol versorgen und hinauß füeren solle an die gewonliche Richtstat, also jede uf ein Laittern schmiden, dann binden, also lebendig ins Feuer werffen, zue Bulwer und Esch verbrennen, folgends die Aeschen ins Erdreich vergraben, damit weder Leudt noch Vih von inen nimmer mügen geschedigett werden, meniglich zue ainem erschrecken-lich Exempel und Ebenbild, sich von diesen und anderen mudtlichen Lastern zu verhüetten.«[181] Mitverantwortlich für die unnachgiebige Haltung der Richter könnte in diesem Fall gewesen sein, daß der besagte Prozeß im Zusammenhang mit empfindlichen Unwetterschäden in der Region stand. Den hingerichteten Frauen war vorgeworfen worden, diese Unwetter durch ihren Schadenszauber herbeigeführt zu haben.[182] Noch 1653 wurde in einem Hohenemser Hexenurteil betont, daß die betroffene Frau bei lebendigem Leibe verbrannt werden solle.[183] Doch auch eine solche Verbrennung konnte wenigstens etwas abgemildert werden. So wurde beispielsweise einer 1585 in Dornbirn verbrannten Frau ein Säckchen mit Pulver um den Hals gehängt, um ihren Todeskampf zu verkürzen.[184]

Die Hinrichtung mit dem Feuer wurde zum »großen Richten« gezählt. Der Bregenzer Scharfrichter erhielt dafür 1574 2 fl. und 1695 sowie 1762 6 fl. bzw. 8 fl., wenn es sich um einen vermögenden Delinquenten handelte.[185] In den Anstellungsverträgen der Hohenemser Scharfrichter wurde ausdrücklich zwischen lebendig Verbrennen und der Hinrichtung mit dem Schwert und anschließendem Verbrennen unterschieden. Für ersteres standen dem Hohenemser Scharfrichter zwischen 1649 und 1732 4 fl., für letzteres 6 fl. zu.[186] Die Durchführung der Verbrennung verlangte vom Scharfrichter in technischer Hinsicht einiges ab. Die psychische Belastung, vor allem beim Verbrennen eines lebenden Menschen, kann wohl kaum ermessen werden. Nicht selten fühlte sich ein Scharfrichter bei einer derartigen Hinrichtung überfordert, und er bestand darauf, von einem Amtskollegen aus einem anderen Gericht unterstützt zu werden. 1585 verrechnte der Bregenzer Scharfrichter für »seinen schwager, Maister Jacob, nachrichter zu Lindaw, so ime geholffen« 17 Sch. 6 Pf., nachdem sie gemeinsam einen Rankweiler namens »Petter« mit Strang und Feuer gerichtet hatten.[187] Derartige Hilfe war erst recht nötig, wenn mehrere Personen gleichzeitig und noch dazu bei lebendigem Leibe verbrannt werden mußten. So wurde beispielsweise Meister Christof Hirt aus Biberach bei der bereits erwähnten Verbrennung von fünf Hexen in Bludenz vom Bregenzer Scharfrichter Meister Jakob Vollmar und seinem nicht namentlich genannten Vetter unterstützt.[188]

Über die Durchführung der Verbrennungen läßt sich nicht allzuviel Genaues sagen. 1597 wurde in Bludenz ein Scheiterhaufen aus Stroh und extra zugeschnittenem Holz errichtet, wofür man 2 fl. 24 kr. aufwandte. Die zum Tode verurteilten Frauen wurden in einem Karren zur Richtstätte geführt und dort von den Scharfrichtern an eigens gefertigten Leitern festgebunden bzw. festgeschmiedet. Danach warf man sie ins Feuer. Wie die Abrechnung der Hinrichtung ausweist, wurden Axt, Hauen, Schaufeln, Schürhaken etc. eigens zu diesem Zweck von einem Schmied angefertigt.[189] Wenn die Delinquenten nicht ins Feuer geworfen, sondern auf dem Scheiterhaufen verbrannt wurden, dann errichtete man diese Haufen in Blockbauweise um den Delinquenten herum. In der Regel scheinen diese Scheiterhaufen sehr viel kleiner gewesen zu sein als die heutigen »Funken«. 1585 benötigte man in Dornbirn drei Fuder Holz und Stroh für den Bau eines Scheiterhaufens, ein Jahr später in Dalaas anderthalb Klafter Holz.[190]

Auch die Beseitigung oder, besser gesagt, die Bestrafung von Selbstmördern – die Ausgaben dafür werden in den Bludenzer Vogteiamtsrechnungen des 16. Jahrhunderts bezeichnenderweise zu den Malefizkosten gezählt – war in der Regel eine der Aufgaben des Scharfrichters. In allen für den Bereich des späteren österreichischen Bundeslandes Vorarlberg erhaltenen Scharfrichterordnungen und Anstellungsreversen finden wir diesbezügliche Bestimmungen. In der Bregenzer Scharfrichterordnung von 1574 werden das Wegschwemmen eines Selbstmörders auf dem Wasser bzw. das Verbrennen oder Begraben eines Selbstmörders erwähnt. Der Scharfrichter erhielt dafür 2 fl. sowie 45 kr. Zehrgeld und 15 kr. für ein Paar Handschuhe. Seinem Knecht stand ein Taggeld von 20 kr. zu.[191] 1695 erhielt der Scharfrichter alles in allem 6 fl. und sein Knecht 20 kr.[192], 1762 8 fl., wenn der Selbstmörder ein Vermögen hinterließ, im widrigen Falle nach wie vor 6 fl.[193] Außer den genannten Zahlungen hatte der Scharfrichter auch noch Anspruch auf einen Teil des Nachlasses eines Selbstmörders. Die Bregenzer Scharfrichterordnung von 1574 wies der Herrschaft alles zu, was bei einem Selbstmörder an »Gellt, Goldt, Silber, Clainöter und Edelgestain, wie dasselb Namen hat, befunden wurde. [...] Waß aber für Claider oder Wehren, die mit Silber oder Goldt nit beschlagen sein, bey dem selbst endtleibten an seinem Leib, als sich derselb endtleibt hat, durch den Nachrichter befunden wurdet«, stand ohne Ausnahme dem Scharfrichter zu.[194] In den Ordnungen von 1695 und 1762 wurde dieses Recht noch ausgeweitet. Außer den genannten Gegenständen, die ein Selbstmörder am Leibe trug, wurde nun zwischen der Obrigkeit und dem Scharfrichter auch noch alles aufgeteilt, was der Scharfrichter von der Leiche aus mit seinem Schwert erreichen konnte.[195]

Die Rolle des Scharfrichters bei der Beseitigung und Beisetzung eines Selbstmörders ist vor allem darin begründet, daß die Scheu der frühneuzeitlichen Menschen vor der Leiche groß war.[196] Seine Entlohnung aus dem Nachlaß des Toten findet ihre Erklärung darin, daß dessen Habe »etwas Unheimliches an sich« hatte.[197] Offensichtlich waren jedoch Edelmetalle und Edelgestein dagegen resistent, denn sie fielen, wie gezeigt wurde, der Obrigkeit zu.

Diese Berührungsangst veranlaßte wohl die Gesellschaft der Frühen Neuzeit dazu, oft große Mühen und Kosten auf sich zu nehmen, um den Leichnam eines Selbstmörders sachgerecht zu »entsorgen«. Der Scharfrichter wurde zu diesem Zweck auch in entlegene Landesteile geholt, wie ein Beispiel aus dem Jahr 1584 eindrucksvoll belegt. Damals hatte sich in Bürs bei Bludenz eine fremde Frau, die aus Imst oder Reuthe in Tirol stammte, das Leben genommen. Nun wurde ein Bote in das etwa 50 km entfernte Bregenz geschickt, um den dortigen Scharfrichter zu holen. An- und Abreisetag eingerechnet, mußte dieser nicht weniger als drei Tage aufwenden, um die Leiche der Selbstmörderin zu beseitigen. Das Bludenzer Vogteiamt mußte ihm allein an Zehrungskosten 3 fl. bezahlen. Für das Begraben der Leiche unter dem Galgen verrechnete er außerdem 2 fl. Die Leiche mußte zum nächstgelegenen Galgen transportiert werden. Dazu waren Roß und Wagen notwendig, wofür Kosten in Höhe von 8 fl. 40 kr. anfielen. Da der

Geleitsbote, der den Scharfrichter in Bregenz abholte und wieder dorthin zurückbrachte, mit 1 fl. 20 kr. entlohnt wurde, kostete die Entfernung der Leiche besagter Selbstmörderin das Vogteiamt Bludenz insgesamt stattliche 15 fl.[198] Eine noch erklecklichere Summe kam 1592 zusammen, als der Bregenzer Nachrichter nach Braz geholt wurde, um einen Mann, der sich erhängt hatte, vom Strick zu schneiden, den Körper abzunehmen, eine halbe Meile weit zum nächsten Hochgericht zu transportieren und dort zu vergraben. Insgesamt beliefen sich die Kosten auf 33 fl. 16 kr.[199]

Auch im 18. Jahrhundert kamen auf diese Art oft ansehnliche Rechnungen zustande. Als sich 1738 ein Feldkircher Bäcker in seiner Backstube erhängte, »dessen Cörper der Scharpfrichter Zue dem galgen gefiehret und alda Verlochet«, mußte das Vogteiamt dafür 8 fl. bezahlen[200].

1769 stellte der Scharfrichter Hans Peter Vollmar aus Bregenz detaillierte Rechnung für das Bestatten eines Selbstmörders:

»Das ich Endts benanter wegen dem Michell Boden Miller, welchen ich habe missen von dem Blaze wekh fihren und vergraben.
Erstlich vor denn Kerpher von dem Blaz wekh tun ... 8 fl.
Vor den Kerpher wekh fihren ... 3 fl.
Vor Einen Tag Reiss gelt ... 1 fl. 30 kr.
Vor den Knecht Ein Tag Reiß gelt ... 20 kr.
in Suma ... 12 fl. 50 kr.
dato den 21 April 1769.
Vor diesen Conten bin ich mit Dankh bezalet worden.
[Sigel]

Hanß Peter Vollmar scharpfrichter der vier Vorarlbergischen Herrschaften in Bregenz 1769.«[201]

Selbstmörder wurden also vornehmlich beim Richtplatz, vor allem unter dem Galgen begraben. Aber auch die Beisetzung auf dem Wasenplatz ist bezeugt. 1798 verrechnte der Bregenzer Scharfrichter Xaver Deigentesch 15 fl. »wegen Abnahm, dann beschehener Verführung vom Thenenbach bis in den Thuergarten und endlich gethanener Verlocherung des sich selbst erhängten hiesigen Kanonirs«[202]. Mit »Thuergarten« ist der Schindanger in Rieden gemeint, auf welchem der Bregenzer Wasenmeister, der ja mit dem dortigen Scharfrichter identisch war, die in Bregenz und Rieden verendeten Tiere vergraben mußte.

Dem Selbstmörder wurde also ein christliches Begräbnis in der geweihten Erde des Friedhofs verweigert. Dies kann jedoch nicht befriedigend allein mit der oben erwähnten Berührungsangst erklärt werden. Es wurde bereits betont, daß in diesem Zusammenhang am ehesten von einer Bestrafung der Selbstmörder gesprochen wird. Da der Selbstmord nach christlicher Auffassung als eine schwere Sünde galt, war der Selbstmörder in den Augen der spätmittelalterlichen und frühneuzeitlichen Menschen ein Verbrecher, den es zu bestrafen galt.[203] Gleichzeitig war jeder Selbstmord eine stark magisch belastete Angelegenheit und spielte im Aberglauben des Volkes eine wichtige Rolle.[204] Insbesondere fürchteten die Zeitgenossen, daß ein Mensch, der sich selbst bewußt das Leben genommen hatte, im Tod keine Ruhe finden würde, also zu einer Art Wiedergänger werden könnte.[205] So wurde der Selbstmörder durch den Scharfrichter einerseits für sein

Verbrechen bestraft, andererseits versuchte man durch die besondere Art der Bestattung, negative Folgen für die betroffene Gemeinde abzuwenden. Das Wegschwemmen im Wasser oder das Verbrennen der Leiche sind nicht nur reinigende Strafen[206], sondern durch sie wird auch der tote Körper, von dem ja die Gefahr auszugehen schien, zerstört bzw. in eine andere Gegend transportiert. Damit, so glaubte man, konnte das drohende Unheil abgewendet werden.[207]

Die Aufklärung brachte schließlich eine differenzierte Bewertung der Tat eines Selbstmörders. Seit den Reformen Maria Theresias galt die Selbsttötung dann nicht mehr als Verbrechen, wenn der Täter nicht bei klarem Verstand war. Nahm sich ein Geisteskranker das Leben, so konnte sein Leichnam in einem christlichen Begräbnis ohne die Mitwirkung des Scharfrichters oder eines seiner Knechte beigesetzt werden.[208] Dem wurde seit der zweiten Hälfte des 18. Jahrhunderts auch in Vorarlberg Rechnung getragen. So schränkt bereits die Bregenzer Scharfrichterordnung die Hinzuziehung des Scharfrichters bei einem Selbstmord auf den Fall ein, daß der »Täter« bei klarem Verstand gewesen war.[209] Allerdings lag es im Ermessen der Obrigkeit zu beurteilen, ob eine Geisteskrankheit vorlag oder nicht. In der Tat scheint die Behörde diesbezüglich oft harte Maßstäbe angelegt zu haben. Dabei dürfte auch ein gewisser Eigennutz eine Rolle gespielt haben, standen der Obrigkeit doch, wie oben gezeigt wurde, die Wertgegenstände zu, die ein Selbstmörder bei sich trug.[210] Andererseits hatten natürlich auch die Hinterbliebenen ein großes Interesse daran, daß einem Selbstmörder aus ihrer Verwandtschaft mildernde Umstände zugestanden wurden.

Auch hier spielten die erwähnten materiellen Gründe sicher eine Rolle. Andererseits sind die immateriellen Gründe wie Ansehen, Ehre oder Sorge um das Seelenheil des Verstorbenen nicht zu unterschätzen. Es kann daher kaum verwundern, daß sich die Verwandten oft hartnäckig und mit viel Engagement darum bemühten, Beweise für eine Geisteskrankheit zusammenzutragen. Als sich im April 1769 Michael Bodenmüller in einem Wald bei Sulzberg im Bregenzerwald erhängte, versuchte sein Vater, gleichsam eine erblich bedingte geistige Verwirrung seines Sohnes nachzuweisen. Sein stärkstes Argument, mit dem er im Streit mit der Obrigkeit die Geisteskrankheit seines Sohnes beweisen wollte, war, daß sich auch sein älterer Sohn bereits vor fünf Jahren das Leben genommen hatte. Dieses Argument mag vielleicht heute überzeugen, allein den Bregenzer Behörden des Jahres 1769 war es zu wenig stichhaltig. Der Körper des Toten wurde dem Scharfrichter übergeben, der die oben zitierte Abrechnung vorlegte.

Es ist aber zu bemerken, daß sich die Behörden in der Regel viel Mühe machten, um zu einer nach damaligen Maßstäben gerechten Beurteilung eines Selbstmordes zu gelangen. Das kann sehr deutlich an einem Lustenauer Beispiel festgestellt werden. Im August des Jahres 1788 nahm sich der Rheinmüller Johann Viktor Hollenstein das Leben, indem er sich mehrere Messerstiche in den Hals und in den Unterleib zufügte. Als die Kunde von dieser Tat nach Hohenems drang, wurde der dortige Rentmeister unverzüglich in den Reichshof gesandt, um den Fall näher zu untersuchen. Er fertigte einen genauen Bericht darüber an, was er in Lustenau feststellen konnte:

Johann Viktor Hollenstein, der zu diesem Zeitpunkte noch lebte, hatte bereits das zweite Mal Hand an sich gelegt. Allgemein wurde die Ursache zu diesen beiden Taten in der ihm eigenen Melancholie gesucht, deren äußeres Zeichen man in gelegentlich auftretenden Schwindelanfällen zu erkennen vermeinte. Hollenstein, der als von Jugend auf schreckhaft und furchtsam beschrieben wurde, hatte vor einigen Jahren eine Zeitlang auf der Rheinmühle zu Montlingen gearbeitet. Während dieser Zeit war die Mühle beinahe gesunken. Einen ählichen Vorfall mußte Hollenstein später auch auf der Lustenauer Rheinmühle miterleben. Nach der Meinung seiner Zeitgenossen hatten diese Erlebnisse seinen Geisteszustand arg in Mitleidenschaft gezogen. Hollenstein suchte aus diesem Grund auch immer wieder medizinische Hilfe. Noch vierzehn Tage vor seinem zweiten Selbstmordversuch hatte ihn der Chirurg von Bernang (= Berneck) deswegen zur Ader gelassen. Nach seinem ersten Selbstmordversuch wurden eine Reihe von Vorkehrungen getroffen, um ihn vor sich selbst zu schützen. So fehlte es ihm weder an geistlichem Zuspruch, noch an medizinischer Hilfe. Nachdem er dem Lustenauer Pfarrer bekannt hatte, daß er von Zwangsvorstellungen getrieben werde, Hand an sich selbst oder an andere zu legen, entfernte man gefährlich scheinende Gegenstände und Waffen aus seiner Umgebung. Schon einige Tage nach seinem ersten Selbstmordversuch gelang es ihm allerdings, seine Frau, die ein wachsames Auge auf ihn geworfen hatte, zu überlisten. Er bat sie, ihm einen Trunk Wasser zu holen. Während sie das Zimmer verließ, um seiner Bitte nachzukommen, erhob sich Hollenstein von seinem Krankenbett und begab sich ins Nebenzimmer, wo seine Frau Äpfel zum Kochen vorbereitet hatte. Aus Unachtsamkeit hatte sie das dabei verwendete Küchenmesser liegen gelassen. Er ergriff es und stieß es sich mehrmals in den Hals und in den Unterleib. Unverzüglich wurden der Lustenauer Chirurg Bösch und sein Bernanger Amtskollege Forster herbeigerufen. Beide versorgten die Wunden Hollensteins, so gut es ging, hatten aber keine große Hoffnung, daß er mit dem Leben davon kommen würde. Obwohl er sehr geschwächt war, wurden alle erdenklichen Sicherheitsmaßnahmen ergriffen, um einen weiteren Selbstmordversuch unmöglich zu machen. Alle Messer und gefährlichen Gegenstände wurden aus seiner näheren Umgebung entfernt. Außerdem stellte man rund um die Uhr Wachen an seinem Bett auf. Es wurde sogar ein Gurt bereitgelegt, um ihn nötigenfalls ans Bett zu binden. Der Rentmeister überwachte die Durchführung dieser Maßnahmen, vernahm einige Zeugen und begab sich dann zurück nach Hohenems. Zwei Tage später verstarb Hollenstein. Obwohl bereits die ersten Erhebungen des Rentmeisters keinen Zweifel daran offengelassen hatten, daß der Verstorbene seine Tat im Zustand der Unberechenbarkeit begangen hatte, mußten der Feldkircher Stadtchirurg Seiz und sein Hohenemser Amtskollege Seewald eine Sektion der Leiche vornehmen. Als sie vermeinten, anatomische Anzeichen für eine Geisteskrankheit festzustellen, wurde von seiten der Obrigkeit in Hohenems »kein weiteres Bedenken getragen, dem Ortspfarrer die Erlaubnuß der ordentl. Erledigung zu ertheilen.« [211]

Den Behörden war offenbar keine Mühe zu groß, um herauszufinden, ob einem Selbstmörder die Schuld an seiner Tat gegeben werden konnte oder nicht. Die Rationalität, die hinter den eben geschilderten Maßnahmen steckte, wurde von den Zeitgenossen oft nicht verstanden. Für sie war auch noch in der zweiten Hälfte des 18. Jahrhunderts ein Selbstmord eine stark magisch belastete Sache. Wie ein anderes Beispiel verdeutlichen kann, setzte sich oftmals eher die Bevölkerung als die Obrigkeit gegen die Beisetzung eines Selbstmörders auf dem Friedhof zur Wehr:[212]

Im Sommer 1779 hatte sich im Reichshof Lustenau Anna Maria Hämmerle das Leben genommen. Ihr Ehemann zeigte den Selbstmord seiner Gattin ordnungsgemäß beim Hofammann und beim Pfarrer an. Das Oberamt in Hohenems entschied, daß die Tote auf dem Lustenauer Friedhof beigesetzt werden sollte. Dies geschah auch so. Mit dieser vernünftig und aufgeklärt wirkenden Entscheidung hatten die Beamten in Hohenems allerdings eine Welle von Widersetzlichkeiten in Lustenau losgetreten. Im Reichshof entwickelte sich offensichtlich eine rege Diskussion über die Haltung der Obrigkeit in der Behandlung der Selbstmörderin. An einem Sonntagabend erreichte der Unmut einen gewissen Höhepunkt. Der Maurer Joseph Bösch, von dem das ganze Gerede seinen Ausgang genommen hatte, und der Schmied Baptist Grabher zogen unter dem Einfluß alkoholischer Getränke mitten in der Nacht nach Bregenz, wo sie den Oberamtmann fragen wollten, »ob man den Körper von der sich selbsten erhengten Persohn befohlenermassen aufn Freydhof begraben lassen derfe.« Da sie das Haus des Oberamtmannes erst nach Mitternacht erreicht hatten, wurden sie verständlicherweise nicht vorgelassen, woraufhin sie nach Lustenau zurückkehrten. Da sie an beiden Orten die Nachtruhe ihrer Mitbürger durch Lärmen erheblich gestört hatten, wurde die Sache beim Oberamt in Hohenems anhängig und genauestens untersucht. Die Verhöre förderten eine gehörige Portion Aberglauben an den Tag und geben außerdem noch einen guten Einblick in die Ehrvorstellungen der damaligen Zeit. Der hinterbliebene Ehemann der Entleibten schilderte vor dem Oberamt das Verhalten des Maurers Joseph Bösch folgendermaßen:

Nachdem er vernommen hatte, daß die Selbstmörderin in geweihter Erde beigesetzt worden war, habe er gesagt, »der Pfarrer und die weltliche Obrigkeit erheben das Weib hoch in Himmel; er glaube es aber doch noch nicht, dann sie gehöre auf den Schindplatz. Weiters sezte er die Frag an bemeltes Weib (= Nachbarin), ob sie dem Mann geholfen, sein Weib in Baum (= Sarg) zu legen, und wie sie sie hinein gelegt hätten. Wie man sonst ein andere verstorbenen Menschen in Baum legt, ist sie auch hinein gelegt worden, antwortete das Weib. Er, Bösch, aber versezte, wenn ihr sie hättet auf die Nasen gelegt, so würde sie bleiben; weill ihr sie aber eingelegt, wie es der Brauch ist, so wird sie der Freythof den 3ten Tag auswerfen.« Bei anderer Gelegenheit soll Bösch gesagt haben, »daß, wenn die Wacht, welche vor sie angestellt wäre, nicht ausgehet, ehe die Müe an ihm komt, und er auch sie zu bewachen den Befehl bekommt, so hollete er den Schinder von Bregenz.« Eine Frau, die geholfen hatte, die Leiche für die Beerdigung fertig zu machen, sagte vor dem Oberamt aus, Bösch habe ihr gegenüber geäußert, »wenn sich eine Persohn selbst erhänkt oder ertrenkt, daß mann sie gleich ein andern Kog hintern Haag oder auf den Schindplatz verscharret.«

Aus den zitierten Aussagen spricht deutlich die Angst vor einem Wiedergänger. Es ist eine weit verbreiterte Vorstellung, daß ein Selbstmörder in seinem Grab keine Ruhe finden kann. Die Beerdigung mit dem Gesicht nach unten ist nur eine von vielen verschiedenen Strategien, mit denen man den Toten an einer Rückkehr hindern wollte. Deutlich ist hier zu erkennen, daß die Bevölkerung mit den aufgeklärten Ideen und Haltungen der gebildeten Beamtenschaft oft nichts anfangen konnte. In diesem Fall fühlten sich einige dadurch sogar in ihrer Sicherheit beeinträchtigt. Es ist nicht uninteressant, daß sich im Gefolge des Geredes über die Rechtmäßigkeit der Bestattung einer Selbstmörderin in geweihter Erde ein grundsätzlicher Autoritätsverlust der Obrigkeit anbahnte. Im genannten Zusammenhang zweifelten einige Hofleute die Rechtmäßigkeit der Einhebung verschiedener Abgaben wie des Obstzehenten durch die Hohenemser Beamten an.

Der zitierte Fall eröffnet uns aber auch noch einen Blick auf die Ehrvorstellungen der damaligen Zeit. Der ebenfalls angeklagte Schmied Baptist Grabher gestand beim Verhör in Hohenems, zum Ehemann der Selbstmörderin folgendes gesagt zu haben, als dieser ihm sein Leid klagte: »Wärst du ehender zu mir gekommen als du im Pfarhof gegangen, so hätten wir dein erhänktes Weib ins Bett gelegt, ihr ein Tüchl umn Hals gegeben und gesagt, sie wäre gestorben, dann solches Ding gäbt nuer Unehr der gantzen Gemeind.«

Wie wir sehen, waren die Vorstellungen, die zu einer Bestrafung oder Beseitigung von Selbstmördern durch den Scharfrichter führten, tief im Bewußtsein der Bevölkerung verankert. Aufklärerische Bemühungen von seiten der Herrschaft konnten ihnen offensichtlich nichts anhaben.

Die Bestrafung von Tieren

Auch die Bestrafung von Tieren gehörte zum Aufgabenkreis des Scharfrichters. Seit dem Mittelalter sind Prozesse gegen schädliche Tiere, z.B. gegen Maikäfer, Heuschrecken oder Wölfe bezeugt. Das Verfahren glich durchaus dem gegenüber Menschen angewandten, wobei dem angeklagten Tier jeweils ein Verteidiger durch das Gericht bestellt wurde. Unterlag dieser im Prozeß, so wurden die durch das kirchliche und weltliche Recht vorgeschriebenen Strafen angewandt. Dieses Verfahren stützte sich auf eine Stelle im 2. Buch Mosis, wo es heißt, ein Ochse, der einen Menschen getötet hat, solle gesteinigt werden und sein Fleisch dürfe danach nicht verzehrt werden.[213] Der Bestrafung oder Hinrichtung von Tieren lag dieselbe magische Weltsicht zugrunde wie der Bestrafung von Selbstmördern, nämlich die Vorstellung des Verbrechers »als eines Wesens, das mit dämonischer Kraft erfüllt war.«[214] Wurde also ein Tier bestraft, so war nicht dieses das eigentliche Ziel der Bestrafung, sondern vielmehr der ihm innewohnende böse Geist, der es zu einem Verbrechen verleitet hatte. »Das Tier war nur die Hülle, in welche der Dämon geschlüpft war. So ist der Tierprozeß in Wirklichkeit ein Prozeß gegen Dämonen, Geister oder Gespenster.«[215]

Aus Vorarlberg ist für das Jahr 1643 eine Hinrichtung von Tieren bezeugt. Damals wurde ein zwanzigjähriger Mann auf der Alpe Pridler bei Hohenems von einem Stutenknecht »bey ainer Stueten in werck der Sodomiae« überrascht. Welch abscheuliches Verbrechen die Sodomie in den Augen der damaligen Zeitgenossen war, läßt die Reaktion des Stutenknechts erahnen. Aus dem erhaltenen Verhörsprotokoll spricht noch heute das ganze Entstetzen, das ihn beim Anblick des Täters gepackt haben muß. Da heißt es: »Er Stuetenkhnecht ine (= den Täter) angeredt und geschrien, O Jesus Maria, waß fachest du an. Darüber der thädter geantwurt, o ich waiß selbert nit, was ich thue, und darzwischen sich abseits gewendet und sein mannlich glid in die Hosen behallten. Stuetenkhnecht weiter gesagt, was soll ich mein Lebenlang anfangen, ich mueß mit dier der Obrigkhait Zue, du bist ein Ketzer.« Der Stutenknecht ließ sich weder durch das Flehen des Ertappten noch durch materielle Versprechungen von einer Anzeige abbringen. Er vereitelte zusammen mit seiner Gattin sogar noch einen Fluchtversuch und führte den Unglücklichen schließlich mit Hilfe einiger anderer Männer in den Palast nach Hohenems. In den danach teilweise unter der Folter durchgeführten Verhören gestand der Sodomit noch weitere ähnliche Vergehen mit diversen Stuten und Fohlen. Er wurde schließlich zum Tode verurteilt. Im Urteil heißt es, er solle »dem Nachrichter an die Handt gegeben, offentlich Zue dem Hochgericht hinauß gefüehrt, dann selbsten auf den Scheiterhauffen geworffen und sambt den beeden Stueten, mit welchen Er die Leidige unzucht vollbracht, Lebendig verbrendt und die Äschen under dem Galgen vergraben werden.« Letztendlich wurde er dann zum Schwert begnadigt. Erst danach wurde er »sambt den tieren« verbrannt.[216]

Für den Stutenknecht war der von ihm ertappte Sodomiter ein Ketzer; er wagte es deshalb auch nicht, eine Anzeige zu unterlassen. Schon seit dem Mittelalter wurde die Sodomie als ein in höchstem Maße religiöse Momente beinhaltendes Verbrechen betrachtet. Sowohl die Rechtsgelehrten als auch die Volksmeinung stellte eine Verbindung zur Blasphemie und Häresie her. Ein Sodomit hatte sich in ihren Augen vom wahren Christentum ab- und dem Teufel zugewandt. Diese seit dem Mittelalter existierenden Vorstellungen wurden immer wieder verstärkt.[217] Sodomiter, zu ihnen wurden auch die Homosexuellen gezählt, machte man wohl in Anlehnung an die Legende von Sodom und Gomorrha häufig für die verschiedensten Naturkatastrophen, vor allem für Überschwemmungen, aber auch für den Ausbruch von Seuchen u.a., verantwortlich. Noch in der zweiten Hälfte des 15. Jahrhunderts wurde in Venedig der Antrag eingebracht, daß Sodomiter künftig nicht mehr vor der Verbrennung enthauptet werden dürfen, sondern lebendig zu verbrennen seien, um die Stadt vor Hochwasserkatastrophen zu schützen.[218] Bis weit in die Neuzeit hinein war es üblich, Tiere, mit denen Unzucht getrieben wurde, mit dem Sodomiten mitzuverbrennen.[219] Möglicherweise hängt dieser Usus mit Vorstellungen von einer ausgesprochen ansteckenden Unreinheit zusammen, die Sodomiten seit dem 13. Jahrhundert in verschiedener Weise und Intensität nachgesagt wurde.[220]

Körper- und Ehrenstrafen

Das mittelalterliche und frühneuzeitliche Strafsystem kannte eine Fülle von Körper- oder Leibstrafen sowie Ehren- oder Schandstrafen. Soweit es sich bei den Körperstrafen um Verstümmelungsstrafen handelte, leiteten sie ihren Ursprung von der Vorstellung ab, daß man »dem Verbrecher, solange er lebte, die Strafe ansehen«[221] sollte. Die Verstümmelungen wurden so gleichsam zum »Kainszeichen«[222] des bestraften Verbrechers. Eine Zielrichtung dieser Strafen war die Abschreckung[223]. Im Zusammenhang mit der Gottes- und Landfriedensordnung wurden sie zur Sicherung des Stadtfriedens erstmals auch für Freie verhängt.[224] Neben der Abschreckung hatten die Verstümmelungsstrafen wie die restlichen Leibstrafen und vor allem die Ehrenstrafen noch eine zweite Zielrichtung: Die Minderung oder Zerstörung der Ehre des Delinquenten, welche im Spätmittelalter und der Frühen Neuzeit »den sozialen Status des Menschen in seiner Gesellschaft bestimmte.«[225] Es läßt sich daher keine exakte Grenze zwischen den Körper- und Ehrenstrafen ziehen. Vielmehr zielte praktisch jede Körperstrafe auch auf die Ehre des Delinquenten, da einerseits die Verstümmelung durch eine Strafe »in der Regel den Ausschluß aus der ehrbaren Gemeinde« bedeutete.[226] Andererseits konnte eine Ehrenstrafe wie das An-den-Pranger-Stellen dem Delinquenten durchaus auch körperliche Qualen verursachen, wenn er dadurch den Gewalttätigkeiten des Publikums ausgesetzt wurde.[227]

Wie noch zu zeigen sein wird, gab es eine Abstufung bezüglich des Grades der Entehrung dieser Strafen. Ursprünglich ist auch eine geschlechtsspezifische Differenzierung zu beobachten. So sah beispielsweise der Bregenzer Stadtbrauch von 1576 bei Delikten wie Ehrenbeleidigung, Kuppelei und Bagatelldiebstählen für Frauen das Tragen des Lastersteines vor. Eine verurteilte Frau mußte dabei einen schweren Stein quer durch die Bregenzer Oberstadt von einem Tor zum anderen schleppen und wurde dabei dem Spott der zuschauenden Bevölkerung ausgesetzt.[228] Körper- und Ehrenstrafen sind für Vorarlberg seit dem Feldkircher Stadtrecht von 1399[229] in großer Zahl sowohl urkundlich als auch rechtsarchäologisch bezeugt. Das Vorarlberger Landesmuseum verwahrt in seinen Beständen u.a. zwei Schandmäntel, eine Schandmaske, Schandgeigen sowie ein Brenneisen, die alle aus Bregenz stammen.[230] Diese Strafen wurden bei Delikten angewandt, »die nicht mit dem Tode gesühnt wurden, aber vor ein Malefizgericht kamen.«[231] Es waren dies vor allem Sittlichkeitsdelikte, Diebstahl, Betrug, Gotteslästerung u.ä.

Schon die aus Vorarlberg erhaltenen Scharfrichterordnungen nennen eine Fülle von Körper- und Ehrenstrafen. Die Bregenzer und Hohenemser Ordnungen des 16. bis 18. Jahrhunderts verzeichnen jeweils Taxen für das Abschneiden der Ohren, der Nase, einer Hand, der Finger, das Brandmarken, den Staupenschlag, das An-den-Pranger-Stellen sowie das Zwicken mit glühenden Zangen.[232] In der frühen Neuzeit wurden davon wohl am häufigsten der Staupenschlag, das Abschneiden der Finger, die Brandmarkung, der Pranger und das Abschneiden der Haare verhängt. Vereinzelt und noch relativ spät begegnet uns auch noch das Abschneiden der Ohren bei einem Dieb in Feldkirch 1664.[233]

Der Staupenschlag war eine besonders harte Form der Prügelstrafe. Die Prügel wurden dabei durch den Scharfrichter auf den nackten Oberkörper verabreicht. Dieser Strafe kam eine beachtliche entehrende Wirkung zu. Oft wurde sie mit Prangerstehen und Landesverweisung kombiniert.[234] Anschaulich wird die Strafe in einer Bludenzer Urfehde von 1513 beschrieben: Da heißt es, der Scharfrichter solle den Keßler Zacharias Waldner, der sich der Zuhälterei, des Diebstahls und der Zechprellerei schuldig gemacht hatte, binden, bis auf den Gürtel hinab entblößen und ihn »mit ruoten usschlahen und strychen, namlich hie vom gericht bis in die stat hinein zuo Ruodolff Wolffen hus, da der weg uff das schloss gat.«[235] Die Anzahl der zu verabreichenden Hiebe wird hier nicht angegeben, die Dauer der Bestrafung wird vielmehr durch den Weg festgelegt, den der Delinquent und der Scharfrichter zurücklegen mußten: »vom gericht bis in die stat hinein zuo Ruodolff Wolffen hus«. Gelegentlich wurde auch die Anzahl der zu verabreichenden Schläge durch das Urteil festgesetzt. 1734 hat der Hohenemser Scharfrichter eine Frau »durch einen halben Schilling mit Ruthen ausgehawen«.[236] Das bedeutet, er verpaßte ihr 24 Schläge.[237]

Auch das Abschneiden einer Hand oder der Schwurfinger ist mehrfach bezeugt. Das Abhauen einer Hand wurde ähnlich wie das Zwicken oder Reißen mit glühenden Zangen oft als Strafverschärfung bei einer Todesstrafe verhängt. So sollte beispielsweise einer Lustenauer Kindsmörderin 1738 die Hand, mit der sie ihr Kind getötet hatte, abgeschlagen werden, ehe sie enthauptet wurde. Der regierende Graf Rudolf von Hohenems erließ der Delinquentin schließlich das Abhauen der Hand, um ihr Seelenheil nicht über die Maßen zu gefährden.[238]

Auch das Reißen mit glühenden Zangen wurde meist gnadenhalber erlassen.[239] Immerhin ist aber ein Fall aus dem Jahr 1635 belegt, bei dem diese Zusatzstrafe vor der Hinrichtung vollstreckt wurde. Damals verurteilte man Margaretha Grawlockhin wegen dreifachen Kindsmordes in Bludenz zum Tod durch das Schwert. Vor der Hinrichtung wurde sie vom Scharfrichter mit einer glühenden Zange neunmal gezwickt oder gerissen. Diese Strafe war so grausam, daß die Delinquentin nicht, wie damals sonst bei Enthauptungen üblich, auf einen Richtstuhl gesetzt, sondern an einen vom Scharfrichter fest im Boden verankerten Pflock gebunden wurde. Daß es sich bei dieser Art der Bestrafung auch um etwas für die damalige Zeit völlig Ungewöhnliches handelte, wird aus der Abrechnung darüber deutlich. Abweichend vom sonst Üblichen wird »auß gnaden und nit auß gerechtigkheit dem Meister (= Scharfrichter) beim Würth bezahlt 6 fl.« Auch die Knechte des Scharfrichters erhielten ein nicht übliches Trinkgeld von 1 fl. 36 kr.[240] Mit diesen Zuwendungen wurde der außergewöhnlichen psychischen Belastung Rechnung getragen, welche eine derartige Bestrafung für die Vollstrecker mit sich brachte.

Das Abschneiden der Finger konnte das Abhauen der Hand ersetzen. Es wurde als eine Art spiegelnde Strafe bei Meineid verhängt. Der Delinquent konnte danach keinen Eid mehr schwören.[241] Die Strafe begegnet uns häufig im Zusammenhang mit dem Bruch einer Urfehde, der unterschiedlich mit Eidbruch oder gar Meineid gleichgesetzt wurde.[242] So heißt es beispielweise in der Urfehde des Jos Neueslin aus Egg: »...zu ainem zaichen, das ich aydpreuchig bin, hat er mir min rechten zwen finger abgehowen.« [243]

Sowohl als Körper- als auch als Ehrenstrafe ist das Brandmarken zu bezeichnen. Man versteht darunter das Einbrennen eines Zeichens auf Stirn, Backen oder Rücken. Diese Strafe war sehr ehrenrührig. Sie machte eidesunfähig und unehrlich.[244] Aufgrund ihrer stigmatisierenden Wirkung wird sie gelegentlich als eine der »schwersten Strafen nach der Todesstrafe« bezeichnet.[245] Durch das aufgedrückte Brandmal wurde der Betroffene als Verbrecher erkennbar. Diese Strafe wandte man vor allem bei Randgruppenangehörigen, besonders bei den sogenannten fahrenden Leuten recht häufig an.[246] Nicht selten versuchten die Gebrandmarkten, ihr Brandmal zu verbergen oder zu verschleiern, um überleben zu können. Wurde nämlich ein derartiges Brandmal bei einer Kriminaluntersuchung festgestellt, so wirkte sich das empfindlich strafverschärfend aus. Es war nämlich klar, daß es sich beim Delinquenten um einen Wiederholungstäter handelte. Es gehörte schließlich auch zu den Pflichten des Scharfrichters, Gefangene nach Brandmalen zu untersuchen. Die Bregenzer Scharfrichterordnung von 1762 verzeichnet dafür eine Taxe von 15 kr.[247]

Im Zuge der Kriminaluntersuchungen gegen die 1749 in Lustenau hingerichtete Diebin Barbara Waldnerin stellte sich heraus, daß sie tatsächlich bereits einmal gebrandmarkt worden war, allerdings versucht hatte, dies zu verschleiern, indem sie sich eine kochende Flüssigkeit über den Rücken gegossen hatte, um das Brandmal durch eine andere, unverdächtigere

Brandwunde zu überdecken. Sie behauptete dann, einst als Essensträgerin bei der Armee in Böhmen gearbeitet zu haben. Bei einem Sturz sei ihr das heiße Essen über den Rücken gelaufen und habe sie verbrannt. Im Zuge der Kriminaluntersuchung in Hohenems kam schließlich die wahre Ursache der Verletzung ans Tageslicht: Sie war wegen Diebstahles in Immenstadt gebrandmarkt worden. Barbara Waldnerin wurde schließlich auch wegen ihrer Rückfälligkeit zum Tode verurteilt und hingerichtet.[248]

Die Bregenzer Scharfrichterordnungen erwähnen das Brandmarken auf Stirn, Wangen und Rücken. Das Brandmarken auf Stirn oder Backen war die härtere Form dieser Strafe, da es in diesem Falle praktisch unmöglich war, das diskriminierende Zeichen zu verbergen. Wie die Akten zeigen, wurden hierzulande beide Formen dieser Strafe praktiziert. Im späten 18. Jahrhundert wurde durch ein Patent des inner- und oberösterreichischen Appellationsgerichts allerdings die verschärfte Form obligatorisch.[249]

Die Technik der Brandmarkung und die Form der eingebrannten Zeichen variierten. Wie ein im Vorarlberger Landesmuseum aufbewahrtes Brenneisen zeigt, wurden in Bregenz die Buchstaben »RAT« eingebrannt.[250] In Dornbirn ist für 1746 das Einbrennen eines Galgens auf den Rücken bezeugt.[251] Die Bestrafung konnte auch ohne Brenneisen erfolgen. Aus einer Verordnung des Jahres 1784 wird diese Technik erkennbar: »So habe fuer das Kuenftige zur allgemeinen Vorschrift der dießfaelligen Behandlung zu dienen, daß auf beyden Wangen des Delinquentens der Galgen mit Kohlen aufgezeichnet, sohin von dem Freymann mit einem spitzigen Eisen, wie es ungefaehr zur Pferdaderlaß gebraucht wird, dieser Aufzeichnung nachgefahren, das Eisen mit einem hoelzernen Schlegel tief genug in die Wange eingetrieben, und sogleich Schießpulver eingerieben werde.« [252]

Eine wichtige Rolle im System der Körper- und Ehrenstrafen spielte der Pranger. Eine eindeutige Zuweisung zu einer dieser Gruppen von Strafen fällt nicht leicht. Schon für die zeitgenössischen Juristen war es umstritten, ob das Prangerstehen als Leibstrafe zu bezeichnen sei oder nicht. Man konnte für die verschiedensten Vergehen an den Pranger gestellt werden.[253] Es ist weiters festzuhalten, daß das Prangerstehen fast nie als isolierte Strafe vorkam. Meist wurde es mit dem Staupenschlag, der Brandmarkung, dem Abschneiden der Finger, der Landesverweisung u.a. kombiniert.[254] Die Kombination mit diesen Strafen macht deutlich, daß die »obrigkeitliche Intention« des Prangerstellens »auf dauerhafte Entehrung und Ausgrenzung gerichtet war«[255]. Diese Wirkung konnte selbst dann erzielt werden, wenn die Prangerstrafe allein verhängt wurde, da gemeinhin eine Assoziation zu den anderen Ehren- und Körperstrafen bestand.[256] Die Folgen des An-den-Pranger-gestellt-Werdens waren mitunter derart verheerend, daß dieses auch als soziale Hinrichtung bezeichnet werden kann.[257]

Dadurch, daß man die Bestrafung eines Verbrechers am Pranger vollzog, wurde dieser der Öffentlichkeit bekanntgemacht. Außerdem wurde er vor oder nach der Bestrafung noch der allgemeinen Verspottung der Zuschauer und Passanten preisgegeben. Nicht selten bewarfen ihn diese dabei mit Unrat oder Kot. Die ehrvernichtende Wirkung läßt sich leicht erahnen. Die Prangerstrafe zog wie die Brandmarkung Infamie nach sich. Allerdings muß eingeräumt werden, daß die Wirkung der Prangerstrafe auch von der sozialen Schichtzugehörigkeit des Delinquenten und von der Akzeptanz der Bestrafung durch die Gesellschaft mitbestimmt wurde. Anders ausgedrückt: Ein fahrender Bettler hatte am Pranger keine Ehre mehr zu verlieren. Gelegentlich konnte eine in der Bevölkerung als ungerecht empfundene Prangerstrafe ihre entehrende Wirkung auch völlig verfehlen.[258]

Das Prangerstehen begegnet uns in Vorarlberg vor allem im Kontext der Kumuliering von Körper- und Ehrenstrafen. Als Einzelstrafe ist es eher selten bezeugt: 1745/46 stellte der Hohenemser Scharfrichter Michel Reichle einen Pferdedieb an den Pranger und erhielt dafür 4 fl.[259] 1762 wurde der Bregenzer Scharfrichter nach Feldkirch befohlen, um Julian Tschofen aus dem Montafon »auf den pranger zu stellen« [260]. Viel häufiger läßt sich die Verbindung des Prangerstehens mit der Landesverweisung und dem Staupenschlag beobachten. 1733 stellte der Scharfrichter Hans Georg Vollmar in Feldkirch einen Mann namens Christian Baumann, der für drei Jahre auf die venezianischen Galeeren verurteilt worden war, eine Stunde lang an den Pranger, ehe dieser durch den Amtsboten, einen Musketier und den Waibel nach Innsbruck verbracht wurde.[261] Ein Jahr später vollzog er dieselbe Strafe an Johann Madlener, der zu sechs Jahren auf die venezianischen Galeeren verurteilt worden war.[262] Eine geradezu klassische Kombination begegnet uns in einer undatierten Hohenemser Urfehde des 18. Jahrhunderts: Eine gewisse Elisabeth Hännin aus Flums, die mehrere »diebische angriffe«, teils am Tag, teils in der Nacht begangen hatte, wurde dem Scharfrichter übergeben, der sie eine Stunde lang an den Pranger stellen, danach öffentlich zur Staupe schlagen und auf ewig der Grafschaft Hohenems, der zugewandten Orte und des ganzen Schwäbischen Kreises verweisen mußte.[263]

Praktisch alle bezeugten Ehren- und Körperstrafen konnten miteinander kombiniert werden, wie einige Beispiele verdeutlichen sollen: 1734 wurde die aus Bayern gebürtige Martha Triblerin in Hohenems eine Stunde lang öffentlich an den Pranger gestellt, dann gebrandmarkt, »durch einen halben Schilling mit Ruthen ausgehawen« und schließlich auf ewig aus dem Schwäbischen Kreis verbannt.[264] 1746 verwies man Maria Anna Schaffmayerin aus Pfullendorf wegen elf selbst verübten Diebstählen bzw. wegen der Teilnahme an solchen vom Oberamt der Landvogtei Schwaben auf ewig aus allen erzherzogl. österr. Erbkönigreichen, Fürstentümern und Landen. Gleichzeitig wurde sie dem Scharfrichter übergeben, der sie einen Stadtschilling lang mit Ruten ausstreichen mußte. Als sie bald darauf in der Herrschaft Bregenz aufgegriffen wurde, stellten die Untersuchungsbeamten fest, daß sich ihr Lebenswandel nicht gebessert hatte. Sie hatte sich mittlerweile einer Räuberbande angeschlossen »und derselben mit Vertragung der gestohlenen Sachen Beyhilf zu leisten und über deren vorgehabte thaillung zu partieren« gepflegt. Entsprechend der Art ihrer Vergehen wurden mehrere Strafen kumuliert: Sie wurde dem Scharfrichter übergeben, der sie ins Halseisen legte, also an den Pranger stellte, und ihr öffentlich die vorderen Glieder »der jenigen zwey ersteren Fingern der rechten Hand, welche sie bey ablegung der Urphed auf ihre Brust gelegt«, abschneiden sollte. Dies war die Bestrafung für den Bruch ihrer Urfehde, den sie durch das Betreten der Herrschaft Bregenz begangen hatte. Für ihre Mithilfe bei verschiedenen Diebstählen sollte sie jedoch einen Schilling lang mit Ruten ausgestrichen werden. Die ewige Landesverweisung wurde wieder ausgesprochen. Gleichzeitig drohte man ihr für ein neuerliches Betreten der Herrschaft Bregenz noch schwerere Strafen an. Der Regierung in Innsbruck erschien dieses Urteil jedoch zu hart. Am Tag der Vollstreckung wurde eine Begnadigung ausgesprochen. Die Schwurfinger sollten der Delinquentin nicht abgeschnitten werden. Statt dessen wurde sie vom Scharfrichter »mit dem Galgen auf dem ruggen gebrandtmarchet«.[265]

Es ist erstaunlich, welche Zahl von Körper- und Ehrenstrafen im Laufe des Lebens eines Fahrenden zusammenkommen konnte. Als 1748 Catharina Lewenberger, genannt die Tannerin oder die Gagi, die Ehefrau eines berüchtigten Räubers und Zigeuners, in Hohenems einer Kriminaluntersuchung unterzogen wurde, kam folgende Straflitanei zutage, welche diese Frau in ihrem Leben bereits ertragen hatte müssen: In Zug, in der Schweiz, war sie ausgepeitscht worden; außerdem hatte man ihr dort auch noch die Haare abgeschnitten und verbrannt und sie anschließend des Landes verwiesen. In Frauenfeld wurde sie wenig später auf die genau gleiche Weise bestraft. In Oberriet wurde sie ausgepeitscht und des Landes verwiesen. Das gleiche widerfuhr ihr in Bonndorf, wo ihr außerdem noch »das rechte Ohr gestimmelt worden.« In Hohenems wurde schließlich die Palette ihrer Körperstrafen noch erweitert. Da sie »keine Lebens=änder= und besserung von sich gezeigt, in Ihrer inquisition auch ebenfahls sich viller Unwahrheiten und variationen frevendtlich bedienndt« hatte, ist sie »nachdeme sie dem Scharpfrichter an seine Hand und Band gegeben, von demselben eine halbe Stunde lang an den Pranger gestellt worden, hierauf von Ihme nun mehro auch das linkhe ohr gestimmerlt und auf den rechten Backhen gebrandt mahlet« worden. Außerdem wurden ihr nochmals die Haare abgeschnitten und sie wurde des Landes verwiesen.[266]

Körper- und Ehrenstrafen verhängte und vollzog man besonders seit dem 16. Jahrhundert in Begnadigungsfällen anstatt einer Todesstrafe.[267] Auch aus dem Bereich des späteren Bundeslandes Vorarlberg lassen sich eine Reihe derartiger Beispiele dokumentieren: 1528 wurde in Bregenz die Täuferin Anna Kratalerin dazu begnadigt, am Pranger öffentlich ausgepeitscht zu werden und dem Pfarrer Buße zu leisten.[268] 1533 wurde Jos Neueslin aus Egg wegen Gotteslästerung, Friedbruch und anderer Delikte ins Bregenzerwälder Gefängnis gelegt. Gegen das Abschwören einer Urfehfe kam er wieder frei. Da er allerdings die Bestimmungen der Urfehde nicht einhielt, wurde er ein Jahr später wieder inhaftiert und vom Gericht einhellig zum Tod durch das Schwert verurteilt. Er wurde vom Nachrichter gebunden zur Richtstätte geführt. Als ihn dieser dort mit dem Schwert richten wollte, wurde er auf die Fürbitte »ainer wierdigen priesterschafft, och seiner angespornnen freundt und ander erber leueten, froemd unnd haimbsch« begnadigt. »Zu ainem zaichen, das ich aydpreuchig bin, hat er mir min rechten zwen finger abgehowen,« heißt es in seiner Urfehde. Nach seiner Freilassung durfte

Neueslin überdies keine andere Waffe als ein abgebrochenes »binmesser« tragen und ohne Erlaubnis von Ammann und Gericht des Hinteren Bregenzerwaldes kein öffentliches Wirtshaus mehr betreten.[269] Hier haben wir es mit einem recht eindrucksvollen Beispiel einer Kombination von Körper- und Ehrenstrafe zu tun. Noch deutlicher wird dies in einer Urfehde des Jahres 1535. Damals wurde Paulli Koffmann aus Schwarzenberg wegen Diebstahls und anderer Vergehen zum Tod durch den Strang verurteilt. Ihm retteten die Fürbitte des Abtes und des Klosters Mehrerau, der Priesterschaft, seiner »angepornen freundt und annder erber leuedt« das Leben. Er wurde dazu begnadigt, daß ihn der »nachrichter nemen solli« und ihn »von der verschmechten statt, dem galgen mit rutten strichen und hewen soll bis an den Jettelsbach.« Auch Koffmann wurde verboten, künftig eine andere Waffe als ein abgebrochenes »binmesser« zu tragen, in einem öffentlichen Wirtshaus zu zechen, eine Badestube zu besuchen und das Gericht des Hinteren Bregenzerwaldes zu verlassen.[270]

Gelegentlich wurden auch »reine« Ehrenstrafen vom Scharfrichter vollstreckt. So mußte um das Jahr 1677 der Hohenemser Scharfrichter M. Johann einen Namen »an dem s.v. galgen Anschlagen«, wofür er mit 1 fl. 30 kr. entlohnt wurde.[271]

Die genannten Strafen wurden in der Regel durch den Scharfrichter vollzogen. Eine Strafe wie das An-den-Pranger-Stellen konnte im Grunde genommen auch durch Gerichtsdiener oder den Waibel vollstreckt werden. Die Anwesenheit des Scharfrichters war vor allem dann notwendig, wenn bei der Kumulierung von Strafen auch Körperstrafen hinzukamen.[272]

Zur Vollstreckung dieser Strafen rief man ihn oft über weite Strecken. So wurde im November 1672 eigens der Bregenzer Scharfrichter Dietrich Metz nach Bludenz befohlen, um an einem dort gefangen liegenden Weib eine Exekution mit Ruten vorzunehmen.[273]

Es gab aber auch die Möglichkeit, durch die Wahl des Vollstreckers eine Abstufung in der Härte der Bestrafung vorzunehmen. Die Vollstreckung durch den Scharfrichter tastete die Ehre des Delinquenten in viel stärkerem Maße an als die durch einen Gerichtsdiener.[274] So wird verständlich, daß mitunter nicht unbeträchtliche Spesen in Kauf genommen wurden, um einen Delinquenten durch einen nicht ortsansässigen Scharfrichter an den Pranger stellen zu lassen, anstatt auf einen der örtlichen Gerichtsdiener zurückzugreifen. 1762 erhielt der Bregenzer Scharfrichter insgesamt 7 fl. 10 kr. dafür, daß er in Feldkirch Julian Tschofen an den Pranger stellte.[275] An Spesen wurde hier mehr als doppelt soviel bezahlt als für den eigentlichen Strafvollzug, der lediglich mit 2 fl. zu Buche schlug. Auch schon in den Jahren 1733 und 1734 war in Feldkirch eine reine Prangerstrafe durch den Scharfrichter Hans Georg Vollmar vollzogen worden.[276]

Die Vollstreckung einer anderen, offensichtlich milderen Form der Ehrenstrafe blieb dem Scharfrichter vorenthalten. Die Bestrafung mit der Halsgeige wurde in der Regel durch einen Gerichtsdiener oder den Waibel vorgenommen. Diese Strafe verletzte die Ehre nicht so stark wie die vorher genannten Strafen. Auch zog sie nicht unbedingt den Ausschluß aus der Gemeinschaft nach sich.[277] 1736 wurde dem Gerichtsdiener Anthoni Lorünser vom Bludenzer Vogteiamtsverwalter befohlen, »daß derselbe Anna Stemerin von Vandans, Anna Berzin aus Gaschurn und die andere Vormittag mit angehenter geigen, ströhinen Kranz und Zopf ofentlich in dem Dorf herumbfüehre, auch der Catharina Lorzin von Schrunß ein gleiches anthue.« [278] Interessanterweise mußte der Gerichtsdiener unter Strafandrohung zur Vollstreckung gezwungen werden. Offensichtlich war der ausgrenzende Charakter dieser Form des Strafvollzugs schon so stark ins Bewußtsein der Bevölkerung eingedrungen, daß sich ein Gerichtsdiener scheute, hier tätig zu werden. Zwei Jahre später wurde eine ähnliche Strafe durch den Gerichtswaibel Andreas Lorenz an einer gewissen Catharina Schedlerin vollstreckt. Er erhielt dafür die stattliche Summe von 6 fl. 34 kr.[279]

Wie lukrativ war der Vollzug dieser Körper- und Ehrenstrafen für den Scharfrichter? In den Scharfrichterordnungen sind natürlich auch für diese Art der Strafen Taxen festgelegt: Für das Abschneiden von Ohren oder Fingern und das Brandmarken stand dem Bregenzer Scharfrichter 1574 1 fl. zu. 1695 durfte er dafür das Doppelte verlangen. 1762 kosteten das Staupenschlagen mit oder ohne Ausstellen am Pranger, das Brandmarken auf Rücken oder Stirn, das Abhauen der Finger, der Nase oder der Ohren ebenfalls jeweils 2 fl.[280] In Hohenems durfte der Scharfrichter für das An-den-Pranger-Stellen, für das Abschneiden von Fingern oder Ohren oder »sonsten am leib zu zaichnen« jeweils 4 fl. verlangen. Dieselbe Summe stand ihm zu, wenn er jemanden an den Pranger stellte und mit Ruten ausstrich. Stellte er jemanden nur an den Pranger, so kostete das nur 2 fl. Diese Taxen finden sich unverändert in den Anstellungskontrakten der Jahre 1649, 1680, 1685, 1691 und 1738.[281]

In der Praxis lassen sich geringe Abweichungen von den vorgeschriebenen Taxen feststellen. So erhielt 1745 der Bregenzer Scharfrichter Othmar Vollmar 2 fl. 40 kr. dafür, daß er Agatha Crafftin an den Pranger stellte und mit Ruten ausstrich.[282] Dem Hohenemser Scharfrichter Michel Reichle bezahlte man laut Rentamtsrechnung 1750 / 51 4 fl. 40 kr. dafür, daß er eine Delinquentin »auf den Pranger gestelt und mit Ruthen ausgestrichen«[283] hatte. Ein Jahr später wurden ihm »für zwei in Verhaft gelegene Delinquenten, davon der ainte auf den Pranger gestellt und Justigiert worden« 5 fl. verrechnet.[284]

Lukrativ wurde es für den jeweiligen Scharfrichter vor allem dann, wenn es zur Kumulierung der Strafen kam. Für die schon erwähnte Bestrafung der Maria Anna Schaffmayerin aus Pfullendorf erhielt der Scharfrichter 1747 insgesamt 6 fl.: 2 fl. dafür, daß er die Delinquentin an den Pranger stellte und sie in das Halseisen schloß, 2 fl. für das Aushauen mit Ruten und ebenfalls 2 fl. für das Brandmarken, das vor dem Aushauen geschah. Einen Teil dieser Summe mußte der Scharfrichter wohl an seinen Knecht abtreten, der ihm beim Vollzug der genannten Strafen zur Hand ging, dafür aber nichts vom Feldkircher Hubamt erhielt.[285]

Die peinliche Befragung

Eine wesentliche Aufgabe des Scharfrichters war auch die Durchführung der peinlichen Befragung oder Folter. Zunächst ist zu klären: Was verstehen wir unter Folter? Eine

Definition ist an dieser Stelle angebracht, weil unter dem Einfluß der Diktaturen des 20. Jahrhunderts eine oft falsche Vorstellung der im Spätmittelalter und in der Frühen Neuzeit üblichen Tortur entstanden ist. Oft wird in unqualifizierter Weise von der Gegenwart auf die Vergangenheit zurückprojiziert. Wenn in einem vor wenigen Jahren erschienenen Werk über die Folter zu lesen ist »Absolutismus und Folter bedingen sich. Jeder absolute Herr kommt irgendwann einmal zu dem Schluß, Folter sei unumgänglich«, und im Titel desselben Buches auch noch der Anspruch artikuliert wird, gleichsam eine Geschichte der Folter von der römischen Antike bis zur Gegenwart zu bieten[286], so ist dies ein Paradebeispiel für mangelndes historisches Verständnis. Die auch von den Vorarlberger Scharfrichtern durchgeführte Folter, die etwa vom 13. Jahrhundert bis ins 18. Jahrhundert üblich war, hat einen ganz anderen Ursprung und eine ganz andere Qualität als die in den KZs der Nationalsozialisten, den Gulags der UdSSR oder in den Gefängnissen südamerikanischer Militärdiktaturen von den Schergen der jeweiligen Regime durchgeführten Quälereien an hilflosen Opfern, die ohne jedes Urteil festgehalten wurden und werden. Die Folter, von der hier die Rede sein soll, kann auch nicht als Strafe definiert werden, wie das gelegentlich fälschlicherweise geschieht. Sie ist vielmehr ein Teil des Beweisverfahrens. Von »Folter im eigentlichen Sinn« kann man, wie Wolfgang Schild es ausgedrückt hat, »nur dort sprechen, wo die Missetat des Gefolterten noch nicht bewiesen war und der Beweis durch das Quälen erst herbeigeführt werden sollte.«[287] Seit dem 13. Jahrhundert versuchten kanonistische Rechtswissenschaftler zu definieren, welche Indizien vorliegen mußten, damit die peinliche Befragung angewendet werden durfte. So galt der Einsatz der Folter schließlich als rechtmäßig, wenn jemand durch Zeugenaussagen belastet wurde, wenn er auf frischer Tat ertappt oder mit der Beute angetroffen wurde, wenn er ein außergerichtliches Geständnis abgelegt hatte, dieses vor Gericht aber nicht wiederholte, wenn sein Name durch das sterbende Opfer genannt worden war u. v. m. In den meisten dieser Fälle würde heute eine Verurteilung aufgrund der Indizien erfolgen. Doch der Indizienbeweis und die freie richterliche Entscheidung waren dem Mittelalter und der Frühen Neuzeit fremd. In einer Zeit, da die Richter in der Regel Laien waren, galt der Grundsatz, daß die Wahrheit für alle offenkundig und sichtbar sein sollte. Dies war am deutlichsten bei einem Geständnis der Fall. Daher griff man eben auf die Folter zurück, deren Anwendung aber nicht willkürlich erfolgen durfte.[288] Sowohl in den »großen« Gesetzbüchern wie der Carolina von 1532 oder der Theresiana von 1768 als auch in regionalen Gesetzeswerken, wie etwa dem Schwabenspiegel, war genau geregelt, wann sie zur Anwendung kommen durfte.[289] Es ist hier nicht der Ort, über die Ursprünge der Folter zu handeln[290]. Es muß genügen, darauf hinzuweisen, daß die Folter im Zusammenhang mit dem Inquisitionsverfahren im Spätmittelalter auch im deutschen Sprachraum Einzug hielt.[291] »Der alte Glaube an die Selbst-Offenbarung der Wahrheit durch den gerechten Gott im Gottesurteil, das man nur betend erflehen konnte, war verloren; der Mensch mußte selbst die Wahrheit erarbeiten, herausbringen, erzeugen, die Unwahrheit und die Zweifel abarbeiten und beseitigen. Dadurch nahm die Folter den Charakter einer Technik der Wahrheitsproduktion an.«[292] Sie ersetzte also gewissermaßen das ältere Gottesurteil, das nicht mehr zeitgemäß erschien. Insofern war »die Einführung der Folter zum Zwecke der Wahrheitsfindung nichts anderes als das Resultat eines Rationalisierungs- und Modernisierungs-Prozesses.«[293] Um zu gewährleisten, daß bei der peinlichen Befragung wirklich die Wahrheit ans Tageslicht kam – die Unwahrheit hätte Gott beleidigt –, wurden ganz bestimmte Regeln ausgearbeitet. Man entwickelte Techniken, durch welche dem Verdächtigen großer Schmerz zugefügt werden konnte, ohne ihn bleibend zu verletzen. Es wurde festgelegt, welche Personen nicht gefoltert werden durften oder bei wem die Folter nur angedroht, jedoch nicht tatsächlich durchgeführt werden durfte: Zur ersten Gruppe gehörten Taube, Stumme und Geisteskranke, zur zweiten Kranke, Gebrechliche, Kinder, Schwangere und Wöchnerinnen, die ihre Kinder noch stillten, sowie zeitweise auch Adelige und Doktoren. Weiters wurde auch genau festgelegt, welcher Art die Fragen sein mußten, die »auf der Folter« gestellt werden durften. Suggestivfragen oder Fragen, die mit Ja oder Nein beantwortet werden konnten, durften nicht in den Kanon aufgenommen werden. Auch genügte das bloße Zugeben einer Tat nicht. Der Delinquent mußte sie in allen Einzelheiten schildern, so daß außer Zweifel stand, daß er wirklich der Täter war. In der Regel wurde das in der peinlichen Befragung gewonnene Geständnis zu verifizieren versucht. Gelang dies nicht, so durfte es nicht anerkannt werden. Der Delinquent konnte erneut gefoltert werden, allerdings insgesamt höchstens dreimal, oder gegen das Abschwören einer Urfehde freigelassen werden. Außerdem mußte jedes auf der Folter abgelegte Geständnis danach gütlich wiederholt werden.[294] Die etwas ausführlicher dargelegte Theorie der Folter zeigt, daß sich die Menschen des Spätmittelalters und der Frühen Neuzeit der Problematik und der Gefährlichkeit dieses Instruments, das allmählich die »Dimension eines Kampfmittels gegen das Böse«[295] erreichte, bewußt waren. Wie es sich mit der Umsetzung dieser theoretischen Ansprüche in der Praxis verhielt, soll nun der Blick auf die Vorarlberger Verhältnisse zeigen.

Als es um die Wende vom Mittelalter zur Neuzeit infolge sozialer und politischer Spannungen zu einer Zunahme der Verbrechen kam, ging die daraus resultierende Verschärfung der Strafverfolgung, die mit einer Abnahme der rechtlichen Sicherung der Angeklagten verbunden war, auch am späteren Bundesland Vorarlberg nicht spurlos vorbei. Am 4. Oktober 1502 erteilte Kaiser Maximilian I. dem Hinteren Bregenzerwald auf dessen ausdrückliche Bitte hin ein Privileg, durch das der alte Brauch aufgehoben wurde, »daß einer erst nach Überweisung durch sieben Zeugen vom Leben zum Tod gerichtet werden durfte, und künftig die peinliche Befragung sowie die Verurteilung auf ein solches Geständnis hin erlaubte.«[296] Um dieses Privileg richtig einordnen zu können, muß betont werden, daß es sich hier natürlich nicht um Augenzeugen im heutigen Sinn handelte, sondern vermutlich um Eidhelfer, welche nicht eine Tat, sondern die Zuverlässigkeit des Klägers bezeugen sollten. Vermutlich war die Folter in anderen Teilen Vorarlbergs schon vorher üblich gewesen, und die Verhältnisse im Hinteren Bregenzerwald wurden nur jenen im restlichen Vorarlberg angepaßt. Besonders die österreichischen Vogteisitze dürften die Folter schon früher übernommen haben.[297] Über die im Bereich Vorarlbergs angewandten Foltermethoden ist nur wenig bekannt. Die Quellen beschränken sich oft auf allgemeine Angaben, wie die, daß der Keßler Zacharias Waldner am 21. Juli 1513 »an der marter« gestand, sich der Zuhälterei schuldig gemacht zu haben[298], oder jene, daß im Oktober 1517 das peinliche Verhör durch den Scharfrichter die gegen Peter Staymer aus St. Gallenkirch vorgebrachten Verdächtigungen (Beherbergung eines Mörders, Diebstahl, Brandstiftung) nicht bestätigte[299], oder schließlich jene, daß der des Mordes beschuldigte Cristan Gerolt im März 1520 in Bludenz ins Gefängnis geworfen und »daselb umb soelich sachen durch den nachrichter an der marter hertigklich und swaerlich gefragt und gepeinigt« wurde[300]. Eine ebenfalls aus dem März 1520 stammende Quelle wird erstmals etwas konkreter, wenn es heißt, daß ein gewisser Schoder von Gampräz (= Ortsteil von Schruns) nach einem Sensendiebstahl im Bludenzer Schloß am Seil gemartert und an den Händen aufgezogen wurde.[301] Es scheint sich also um das sogenannte Aufziehen gehandelt zu haben. Bei dieser Foltermethode wurden dem Delinquenten die Hände auf den Rücken gebunden. Danach zog man ihn an einem Seil, das über eine Rolle an der Decke lief, in die Höhe, wobei nach einiger Zeit meist die Schultern auskugelten. Diese Art der Folter kannte verschiedene Härtegrade, die etwa durch die Dauer der Anwendung bestimmt wurden, aber auch dadurch, daß gelegentlich am Seil gerüttelt wurde oder dem Delinquenten Gewichte an die Füße gehängt wurden.[302]

Wir müssen damit rechnen, daß nicht in allen Gerichten Vorarlbergs die gleichen Foltermethoden zur Anwendung kamen. Unterschiede sind vor allem zwischen den österreichischen und den reichsunmittelbaren Gebieten zu erwarten, denn die Carolina enthielt zwar eine Reihe von Bestimmungen, durch welche Mißbräuchlichkeiten bei der peinlichen Befragung verhindert werden sollten, überließ aber Ausmaß und Art der Tortur weitgehend den zuständigen Richtern.[303] Außerdem ist mit zeitlichen Unterschieden zu rechnen.

Bereits bei den Hexenverfolgungen des 16. und 17. Jahrhunderts lassen sich unterschiedliche Methoden und Grade in den habsburgischen Gerichten und in Hohenems feststellen. Tschaikner hat aus den erhaltenen Akten über die Hexenprozesse in den österreichischen Herrschaften vor dem Arlberg erschlossen, daß die hier gängigen Foltermethoden das schon erwähnte Aufziehen, auch Waage genannt, und das Aufziehen an einer Leiter waren. Für die Anwendung des sogenannten Esels gibt es ein Zeugnis aus Feldkirch. Dagegen läßt sich die Anwendung der »spanischen Stiefel«, der Daumenschrauben, der »braunschweigischen Stiefel«, des »spanischen Fußwassers«, des Zwickens mit glühenden Zangen, des Verstümmelns der Brüste oder des Brennens mit einem Bündel Kerzen, auch wenn dies in der Literatur gelegentlich anders behauptet wird, in den Hexenprozessen der österreichischen Herrschaften vor dem Arlberg nicht nachweisen.[304]

In Hohenems lagen die Dinge dagegen etwas anders. Hier begegnet uns eine ungleich härtere Anwendung der Folter. Man begann die Tortur in der Regel mit dem Aufziehen. Als nächste Stufe wurden meist die sogenannten »spanischen Stiefel« angelegt, wobei die Beine der Delinquentin oder des Delinquenten in einer Art Schraubstock zusammengepreßt wurden. Als härtester Grad kam regelmäßig der »spanische Esel« zur Anwendung, ein scharfkantiges Foltergestell, auf das die Delinquenten gesetzt wurden. Diese Art der Folterung war äußerst brutal. Das kann andeutungsweise ermessen werden, wenn man bedenkt, daß Frauen oft schon nach einer Viertelstunde auf diesem Folterinstrument vor Schmerz in Ohnmacht fielen. Im einzigen Fall, bei dem der spanische Esel im Bereich der österreichischen Herrschaften vor dem Arlberg eingesetzt wurde, starb eine sechzigjährige Frau an den Folgen dieser Folter, der sie rund zwölf Stunden getrotzt hatte.[305] Einige gut dokumentierte Beispiele aus Hohenems mögen den Ablauf der peinlichen Befragung bei den Hohenemser Hexenprozessen verdeutlichen:

Die 1650 in Hohenems wegen Hexerei verurteilte Anna Eschenbachin wurde im ersten Grad der Tortur aufgezogen. Obwohl sie dabei große Schmerzen erlitt, gestand sie vorerst nicht. Als auch zwei Tage später auf diese Weise kein Geständnis erzielt werden konnte, wandte man die sogenannten »spanischen Stiefel« an. Sie gestand bereits »beym ersten ahnschrauffen«. Am folgenden Tag wiederholte sie ihr Geständnis in einem gütlichen Verhör, um es bereits drei Tage später zu widerrufen. Nun kam die härteste Folter zur Anwendung. Sie wurde »morgens umb 9 Uhr auf den Esell gesezt und umb 3 Uhr nachmittags, als sie unser den Examinator begert, haben Wir sie auf dem Esell Examiniert.« Dabei wiederholte sie ihr Geständnis.[306]

Im Prozeß gegen die aus Hohenems-Reute stammende, vierzigjährige Anna Müllerin kamen im selben Jahr die gleichen Methoden in ähnlicher Reihenfolge zur Anwendung. Da nach längerer Untersuchung von Anna Müllerin kein gütliches Geständnis erzielt werden konnte, schritt man am 8. August 1650 zur peinlichen Befragung. Zunächst wurde sie aufgezogen und eine Stunde lang hängen gelassen. Ohne Erfolg! Da Stigmata an ihrem Körper gefunden wurden, setzte man die Tortur zwei Tage später fort. Als das Aufziehen wiederum nicht den gewünschten Erfolg zeitigte, wurden ihr »spanischen Stiefel« angelegt und »hart angezogen«. Anna Müllerin beteuerte weiter ihre Unschuld und gab lediglich zu, einige heilige Messen versäumt zu haben. »Gegen end der stundt« machte sie endlich den Eindruck, sie hätte das Geständnis »auf der zungen und wolte es sagen, doch alzeit widerum geschluckht, deshalben sie öfter abgeschlossen und wider umb aufgezogen, darmit die tortur uff 5/4 stundt (dann sie gar starckh und wohl glidmasen leibs unnd einge ohnmacht nicht gehabt) verlengeret worden, hat aber doch nit wöllen bekhennen.« Weitere zwei Tage später nahm man schließlich die dritte Tortur vor: Anna Müllerin wurde mit einem Gewicht von 27 lb (lb = Pfund: 1 Bregenzer Pfund = 0,457188 Kg, 1 Feldkircher Pfund = 0,462178 Kg) an den Beinen beschwert und aufgezogen. Noch immer hatte die Folter nicht den gewünschten Erfolg. Nun wurden ihr die Kleider abgenommen, »benedicirt« und »exorziert«. Danach sollte ihr entsprechend den Bestimmungen des Landsbrauches »alsbalden mit geweichten Ruoten [...] über den hindern underleib [...] geschlagen und hernachen uff den Esel gesetzt werden, als von halben zehen uhren ahn biß nachmittag umb 4 oder 5 uhren«. Nun war die Widerstandskraft der Frau gebrochen. Gegen 10 Uhr 45 zeigte sie an, daß sie gestehen wolle.[307]

Angesichts solcher Beispiele verblassen die theoretischen Ansprüche der Folterung als ein Mittel der Wahrheitsfindung. Im 16. Jahrhundert scheint man sich wenig um Regelungen der Folter gekümmert zu haben. Die Quellen sprechen eine eindeutige Sprache. 1587 wurden zwei Gartknechte, die des schweren Diebstahls und des Kirchenraubes beschuldigt wurden, in Bludenz durch den Bregenzer Scharfrichter je zehnmal aufgezogen. In der Vogteiamtsrechnung heißt es, sie seien »an der Peinlichen frag ierer glider sovil zerrissen worden, Also das Sy in Thurm hinab nit mer glassen werden mögen, sonndern annderer ennden in verwarung gethon« wurden.[308] 1592 widerfuhr dasselbe Schicksal einem Jakobsbruder, der zwölfmal aufgezogen wurde.[309] Die Brutalität, mit der hier zu Werke gegangen wurde, läßt sich wohl erahnen. Ebenfalls 1587 wurde in Bludenz eine Frau, die der Hexerei verdächtig war, neunmal vom Scharfrichter aufgezogen, ohne daß sie dadurch zu einem Geständnis gebracht wurde.[310] Sie wurde freigesprochen. Diese beiden Fälle zeigen, daß die Härte der Folter kaum in Zahlen faßbar gemacht werden kann. Der Scharfrichter hatte wohl einen gewissen Spielraum, innerhalb dessen er die Härte der peinlichen Befragung unabhängig von der Anzahl der Anwendung steuern konnte. Im frühen 16. Jahrhundert erschien den Juristen dieser Ermessensspielraum als einer der Faktoren, der »die angestrebte Objektivität des Folterergebnisses beeinträchtigen konnte«. Die zu milde und die zu brutale Torturpraxis wurden dabei in gleicher Weise diskutiert.[311] Es war wohl nicht allein Menschenfreundlichkeit, welche die Scharfrichter gelegentlich dazu veranlaßte, bei der Tortur nicht zu brutal vorzugehen. Auch die noch im

16. Jahrhundert in Vorarlberg übliche Art der Bezahlung mag eine Rolle gespielt haben. Zu dieser Zeit wurde der Scharfrichter für die Anzahl der vorgenommenen Folterungen entlohnt. So erhielt der Bregenzer Scharfrichter 1587/88 pro Aufziehen 15 kr. Später wurde er pro Tag bezahlt, also unabhängig davon, wie oft er Hand an einen Delinquenten legte.

Besonders willkürlich erscheint die Anwendung der Folter im Zusammenhang mit den Hexenprozessen. Wenn es galt, so »gefährliche« Feinde wie die Hexen zu bekämpfen, konnten die ursprünglich zum Schutze der Verdächtigten eingeführten Bestimmungen immer leichter ausgehöhlt werden.[312] Nach wie vor wurden allerdings Reglementierungen zur Anwendung der Tortur erarbeitet, wie jene, auch für die österreichischen Gebiete Vorarlbergs gültige Hexeninstruktion aus dem Jahr 1637, die vom Innsbrucker erzfürstlichen Vormundschaftsrat und Kammerprokurator Dr. Volpert Mozel stammte. Dort heißt es über die Anwendung der Folter: »Zum sechsten wan die gefangene persohn die missethat verneinet, solle der richter gegen derselben die peinliche frag fürnemen, solche nach gelegenheit und schwere der fürkhomnen anzaigung schärpfen oder messigen und im fahl dergleichen persohnen dan auff sie gefallenen verdacht gemessene marter überstanden hete, sie biß auf weiterer indicien loß lassen; auch die marter nit zue lang und nit leichtlich auff eine stund erstreckhen und niemand über 3 mahl peinlich fragen; in gleichen die aussag deß gefragten, so er in der marter gethan nit annemmen, oder verzaichnen, sondern allein daß ienig, waß er bekhent, nachdem er von der marter gelassen worden, auffschreiben lassen.«[313]

Doch auch diese Eingrenzung der Folter blieb theoretischer Natur. In der Praxis umging man sie oft. So wurde beispielsweise 1604 die der Hexerei beschuldigte Katharina Pottin aus dem Montafon vom Scharfrichter 31 Mal auf der Folterleiter aufgezogen.[314] Eine derartig exzessive Anwendung der Folter ist für diese Zeit nicht außergewöhnlich. Wie schon angedeutet, setzten im 16. und im frühen 17. Jahrhundert die Richter eher auf physische Gewalt und Brutalität, denn auf die psychologische Wirksamkeit der Folterinstrumente.[315] Ansätze zu einem ähnlich exzessiven und brutalen Einsatz der Tortur kennen wir auch aus einem Hohenemser Hexenprozeß aus dem Jahr 1630. Damals gelang es dem Bregenzer Scharfrichter nicht, den bereits 74 Jahre alten Georg Türtscher auf der Folter zu einem Geständnis zu bewegen, ein Hexenmeister zu sein, obwohl in den Augen der damaligen Zeit »Beweise« vorhanden waren – Gattin und Tochter Türtschers hatten, freilich ebenfalls auf der Folter, bereits gestanden. Der Scharfrichter gelangte nun zu der Ansicht, daß es sich bei Türtscher nicht um einen gewöhnlichen Hexenmeister handeln könne; dieser sei vielmehr ein weitaus gefährlicherer »Schwarzkünstler«. Daraufhin wandte sich der damalige Hohenemser Rentmeister, Johann Christoph Rem, brieflich an einen, der in solchen Fragen als ausgesprochener Spezialist galt, den Tettnanger Scharfrichter Meister Jerg Schnell. Dieser war dafür bekannt, derartige Leute »mit sonderbaren, jedoch erlaubten mitlen vor anderen zum bekhandtnus« bringen zu können[316]. Als dies Graf Kaspar zu Ohren kam, unterband er das Vorhaben des Rentmeisters sofort. Ein weiteres peinliches Verhör Türtschers fand nicht mehr statt.[317] In diesem Fall hatte also ein fortschrittlicher Fürst die schrankenlose Anwendung der peinlichen Befragung unterbunden.

Im Laufe des 18. Jahrhunderts nahm die Reglementierung und Überwachung der Folter stark zu. In Vorarlberg wurde sie praktisch nur noch unter juristischer Aufsicht und unter Kontrolle durch einen Mediziner angewandt. Dies mag ein Beispiel aus Dornbirn eindrucksvoll belegen. Im Dezember des Jahres 1717 wurde beim Bäckermeister Anton Thurnher eingebrochen und die stattliche Summe von 70 fl. entwendet. Als Täter war bald der aus Dornbirn stammende ehemalige Söldner Franz Hilbi ermittelt. Er wurde im Januar 1718 festgenommen, weil er seinen Schwager und seine Schwägerin mit einem Axtstiel auf den Kopf geschlagen hatte. Man brachte ihn daraufhin nach Feldkirch auf die Schattenburg, wo er mehrfach verhört wurde. Die Indizien lasteten schwer auf ihm. Mehrere Zeugen hatten ihn nämlich beobachtet, wie er sich zur Tatzeit im Laufschritt vom Tatort entfernt und dabei versucht hatte, sein Gesicht unter einem Kleidungsstück zu verbergen. In den folgenden Tagen praßte er, der zuvor latent in Geldschwierigkeiten gesteckt hatte, vielerorts mit hohen Geldsummen. Für diesen plötzlichen Vermögenszuwachs konnte er während der Kriminaluntersuchung, durch die auch noch andere Vergehen zum Vorschein kamen – Hilbi hatte öffentlich behauptet, es gebe kein Fegefeuer, und er persönlich habe noch nie zur Jungfrau Maria gebetet, da diese ohnehin nichts bewirken könne; außerdem hatte er mehrfach das Fastengebot am Freitag verletzt –, keine plausible Erklärung anbieten. Als Hilbi nach einer sechswöchigen Untersuchung immer noch nicht gestehen wollte, holte man ein

Rechtsgutachten bei einem auswärtigen Juristen darüber ein, ob die Folter an ihm vorgenommen werden solle oder nicht. Darin wurde wegen der Dichte der belastenden Indizien die Tortur empfohlen. Allerdings knüpfte der Gutachter die Folter an die Bedingung, daß bei Hilbi kein Leibschaden oder Gebrechen vorhanden sei. In diesem Falle sollte er »ahn dem Seil mit an dem ruggen zusamengebundenen händen auff gezogen und darahn, wann Er nit eher bekennt, eine geringe halbe stunde lang hangend in der tortur gelassen werden, es were dan sach, daß er eine Ohnmacht oder einen anderen accident erleide.« Art und Dauer der peinlichen Befragung wurde also genau auf die Konstitution und den Gesundheitszustand des Delinquenten abgestimmt. Hilbi gestand schließlich unter der Folter. Später bestätigte er die so gemachte Aussage im Beisein von sieben Zeugen. Aufgrund eines weiteren Rechtsgutachtens wurde er schließlich zum Tod durch das Schwert verurteilt, dann aber – er hatte mittlerweile geschworen, den angerichteten Schaden zu ersetzen – zu ewiger Landesverweisung und drei Jahren Dienst auf einer Galeere begnadigt.[318]

Da der Scharfrichter dafür verantwortlich war, daß beim Delinquenten zumindest keine bleibenden körperlichen Schäden zurückblieben, wurde dieser nach überstandener Tortur gelegentlich von Barbieren untersucht, um festzustellen, ob er nicht ungebührlich verletzt worden war. Im August 1738 untersuchte ein Barbier den sogenannten »Schweizer Casper« an beiden Händen, nachdem ihn der Scharfrichter Hans Georg Vollmar der peinlichen Befragung unterzogen hatte.[319]

Im 18. Jahrhundert scheint auch in Vorarlberg die Psychologie bei der Folter eine entscheidende Rolle gespielt zu haben. Es ging nun mehr um eine »tortura animi«, eine psychische Einschüchterung des Delinquenten, als um die physische Anwendung der Folter.[320] Dabei spielte der Scharfrichter eine entscheidende Rolle, wie das folgende Beispiel zeigt: 1749 wurde in Hohenems einer gewissen Barbara Waldnerin, der Anführerin einer aus Frauen und Kindern bestehenden Räuberbande, die im November 1748 in Lustenau ausgehoben worden war, zunächst mit der Folter gedroht und, als dies keinen Erfolg hatte, wurden ihr durch den Scharfrichter die verschiedenen Folterwerkzeuge gezeigt und erklärt. Als dies immer noch keine Wirkung zeitigte, band ihr der Scharfrichter die Hände zusammen und gab vor, mit der Tortur zu beginnen. Damit war ihr Widerstand gebrochen, und sie gestand.[321] Diese neue »Foltertaktik« fand auch in der Bregenzer Scharfrichterordnung von 1762 ihren Niederschlag, in welcher es heißt, der Scharfrichter habe für jeden »Peinigungsvorstand«, unabhängig davon, ob er in der Territion bestehe oder ob tatsächlich gefoltert wurde, 15 kr. zu erhalten.[322]

Die Fürsten der Aufklärung versuchten durch immer strengere Reglementierungen, eine mißbräuchliche Anwendung der Folter unmöglich zu machen. Im Zuge dieser Regulierungsversuche ist auch die Anschaffung einer neuen Folterbank für Bregenz im Jahr 1766 zu sehen. Damals wurde Amtswerkmeister Joseph Gunz nach Tettnang geschickt, um eine »jüngsthin errichtete torturs Machin zu besichtigen, und davon den Riß zu nemmen, zumahlen wir eben in den Punckht seyen, das mit zweyen dahier peinlich inhafftirten die torturs

Abb. 7: Rekonstruktion der Bregenzer Folterkammer des 18. Jahrhunderts.

vornahm um desto schärfer vornemmen zu müssen.« Er sollte dadurch in den Stand versetzt werden, »eine dergleichen zu verfertigen.« Außerdem zeigten die Bregenzer Behörden noch Interesse für »ein sogenante[n] bockh oder ein Instrument, womit die Criminal delinquenten Zur Bekantnus gebracht werden mögen.« Auch davon sollte Gunz einen Aufriß zeichnen, offenbar, um das Foltergerät nachbauen zu können.[323]

Einen gewissen Höhepunkt erreichte diese Entwicklung mit dem österreichischen Strafgesetzbuch von 1768. Wer kennt nicht die berühmten bildlichen Darstellungen der Folter und der Folterkammer, in welchen bis in die kleinste Kleinigkeit geregelt wurde, was erlaubt war und was nicht?[324]

Wie häufig die Folter zur Anwendung kam, läßt sich schwer feststellen. Nimmt man jedoch die Eintragungen in den Rechnungsbüchern als Maßstab, so kommt man zu dem Schluß, daß vor allem im 16. Jahrhundert die Durchführung der peinlichen Befragung dem Scharfrichter einen Gutteil seines Einkommens einbrachte.

Der Bregenzer Nachrichter weilte vom 3. bis zum 5. Februar 1564 in Bludenz, um an einer des Mordes verdächtigten Delinquentin zweimal die Folter vorzunehmen, wofür er mit 3 pfd. 1 sch. 3 pf. entlohnt wurde[325]. Im Januar 1572 hielt sich der Bregenzer Nachrichter Mathis Pflug fünf Tage in Bludenz auf. Während dieser Zeit führte er sieben peinliche Befragungen durch und wurde dafür mit 3 pfd. 14 sch. 4 pf. entlohnt[326]. Im selben Jahr mußte er im Bludenzer Gefängnis zwei im Klostertal ergriffene Zigeuner, die einen Diebstahl begangen hatten, peinlich befragen. Er erhielt für seinen Nachttrunk und Abschied 4 sch. pf., sein Geleitsmann, Hans Weltlin, »die tag er hie uff inne den maister wart«, 1 pfd. 3 sch. 4 pf.[327]. 1584 kam der Bregenzer Nachrichter für drei Tage nach Bludenz, um den aus Kärnten stammenden Clemens Laser, der des Nachts in einen Keller in Frastanz eingebrochen hatte, »vielfeltiger peinlicher befragung« zu unterziehen. Für diesen Fall steht uns eine genaue Rechnung zur Verfügung. Der Nachrichter erhielt pro Tag 1 fl. für seine Zehrung, außerdem dafür, »das er mit der tortur der peinlichen befragung mit ime zum vierten mal gehanndlt, abermalen sein ordinarj besoldung 1 fl., thuet 2 fl. und dann für yedes mal aufzuziehen 15 kr., thuet 1 fl., bringt zusamen 3 fl., macht 2 pfd. 7 sch. 1 pf.« Seinem Geleitsboten bezahlte man übrigens 1 fl. 20 kr. Die Relationen können erst richtig ermessen werden, wenn man bedenkt, daß für den Gefangenen, der acht Tage im Gefängnis lag, Zehrungskosten von 19 sch. pf., also weniger als ein Drittel dessen, was der Nachrichter für drei Tage erhielt, entstanden.[328]

2. Nebentätigkeiten

Der Wasendienst

Außer den eigentlichen Aufgaben des Scharfrichters lassen sich auch für Vorarlberg eine Reihe von Nebentätigkeiten nachweisen, von denen einige geeignet waren, die Unehrlichkeit noch zu verstärken. Dies gilt vor allem für den Wasendienst, also die Abdeckerei, die für die Vorarlberger Scharfrichter seit dem 16. Jahrhundert nachweisbar ist. Wir sind weder über die Anfänge des Wasenmeisterberufs im Gebiet Vorarlbergs informiert, noch darüber, seit wann eine Verbindung zwischen den beiden Berufen hergestellt wurde. Im süddeutschen Raum bestand die Tendenz, die Scharfrichter, deren Einkünfte aus dem Strafvollzug alles andere als krisenfest waren, durch die Übertragung der Abdeckerei sozial abzusichern.[329] So mag es wenig überraschen, daß die Aufgaben des Wasenmeisters in allen Anstellungsverträgen der Vorarlberger Scharfrichter seit dem 16. Jahrhundert zu finden sind. Die Abdeckerbezirke hatten einen beträchtlichen Umfang. So stand im 17. Jahrhundert der Bregenzer Scharfrichterfamilie Vollmar das Wasenmeisteramt in Bregenz, Hohenegg, Grünenbach, Simmenberg, Altenburg, Kellhöf und Sulzberg zu.[330] Innerhalb dieses Bereiches war der Bregenzer Scharfrichter verpflichtet, einem verendeten Pferd unverzüglich die Haut abzuziehen. Wenn der Besitzer des Tieres die

Haut behalten wollte, so mußte er ihm dafür 30 kr. bezahlen. Wenn das Tier aber an einem der vier Hauptmängel litt (»Faul, Rützig, Reidig, Krittig«), mußte der Scharfrichter die Haut behalten und hatte nichts weiter zu fordern.[331]

Die Hohenemser Scharfrichter waren zugleich immer auch Wasenmeister für die Grafschaft Hohenems und den Reichshof Lustenau. Heinrich Wachter wird in seinem Anstellungsvertrag von 1649 überdies ausdrücklich auch noch das Wasenmeisteramt in der Herrschaft Feldkirch übertragen. Während in den Scharfrichterordnungen von Hohenems zunächst nur vage Bestimmungen das Wasenmeisteramt betreffend enthalten sind, werden diese mit der Zeit immer konkreter. Während es 1649 nur lapidar heißt, daß der Scharfrichter für das Abdecken eines Stücks Vieh oder eines Pferdes in der Grafschaft Hohenems 30 kr., im Reichshof Lustenau 36 kr. erhalten soll, wird diese Bestimmung 1680 um den Zusatz erweitert, daß ein gefallenes Tier dem Scharfrichter mit Haut und Haar gehören solle, wenn es mit einem der vier Hauptmängel behaftet sei. Eine gleichlautende Bestimmung findet sich im Vertragsentwurf für Hans Martin Miller aus dem Jahr 1685 und im Anstellungsvertrag für Christian Rauch aus dem Jahr 1691. Im selben Jahr wurde lediglich der Lohn für das Abdecken eines Stücks Vieh oder eines Pferdes in der Grafschaft Hohenems von 30 auf 15 kr. und im Reichshof Lustenau von 36 auf 16 kr. herabgesetzt. Im Anstellungsvertrag für Michael Reichle von 1738 finden sich wieder die alten Bestimmungen und Taxen.[332]

Zum Wasendienst zählte auch das Erschlagen von herrenlosen Hunden[333]. Zu den frühesten Hinweisen über den Bregenzer Scharfrichter gehören diesbezügliche Einträge im städtischen Steuerbuch.[334] Die erlaubten Hunde mußten im 17. und 18. Jahrhundert »gebengelt« werden; ihnen wurde also eine einem Halsband ähnelnde Krause umgebunden, um sie kenntlich zu machen und um das Herumstreunen zu verhindern.[335] Noch 1824 wurde Franz Joseph Vollmar, dem Wasenmeister von Nüziders aufgetragen, »Hunde, welche kein Halsband mit dem ausgeschriebenen Namen des Eigenthümers tragen sowie alle herrenloosen herumstreifenden Hunde, und alle herumstreichenden läufigen Hündinen zu töten«.[336]

Die verendeten Tiere wurden von den Wasenmeistern auf den sogenannten Wasenplätzen, in Vorarlberg auch Tiergärten genannt, vergraben. Der Bregenzer Tiergarten befand sich an der Grenze zu Rieden, außerhalb des eigentlichen Siedlungsbereiches. Dort hatten Deputierte der Stadt 1666 um 75 fl. »ain platz im Riedholz führ aigenthumblich erkauft, daß meine Herren alsdorth einen thiergarthen Zu vergrabung abgeender Ross und Viech Zue Jeden enden, was Zeiten oder Leufen es sein wirdet, machen, einfangen und gebrauchen sollen und mögen; darbey bedingt, daß die Gmaindt Rieden oder Vorcloster ihr aigen obgenendt Viech auch dahin Zu vergraben befuegt, weiters aber niemandt gestattet werden solle«.[337] Ursprünglich war der Schindanger größtenteils von Wald und Gebüsch umgeben, also relativ gut von den umliegenden Viehweiden abgeschirmt. Im Zuge der Siedlungsverdichtung und der Rodungen verschwand diese klare Trennung. Zwar sorgte eine um den Wasenplatz herum errichtete Mauer für eine gewisse Abgrenzung, aber seit dem Ende des

18. Jahrhunderts häuften sich die Klagen der Bauern und der Passanten. Einerseits beschwerten sie sich immer wieder über die Geruchsbelästigung, die von den bei der Wasenmeistershütte aufgehängten Tierhäuten ausging, andererseits fürchtete man auch die Übertragung von Krankheiten auf Mensch und Vieh. Im übrigen scheint der bauliche Zustand der Mauer und der Hütte an der Wende vom 18. zum 19. Jahrhundert bereits so schlecht gewesen zu sein, daß eine effektive Abschirmung des Wasenplatzes dadurch nicht mehr gewährleistet war.[338] Ähnliche Klagen sind übrigens auch aus Bludenz überliefert.[339]

In Hohenems befand sich der Schindanger am Rand des Riedes, in einer unbesiedelten, durch Wald und Wasser geprägten Landschaft, nicht weit entfernt vom Scharfrichterhaus.[340]

Die Tätigkeit als Wasenmeister beschränkte sich offenbar nicht allein auf das Besichtigen und Entsorgen verendeter Tiere, sondern schloß auch noch andere Bereiche mit ein, die nur unmittelbar mit dem Wasendienst in Verbindung gebracht werden. So wurde »den 3ten Jenner 1780 [...] dem Hans Georg Vollmar, Wasen Meister zum Bauren, Vor 3 pfd. Schmuz zu Einschmierung der Herrschaftl. Pferd Geschiren baar bezahlt 45 kr.«[341] Aufgrund seiner Tätigkeit als Verwerter verendeter Tiere verfügte der Wasenmeister offenbar auch über tierisches Fett, wie es zur Pflege von Sätteln, Zaumzeug u. dgl. verwendet wurde.

Da die Zuständigkeitsbereiche der Wasenmeister oft sehr groß waren, kamen die Scharfrichter in dieser Funktion ohne Knechte, die in den abgelegeneren Teilen wohnten, nicht aus.

Der Bregenzer Scharfrichter versah den Wasenmeisterdienst im Stadtbezirk Bregenz zumindest zeitweise persönlich.[342] Die entfernteren Teile seines Wasenbezirkes verpachtete er jedoch meist. Die Bregenzer Scharfrichterfamilie Vollmar übergab das Wasenmeisteramt, oder zumindest Teile davon, oft an ihre Seitenverwandten. Für die Zeit zwischen 1668 und 1810 sind immerhin sieben verschiedene Pächter, Jakob Vollmar (1668), Johann Philipp Vollmar (1686), Johann Georg Jakob Vollmar (1716), Konrad Vollmar (1722), Philipp Vollmar (1723), Johann Georg Vollmar (1731) und Franz Vollmar (1810) bezeugt, von denen einige später zum Scharfrichter aufstiegen.[343]

Auch in Feldkirch trennte man offenbar aus Gründen der großen räumlichen Distanz das Wasenmeisteramt gelegentlich von dem des Scharfrichters. Wahrscheinlich wurde aber auch hier die Abdeckerei vom eigentlichen Inhaber verpachtet. 1679 ist ein Hans Jerg Wachter in Feldkirch als Wasenmeister bezeugt.[344] 1682 war der Scharfrichtersknecht Hans Jerg Fürst aus Imst in Feldkirch als Abdecker tätig.[345] Es gibt überdies Grund zu der Annahme, daß hier gelegentlich auch ausgebildete Scharfrichter in Ermangelung einer anderen Anstellung das Wasenmeisteramt versahen.[346]

Wie anderswo versuchten vor allem die Bauern in den abgelegeneren Landesteilen sehr häufig, den Wasenmeister um sein Einkommen zu prellen, und entsorgten die verendeten Tiere, ohne sie vorher besichtigen zu lassen. Das führte immer wieder zu Konflikten, die häufig in den Akten ihre Spuren hinterlassen haben. Im April des Jahres 1684 verstießen Amtsangehörige aus der Herrschaft Hohenegg, aus

Abb. 8: Siegel des Bregenzer Scharfrichters Xaver Deigentesch, Ende des 18. Jahrhunderts.

der Pfarre Weiler, Sulzberg, Riefensberg, Lindenberg, Grünenbach, Totenbach, Gestraz, Heimbenkirchen und Offenbach gegen das Recht des bestellten Bregenzer Scharfrichters. Sie zogen gefallenes Vieh selbst ab bzw. warfen es einfach ohne sein Vorwissen in ein Tobel.[347]

1750 verscharrten einige Bregenzer Bauern an Lungenseuche und Milzbrand eingegangenes Vieh, um den Ausbruch einer ansteckenden Seuche zu verschleiern und wohl auch um das Geld für den Wasenmeister einzusparen.[348]

In Hohenems kam es vor allem im Bereich der Alpen immer wieder zu ähnlichen Verschleierungsversuchen. So wurde 1773 Johann Vogel am Bach dabei ertappt, wie er versuchte, ein junges Stück Vieh, das auf der Alpe Schuttannen verendet war, heimlich zu verscharren.[349]

Der Wasendienst machte einen nicht unbeträchtlichen Teil des Gesamteinkommens der Scharfrichter aus. Als in bayerischer Zeit (1806 – 1814) im Zuge einer Verwaltungsreform auch der Wasendienst neu geregelt wurde und jedes Landgericht nun einen eigenen Wasenmeister erhielt, hatte dies für den damaligen Vorarlberger Scharfrichter, den in Bregenz wohnhaften Xaver Deigentesch, schwerwiegende Folgen. Er war vorher, wie er in einer persönlichen Eingabe an die bayerische Landesdirektion schrieb, auch »Waasenmeister im Landgericht Bregenz, Bregenzerwald, Weiler und halbe Landgericht Dornbirn« gewesen. Infolge der neuen Einteilung hatte er aber »den größten Theil meines Waasens« verloren. Ihm entstehe dadurch ein jährlicher Verdienstentfall in Höhe von ca. 300 fl., führte er weiter aus.[350] Xaver Deigentesch ersuchte daher um eine Erhöhung seines jährlichen Wartgeldes von 72 fl. auf 100 fl. – eine Forderung, bei der er durch das bayerische Rentamt in Bregenz unterstützt wurde – sowie darum, ihm weiterhin wie von altersher üblich gegen Bezahlung von nur 8 fl. jährlich vier Klafter hartes und sechs Klafter weiches Holz aus den herrschaftlichen Waldungen zu überlassen.[351]

Medizinische Tätigkeit

In engem Zusammenhang mit der Tätigkeit als Wasenmeister steht die auch für die Vorarlberger Scharfrichter häufig bezeugte Tätigkeit als Tierärzte oder als Gutachter bei tierärztlichen Fragen. Das Ansehen, das sie in dieser Hinsicht genossen, muß beträchtlich gewesen sein. Als in den Jahren zwischen 1749 und 1754 eine Viehseuche im Allgäu wütete, wurde neben dem St. Galler Tierarzt Dr. Zollikofer der Bregenzer Scharfrichter Jakob Vollmar von der Obrigkeit zu Rate gezogen. Obwohl Vollmar offiziell eigentlich die Ausübung der Tierheilkunde verboten war, erstellte er damals im Auftrage des Bregenzer Oberamtes veterinärmedizinische Gutachten. Dabei berichtete er, daß er beim Kronenwirt in Bregenz zwei Stück Vieh mit einem »gewüssen Bulfer« geheilt habe. Im Unterschied zu Dr. Zollikofer hielt er die Zusammensetzung seiner Rezepturen geheim.[352]

Interessanterweise schob sich diese ursprüngliche Nebentätigkeit des Scharfrichters immer mehr in den Vordergrund. So berichtete die Witwe des letzten in Bregenz wohnhaften Scharfrichters, des am 24. November 1812 verstorbenen Xaver

Deigentesch, Cäcilia Bettemännin, im Mai 1813, ihr Mann habe »als Vieharzt seinen größten Verdienst« gefunden.[353] Einer ihrer Söhne erlernte zu dieser Zeit gerade die »Vieharztneykunde« [354] und amtierte später als Tierarzt in Bregenz.[355]

Für die Hohenemser Scharfrichter ist häufig die Gutachtertätigkeit beim Pferdehandel bezeugt. Dies hängt sicher auch damit ursächlich zusammen, daß Hohenems im 18. Jahrhundert eine wichtige Rolle im Pferdehandel spielte.[356] Welch großes Vertrauen und welch hohe Autorität der Hohenemser Scharfrichter in tierärztlichen Fragen genoß, sollen einige Beispiele demonstrieren:

Im März 1744 erteilte der regierende Landvogt von Rheineck, Johann Heinrich Martin, »dem Johann Uffenheimer, seinen Söhnen und Dienern, sowie auch der ganzen Judenschaft in Hohenems und Sulz ein Handelspatent für das obere und untere Rheintal.« Aus dem Attest geht hervor, daß der Hohenemser Scharfrichter als Gutachter in einem Pferdehandel angerufen worden war: »Wegen dem pferd, so ritzig in hochgräfl. embsischer botmeßigkeit hat von dortigen scharpfrichter und abtecker wollen erkundt werden: belade mich nichts, wilen die verloffenheiten dasselbige judicaturam vermögen daryber abzuesprechen.« [357]

Im März 1749 beschwerte sich Johannes Kremmel aus Lustenau über Johannes Zellweger aus Au (heute Kanton St. Gallen). Kremmel hatte ein Pferd von Zellweger eingetauscht. Nur zehn Tage nach diesem Tauschgeschäft wollte er das Pferd an einen Hohenemser Juden verkaufen. Ehe nun dieser Handel perfekt gemacht werden konnte, wurde das Pferd

»hitzig«. Das Geschäft »platzte« also. Als sich Kremmel bei Zellweger beschwerte, wurde er von diesem mit der Bemerkung abgewiesen, er habe schon oft alte Pferde verhandelt, aber deswegen noch nie Beschwerden erhalten. Kremmel, der sich damit nicht zufrieden geben wollte, wandte sich nun Rat suchend an den Lustenauer Hofammann. Dieser riet ihm, »den Nachrichter kommen und das Pferd durch diesen besichtigen zu lassen.« Das geschah dann auch. Der Nachrichter diagnostizierte nach einer Untersuchung des Pferdes, daß es »ritzig« sei, und befand, daß es das beste sei, es sofort zu schlachten. Verständlicherweise wehrte sich Kremmel zunächst gegen dieses Vorgehen. Er wollte vielmehr Zellweger dazu bewegen zuzugeben, daß er ihm ein krankes Pferd verkauft hatte. Der aber weigerte sich, an einer gemeinsamen Visitation des Tieres teilzunehmen, erklärte sich jedoch bereit, das Pferd zurückzunehmen. Dieser Kompromiß war aber nicht mehr durchführbar, da der Scharfrichter nun bereits eine Krankheit diagnostiziert hatte, die eine Notschlachtung des Tieres nötig machte. Das Pferd wurde schließlich in Gegenwart des auf Geheiß des Hofammanns beigezogenen Hofrichters Anton Scheffknecht vom Nachrichter geöffnet. Dabei erwies sich dessen Diagnose als richtig. »Wie dann, als man den Kopf geöffnet, des grossen Gestangs halben niemand mehr zugegen bleiben können, und der Nachrichter das Pferd absolute für ritzig und waasen mässig erkennet, auch die Haut deshalben bezogen habe.« Auch von seiten des Verkäufers wurde nun die »Ritzigkeit« des Tieres nicht mehr bestritten. Die beiden Parteien stritten sich in der Folge noch um den Zeitpunkt der Erkrankung und fanden letztlich zu einem Kompromiß.[358]

Da es bei diesen Gutachten mitunter um sehr viel Geld ging, war die Tätigkeit für den Scharfrichter nicht immer ohne Risiko. So brachte im Oktober 1745 Jakob Weder aus Diepoldsau (heute Kanton St. Gallen) im Namen seines Bruders Josef beim Oberamt in Hohenems eine Klage wider den dortigen Scharfrichter Michel Reichle und den Schmied Johannes Walser aus Altach ein. Josef Weder hatte offenbar aufgrund eines Gutachtens der beiden Genannten einen Prozeß wegen Pferdehandels gegen den Hohenemser Juden Uffenheimer verloren und dabei erhebliche finanzielle Verluste, die er selbst mit 172 fl. 2 kr. bezifferte, erlitten. Gegen dieses Urteil legte er nun Regreß ein und verlangte, den Scharfrichter vorzuladen und zu verhören.[359] Wie die weitere Untersuchung ergab, hatte der Scharfrichter »Ritzigkeit« eines Pferdes diagnostiziert. Beeindruckend ist auch in diesem Fall die Sicherheit, mit welcher Michel Reichle seine Diagnose stellte und vorbrachte. Nach der Untersuchung des Tieres soll er gesagt haben: »Das Pferd seye Ritzig, er setze daran und wolte es behaupten, wann es tausend Gulden kosten sollte.«[360]

Es ist sicher kein Zufall, daß die Nachkommen der Vorarlberger Scharfrichter im 19. Jahrhundert häufig den Beruf des Veterinärs ergriffen.

Hundehaltung

Auch die Betreuung und das Halten von Jagdhunden fiel gelegentlich in den Tätigkeitsbereich des Scharfrichters, besonders dann, wenn er auch das Amt des Wasenmeisters versah. Als solcher konnte er sowohl das für das Füttern der Hunde nötige Fleisch wie auch die Köder für Fuchs- und Wolfsfallen liefern.[361] Dies ist in Vorarlberg vor allem für Hohenems belegt. Im Anstellungsvertrag für den dortigen Scharfrichter Heinrich Wachter heißt es 1649, er sei verpflichtet, ohne Kosten für die Herrschaft eine Anzahl von Hunden »gesundt und sauber« zu halten. Ihm oblag außerdem die Instandhaltung eines entsprechenden Zwingers sowie einer Hütte, in welcher Jagdköder aufbewahrt werden konnten: Sollte »die Luederhütten und Hundtszwinger im Erlach [..] in Abgang khommen, und mangelhaft werden«, so war er verpflichtet »selbige in unsseren Cösten widerumben zuerbauen und zuerhalten.« Ähnliche Formulierungen finden sich in den Dienstverträgen für Johannes Reichle aus dem Jahr 1680, Christian Rauch aus dem Jahr 1691 und Michael Reichle aus dem Jahr 1738 sowie im Vertragsentwurf für Hans Martin Miller aus dem Jahr 1681. Die Erkrankung eines Hundes mußte den Jägern, wie es im letztlich nicht zustandegekommenen Kontrakt des Hans Martin Miller bzw. in jenem von Johannes Reichle heißt, dem »Hundtsbueben, der es in gehörigen Orthen hinderbringen solle«, gemeldet werden. Für den Fall, daß einer der Hunde aufgrund der Saumseligkeit des Scharfrichters erkrankte, war 1685 eine Strafe von 10 Talern vorgesehen.[362]

Obwohl für den Bregenzer Scharfrichter derartiges nicht ausdrücklich bezeugt ist, können wir mit einiger Sicherheit davon ausgehen, daß auch er mit Hunden zu tun hatte. Wie wäre sonst das Vorhandensein von Hundeställen beim

Scharfrichteranwesen zu Beginn des 19. Jahrhunderts zu erklären? Ob diese Ställe allerdings der Haltung von Jagdhunden oder dem sogenannten Hundeschlagen, wie es andernorts für Scharfrichter oft bezeugt ist, also dem Töten oder Beseitigen herrenloser Hunde, dienten, ist ungewiß.

IV. Soziale Stellung

Einkommensverhältnisse und Lebensstandard

Das Einkommen der Vorarlberger Scharfrichter ist nur schwer zu fassen, da wir über kein einziges Rechnungsbuch eines Scharfrichters verfügen. Sowohl in den österreichischen Herrschaften als auch in Hohenems wurde bei ihrer Entlohnung auf ein Mischsystem zurückgegriffen, das sich aus einem jährlichen Wartgeld und Bezahlungen für die verschiedenen Verrichtungen zusammensetzte, wie dies die folgende Übersicht zeigen kann.

	Bregenz	**Bregenz**	**Bregenz**	**Hohenems**[363]
	1574	1695	1762	1649, 1681, 1691, 1738
Wartgeld	52 fl.	52 fl.		10 fl. (14 fl.)[364]
Rädern	2 fl.	6/8 fl.	6/8 fl.	4 fl.
Vierteilen	2 fl.	6/8 fl.	6/8 fl.	----
Verbrennen	2 fl.	6/8 fl.	6/8 fl.	4 fl.
Lebendigbegraben	2 fl.	6/8 fl.	6/8 fl.[365]	----
Enthaupten	1 fl.	4 fl.	4 fl. (9 fl 10 kr.)[366]	4/6 fl.[367]
Hängen	1 fl.	4 fl.	4 fl. (10 fl. 40 kr.)[368]	4 fl.

Ertränken	1 fl.	4 fl.	4 fl.	----
Körperstrafen[369]	1 fl.	2 fl.	2 fl.	2/4 fl.[370]
Strick, Handschuhe u. Henkersmahl	40 kr.	40 kr.	40 kr.	40 kr.
Zehrgeld außerhalb der Stadt	55 kr.[371]	1 fl. 30 kr.	1 fl. 30 kr.	----
Knecht	15 kr.	15 kr.	15 kr.	----
Folter (pro Tag)	15 kr.	15 kr.	15 kr.	2 fl.
Untersuchen eines Häftlings nach Brandmarken	----	----	15 kr.	----
Selbstmörder[372]	2 fl.	6 fl.	6/8 fl.[373]	----
Wasendienst	30 kr.	30 kr.	30 kr.	30/36 kr.[374]

Dieses Entlohnungssystem brachte natürlich konjunkturelle Schwankungen im Einkommen des jeweiligen Scharfrichters mit sich, die in Bregenz aufgrund des höheren Wartgeldes besser abgefangen werden konnten als in Hohenems. Wie stark diese sein konnten, soll nun anhand der Ausgaben des Vogteiamtes Bludenz für den Scharfrichter gezeigt werden: Das Vogteiamt zahlte, wie schon erwähnt, anteilsmäßig jährlich 13 fl. Wartgeld an den Bregenzer Scharfrichter. Daneben wurden seine einzelnen Tätigkeiten laut Taxordnung beglichen. Zwischen 1588 und 1706 besitzen wir in 60 Jahresbänden der Bludenzer Vogteiamtsrechnungen Ausgaben für Scharfrichter verzeichnet. In 49 Fällen beschränken sich diese auf die 13 fl. seines Wartgeldes. Lediglich in elf der dokumentierten Jahre hatte er im Bereich des Vogteiamtes aktiv werden müssen. In diesen Fällen konnten die Ausgaben für den Scharfrichter sein Wartgeld mitunter um ein Vielfaches übersteigen. 1588 gab das Vogteiamt 41 fl. 24 kr., 1592 65 fl. 32 kr., 1595 43 fl. 36 kr., 1596 83 fl. 15 kr., 1597 296 fl. 8 kr., 1603 39 fl., 1625 24 fl. 55 kr., 1635 69 fl. 22 kr., 1642 52 fl. 19 kr., 1643 49 fl. 30 kr. und 1644 30 fl. für Scharfrichter aus. Diese Summen wurden freilich nicht immer zur Gänze von einem Scharfrichter eingestrichen. Gerade in den »besten« Jahren teilen sie sich fast immer auf mehrere Köpfe auf. Kam es gleichzeitig zu mehreren Hinrichtungen, zu komplizierten Verfahren oder zur Kumulation peinlicher Strafen, wurde der örtliche Scharfrichter meist von Kollegen aus der Nachbarschaft unterstützt. In manchen Fällen, vor allem bei Hexenprozessen, kamen, wie schon gezeigt, überdies immer wieder auswärtige »Spezialisten« zum Zuge.

Eines aber wird aus dieser Übersicht klar: Die Verdienstmöglichkeiten des Scharfrichters waren stark vom Konjunkturverlauf der Strafjustiz abhängig. Schon ein spektakulärer Prozeß konnte sie in ungewohnte Höhen schießen lassen. Rund vier Fünftel der Rekordausgabe des Jahres 1597 wurden durch einen großen Hexenprozeß verursacht, als dessen Resultat man schließlich fünf Frauen hinrichtete. Daran partizipierten übrigens Meister Christoph Hirt von Biberach, Meister Jakob von Bregenz und sein Vetter, wobei der Biberacher Scharfrichter, der offensichtlich der Hauptakteur war, den Löwenanteil einstrich.

Zu den Zeiten mit guten Verdienstmöglichkeiten zählten sicherlich in erster Linie jene der Hexenverfolgungen. Allein schon durch die Hinrichtungen ergaben sich außergewöhnlich hohe Einnahmen: In den österreichischen Herrschaften vor dem Arlberg wurden zwischen 1525 und 1555 17 Personen, zwischen 1570 und 1605 48 Personen, zwischen 1609 und 1616 26 Personen und nach 1619 vier Personen wegen Hexerei hingerichtet.[375] Die tatsächliche Zahl muß aufgrund der Aktenlücken wohl wesentlich höher angesetzt werden.[376]

Auch aus den spärlichen Vorarlberger Quellen läßt sich erkennen, daß das 18. Jahrhundert, vor allem die Zeit etwa ab der Jahrhundertmitte, für die Scharfrichter eine Art Konjunkturzeit darstellte. Vielerorts stiegen im Vergleich zum ausgehenden 17. Jahrhundert die Hinrichtungszahlen deutlich an. Es scheint gerechtfertigt, von einer letzten »Hochkonjunktur des peinlichen Strafvollzugs« zu sprechen.[377] Dies dürfte vor allem in Zusammenhang mit der effektiveren Strafrechtsverfolgung im Zeitalter der Aufklärung stehen. Für den Bereich Vorarlbergs sind gerade aus dem 18. Jahrhundert eine Reihe von gut organisierten Gauner- und Bettlerstreifen belegt. Deren Erfolg war zwar meist eher bescheiden. Ging den Behörden aber tatsächlich einmal ein »dicker Fisch« ins Netz, so scheint man die Bestrafung richtiggehend zelebriert zu haben. So wird auch verständlich, daß noch während der Aufklärung, wie schon erwähnt, so grausame Strafen wie das Rädern oder Vierteilen vollstreckt wurden. An ihnen konnte die Effizienz der Strafverfolgung überdeutlich demonstriert werden. Als Beispiel für die Einkommenssituation um die Mitte des 18. Jahrhunderts mag der Hohenemser Scharfrichter Michel Reichle dienen:

Sein Einkommen setze sich aus einer Kombination von jährlichem Fixum und den in seiner Tarifordnung festgelegten Entlohnungen für die verschiedensten Verrichtungen zusammen. Ihm stand laut Anstellungsvertrag ein jährliches Wartgeld von 10 fl., das Holz ab der Gemeinde »wie andere gemaindtsleut« sowie Heu für ein Pferd zu. Anstatt des Heus konnten ihm auch weitere 4 fl. ausbezahlt werden. Außerdem durfte er mit seiner Familie im Scharfrichterhaus am Bauren wohnen. Zu dieser fixierten Entlohnung kamen nun noch die Taxen für die verschiedensten Verrichtungen: Mußte er die Folter vornehmen, erhielt er 2 fl. pro Tag für Essen und Trinken; für eine Hinrichtung mit dem Schwert standen ihm 4 fl. bzw. 6 fl. zu, wenn er den Leichnam anschließend noch verbrennen mußte; für eine Hinrichtung mit dem Strang erhielt er ebenfalls 4 fl. sowie 40 kr. für Strick und Handschuhe, für Verbrennen bei lebendigem Leibe oder Rädern standen ihm 4 fl. zu; dieselbe Summe erhielt er dafür, daß er einen Delinquenten an den Pranger stellte und ihm Finger oder Ohren abschnitt, ihn »sonsten am leib« zeichnete oder mit Ruten ausstrich. Mußte er einen Delinquenten nur an den Pranger stellen, ohne an ihm eine weitere Strafe zu vollstrecken, erhielt er nur 2 fl. Für das Abdecken eines Stücks Vieh oder eines Pferdes in der Grafschaft Hohenems standen ihm 30 kr., im Reichshof Lustenau 36 kr. zu. Wenn das Tier mit einem der vier Hauptmängel behaftet war, gehörte es ihm mit Haut und Haar.[378]

Das relativ niedrige Fixum von 14 fl. pro Jahr, das gelegentlich noch durch Zuwendungen in Form von Getreide und Wein etwas aufgefettet wurde[379], machte ihn einigermaßen konjunkturabhängig. Ihm mußte es also gelegen kommen, wenn einmal eine ganze Räuberbande ausgehoben und vor Gericht gestellt wurde. Als im Herbst 1748 eine Räuber- und

Zigeunerbande im Reichshof Lustenau und in der Grafschaft Hohenems verhaftet wurde, bedeutete das für ihn bares Geld. Der aufwendige Prozeß kostete die Herrschaft in Hohenems damals 486 fl. 23 kr. Davon gingen allein 33 fl. 55 kr. an Michel Reichle »wegen Hinrichtung der 4 Maleficanten, am 4. Febr. 1749, da der Gotthardt geradbrechet, geviertheylet, die 4 Theyl an die Strassen ausgehänget und der Kopff auff dem Galgen gesteckhet, der Clermann und die Thannerin aber gehenckht und eine Weibs Person Justigiret und gebrandmarckhet worden« [380].

Die hier beschriebenen und vollstreckten Hinrichtungen mögen zumindest auf den ersten Blick nicht recht in das scheinbar so aufgeklärte 18. Jahrhundert passen. Um zu verstehen, weshalb plötzlich wieder Strafen verhängt und vollstreckt wurden, die eigentlich seit dem 16. Jahrhundert kaum mehr vorkamen, müssen wir das Umfeld der gesamtem Hinrichtung beleuchten. Die Vergehen der Delinquenten waren keineswegs besonders brutal oder aus dem Rahmen fallend, daß man damit die Härte der Strafen hinlänglich erklären könnte.[381] Es scheint fast so, als sei in diesem Fall – wie übrigens auch in anderen ähnlich gelagerten Fällen aus der Zeit um die Mitte des 18. Jahrhunderts und danach – die Latte für das Verhängen der genannten brutalen Strafen niedriger gelegt worden als in den weniger aufgeklärten Jahrhunderten zuvor. Vergleicht man aber die erhaltenen Prozeßunterlagen, so fällt auf, daß der Wahrheitsfindung im 18. Jahrhundert ungleich mehr Sorgfalt eingeräumt wurde. Gerade der vorliegende Fall beeindruckt durch den großen Aufwand, der bei den Ermittlungen getrieben wurde. Die erhaltenen Protokolle zeugen von endlosen Verhören mit den Verdächtigen und Zeugen. Die einzelnen Aussagen wurden bis in die kleinsten Details durch eine umfangreiche Korrespondenz überprüft.[382]

Die Abrechnung des Hohenemser Rentamtes[383] vermittelt einen eindrucksvollen Einblick in die Inszenierung der Hinrichtung: Am Tag der Vollstreckung wurde auf dem Hohenemser Marktplatz Malefizgericht gehalten. Zu diesem Zwecke hatten Zimmerleute eigens »Schranckhen« errichtet. Nach der Verkündung der Urteile wurden die vier Delinquenten von 16 Soldaten zum Richtplatz geführt, wo ebenfalls Schranken errichtet worden waren. Hier war bereits ein hölzernes Gerüst aufgerichtet worden, auf welchem der sogenannte Kronegger gerädert werden sollte. Der Rädermacher Andreas Mathis hatte dazu eigens ein Rad anfertigen müssen. Die ortsansässigen Zimmerleute hatten überdies bereits vier sogenannte Kniegalgen errichtet, an welchen die einzelnen Körperteile Kroneggers nach der Vierteilung aufgehängt werden sollten.

Auch für geistlichen Zuspruch hatten die Richter gesorgt. Nach der Verkündung des Todesurteils wurden die Delinquenten durch die örtlichen Geistlichen und zwei Kapuziner betreut und »zum sterben praepariret«.

Den Sinn dieses ganzen Theaters können wir umso eher verstehen, je weiter wir den Bogen unserer Betrachtung spannen. In diesem Zusammenhang ist von großem Interesse, was mit jenen Mitgliedern der ausgehobenen Bande geschah, die, aus welchen Gründen auch immer, nicht hingerichtet wurden. Da ist zunächst Madlena Kriegin, die eine nicht unbedeutende Position in der Bande hatte. Das Todesurteil blieb ihr vor allem deshalb erspart, weil sie schwanger war und in der Gefangenschaft ein Kind zur Welt brachte. Ihre Schwangerschaft hatte schon dazu geführt, daß sie während der Kriminaluntersuchungen von den anderen Gefangenen getrennt untergebracht wurde und eine besondere Verpflegung erhielt. Sie wurde lediglich ausgestäupt und des Landes verwiesen. Zuvor mußte sie allerdings der Hinrichtung ihrer Komplizin Barbara Waldnerin beiwohnen. Davon versprach man sich offenbar eine abschreckende Wirkung. Bemerkenswert ist, was mit den Kindern geschah. Ein »Zigeuner-Mägdle« wurde dem Caspar Wächter »an der Seegen« in Kost gegeben. Dieser verrechnete für 89 Tage, während welchen das Mädchen bei ihm wohnte, 13 fl. 21 kr. an Kostgeld. Ein Bub wurde bei Andreas Seewald untergebracht. Sein Kostgeld belief sich auf 18 fl. 14 kr. Doch man beschränkte sich nicht allein darauf, die Kinder mit der notwendigen Speise zu versehen. Den Mädchen wurden auch neue Schuhe im Wert von 24 fl. 18 kr. angefertigt.[384]

All diese Maßnahmen schienen einen pädagogischen Zweck zu verfolgen. Durch die beinahe voyeuristisch zur Schau gestellte Härte des Urteils sollte den Zuschauern, darunter vor allem auch jenen, die dem Todesurteil gerade noch entgangen waren, deutlich gemacht werden, daß sich Verbrechen nicht auszahlten. Den Delinquenten selbst wollte man dies durch die intensive geistliche Betreuung klarmachen, und sie sollten gleichsam im letzten Moment zur Reue, also auf den rechten Weg zurückgeführt werden. Die Kinder wurden einer gezielten Umerziehung zugeführt. Gleichzeitig konnte neben der Abschreckung auch noch die Effizienz des Staates bei der Verfolgung von Verbrechern demonstriert werden. Dieser machte deutlich, daß er sich um das Wohl und die Sicherheit seiner Untertanen mit sichtbarem Erfolg bemühte. Im vorliegenden Fall ließ die Herrschaft eine umfangreiche Beschreibung der Hingerichteten und ihrer noch auf freiem Fuß befindlichen Komplizen drucken. Das Titelblatt dieses Drucks wird durch einen schaurigen Holzschnitt geziert, in welchem die Hinrichtungen dargestellt werden. Nicht weniger als vierhundert Exemplare wurden angefertigt und verbreitet, wofür das Rentamt die erkleckliche Summe von 20 fl. an den Buchdrucker Caspar Dascheck in Bregenz bezahlen mußte. Freilich diente dieser Steckbrief auch der Fahndung nach den noch nicht ergriffenen Bandenmitgliedern, aber er war in seiner protzigen Art auch ein Mittel der Selbstdarstellung der Hohenemser Behörden.

In diesem gesamten System der Zelebrierung des Strafvollzugs mußte der Scharfrichter eine hervorragende Rolle einnehmen. Es verwundert daher auch kaum, daß seine Erscheinung im genannten Holzschnitt durchaus als eindrucksvoll bezeichnet werden kann. Seine Kleidung erinnert an ein Mitglied der ländlichen Oberschicht, wie wir es etwa von Votivtafeln kennen. Die antiquiert anmutenden Strafen wie das Rädern wurden übrigens am toten Körper vollzogen, wie weiter vorne bereits erwähnt wurde. Ihre Motivation liegt daher weniger in der Grausamkeit oder Rohheit der Richter oder der Zeit begründet als vielmehr in der Hoffnung, daß von dieser zur Schau gestellten Brutalität, die ja in Wahrheit ein Showelement war, da die Strafen am toten Körper vollstreckt wurden, eine pädagogische Wirkung ausgehen würde. So widerspricht diese Art der zelebrierten Grausamkeit nicht dem aufgeklärten Geist des 18. Jahrhunderts, wie man vielleicht auf den ersten Blick meinen möchte, sondern sie ist vielmehr sein Produkt. Diese Tendenzen verhalfen den Scharfrichtern zu einer letzten Renaissance ihres Gewerbes im Alten Reich.

Schwer abschätzbar ist der Anteil der Einnahmen aus jenen Tätigkeiten, die nicht mit der Strafjustiz in Zusammenhang standen. Es wurde bereits angemerkt, daß gegen Ende des 18. Jahrhunderts beim Bregenzer Scharfrichter die Einnahmen aus der Wasenmeisterei und der Veterinärmedizin den größten Teil seines gesamten Verdienstes ausmachten. Sicherlich waren diese weniger konjunkturanfällig als jene aus dem Strafvollzug. Schwankungen wird es allerdings auch hier gegeben haben. Man denke nur an die Viehseuchen! Ein klares Bild läßt sich jedoch nicht gewinnen, da diesbezügliche Verzeichnisse oder Rechnungen bislang nicht bekannt wurden.

Die Wohnungen

Von einiger Aussagekraft über die soziale Stellung des Henkers sind seine Wohnverhältnisse, vor allem die Lokalisierung der Scharfrichterwohnungen. Wie wir aus den Scharfrichterordnungen und Anstellungsverträgen erfahren, gab es in Bregenz, Hohenems und Feldkirch eigene Scharfrichterhäuser. Schon in der Ordnung für Meister Jakob Vollmar vom 4. Oktober 1574 ist von einer Bregenzer Scharfrichterbehausung die Rede[385]. Im Anstellungsvertrag für den Hohenemser Scharfrichter Heinrich Wachter vom 20. Oktober 1649 wird die

Nutzung der beiden Behausungen in Hohenems und Feldkirch, für deren bauliche Erhaltung der Henker allerdings selbst aufkommen mußte, als Teil der Entlohnung eingerechnet[386].

Diese Scharfrichterwohnungen befanden sich meist außerhalb der Stadtmauern oder wenigstens außerhalb des eigentlichen Siedlungsraumes. Das Haus des Bregenzer Nachrichters lag »am Gießen«, im Weiherviertel, also außerhalb der frühneuzeitlichen Stadt, zwischen der Riedgasse und dem St.-Anna-Kloster.[387] Die unmittelbare Nähe zum Wasser machte dem Haus immer zu schaffen, wie mehrere Berichte über dessen Reparatur bezeugen. Da das Haus dem Fiskus gehörte, mußten Reparaturen von der öffentlichen Hand bezahlt werden. Oft war ein umfangreicher Briefverkehr zwischen den Beamten in Innsbruck und Bregenz nötig, ehe klar war, ob oder um welchen Preis Reparaturen vorgenommen werden durften. 1609 stand das Haus mehrere Wochen im Wasser und verfaulte langsam. Auf der einen Seite war es gar schon eingestürzt. Es wurde festgestellt, daß die Schäden schon so erheblich waren, daß es vom Scharfrichter schwerlich weiter bewohnt werden konnte. Eine Reparatur war unumgänglich. Laut Voranschlag würde sie 343 fl. 24 kr. kosten. Den Innsbrucker Beamten leuchtete zwar die Notwendigkeit baulicher Maßnahmen ein, aber man zögerte, die hierfür geforderte Summe zu genehmigen. Schließlich wurde eine wahrhaft salomonische Lösung gefunden: Das Haus des Scharfrichters sollte mit Geld renoviert werden, das im Zusammenhang mit einem Hexenprozeß noch als Strafgeld anfallen würde. Eine zu Bregenz hingerichtete Hexe hatte Ehebruch mit einem vermögenden Bürger begangen, wofür dieser zur Kasse gebeten werden sollte. Dem Amt sollte so kein finanzieller Schaden erwachsen.[388]

Die Renovierungen der Scharfrichterbehausungen nahm man oftmals nur sehr zögerlich in Angriff: Im November 1669 wurde der Bregenzer Vogteiverwalter Pappus aus Innsbruck angewiesen, das Haus des Scharfrichters in Bregenz reparieren zu lassen. Dies war vier Jahre später noch immer nicht oder wenigstens noch nicht in befriedigender Weise geschehen. Es erfolgte nämlich eine weitere gleichlautende Anweisung der dortigen Hofkammerräte an Pappus. Die zu erwartenden Kosten waren enorm, ca. 770 fl. Damit wollten sich die Beamten in Innsbruck nicht abfinden. Da man sich »bei iezigen coniuncturen zu grossen Cösten, sonderlich eines solchen Hauses nit verstehen kann, uns Zumahlen bedenckhlichen vorkomt, das die materialien bei dem alten Hauß als stain, schindlen, fenstergleser, Eisenwerckh und anders, nit mehr Zugebrauchen sein solten«, wurde Pappus angewiesen, einen Weg zu finden, wie die Reparatur mit um die Hälfte geringeren Kosten zu machen sei. Insbesondere sollte nochmals überprüft werden, was von den vorhandenen Materialien doch noch zu verwenden sei.[389] Neben einem gewissen Mißtrauen dem Vogteiverwalter gegenüber spiegelt sich in der Haltung der Innsbrucker Behörde auch die Auffassung, daß es zu Zeiten wirtschaftlicher Krise problematisch sein könnte, zu viel öffentliches Geld für das Haus eines Scharfrichters auszugeben, auch wenn dies noch so notwendig wäre. Die hohe Summe, die Pappus hatte errechnen lassen, zeigt jedenfalls, daß in der Zeit vorher notwendige bauliche Maßnahmen offenbar vernachlässigt worden waren.

Auch in den folgenden Jahrzehnten mußten die Bregenzer Scharfrichter ständig darum kämpfen, daß ihre Behausung einigermaßen instand gehalten wurde.

Im Oktober 1712 genehmigten die oberösterreichischen Kammerräte in Innsbruck die Ausbesserung des Ofens im Bregenzer Scharfrichterhaus.

Im September 1723 zeigte der damalige Bregenzer Scharfrichter Othmar Vollmar im Vogteiamt an, daß das Dach seiner Behausung mit guten Ziegeln ausgebessert werden müsse, was etwa 10 fl. erfordere. Er bat um Beeilung, damit das Haus durch den Regen nicht noch mehr Schaden leide. Vom Vogteiamt wurde bestätigt, daß diese Reparatur dringend nötig sei. Die Angelegenheit wurde nach Innsbruck weitergeleitet.

Am 13. August 1732 beantragte Othmar Vollmar einen zusätzlichen Ofen oder eine zusätzliche Feuerstelle für die obere Stube seines Hauses. Der Grund dafür war, daß sein Sohn geheiratet und bereits mehrere Kinder gezeugt hatte. Es sei nun »nicht mehr möglich, in einer stuben beysamben zue stehen.« In ihrem Bericht »ad cameram« betonten die Bregenzer Beamten, daß der Ausbau zwar nicht in ihrem Sinne sei, daß er aber unumgänglich sei. In Innsbruck wurde der Antrag des Bregenzer Scharfrichters schließlich bewilligt. Man wies ihm 15 fl. zur Errichtung einer neuen Feuerstelle an, was sich in etwa mit den im voraus errechneten Kosten deckte.

Bereits am 16. Juli 1738 sah sich Othmar Vollmar erneut gezwungen, die Behörden um eine Reparatur seiner Behausung und der dazugehörigen Stallungen zu ersuchen. Der Amtswerkmeister Franz Schlachter, der die Schäden begutachtete, stellte fest, daß einige neue Schwellen und Schirme notwendig waren, um das Wohnhaus vor Schnee und Regen zu schützen. Für den Stall seien überdies 14 neue »Dillen« nötig. Sollten die Reparaturen, deren Kosten sich voraussichtlich auf 26 fl. 30 kr. belaufen würden, nicht durchgeführt werden,wären unweigerlich noch größere Schäden zu erwarten. Bereits zwei Wochen nach dem Antrag Othmar Vollmars wurden die notwendigen Geldmittel durch die Behörden in Innsbruck genehmigt. Später sollte sich jedoch herausstellen, daß der Kostenvoranschlag zu niedrig angesetzt war. Die gesamte Reparatur kostete schließlich 33 fl. 35 kr.[390]

1756 wurde in der Nebenkammer des Scharfrichterhauses ein neuer Boden gelegt. Die Kosten beliefen sich auf relativ bescheidene 7 fl. 19 kr. 4 hll.[391] Das Haus wird im selben Jahr als »durchaus in gutem Stand« beschrieben.[392]

Eine Beschreibung aus dem Jahr 1814 zeigt, welcher Stellenwert dem Haus zugemessen wurde. Dort heißt es:

»Das Scharpfrichterhaus am Giessen beim Ried Haus No 281, welches von jeher Staatseigenthum ist, und dem Scharpfrichter, der zugleich Wasenmeister war, als Wohnung überlassen wurde, ist zwar alt, und etwas ruinös, aber für seine bisherige Bestimmung immer noch zwekmässig; solches ist halb mit Steinen, halb mit Ziegelwänden aufgeführt und mit Blatten eingedekt. Es enthält zur ebenen Erde ein Keller, ein Stube, ein Kammer, eine Küche, und über der Stiege ein Stube und 3 Kammern; dazu gehört ein angebauter hölzerner Stall und Stadel, ein besonderer Holzschopf und eine schlechte Remisse, dann ein Gärtl gleich beim Haus von 94 Wiener Klafter. Diese Besitzung ist im Kataster mit Steuer Cap. entworfen pr 660 fl.«[393]

Trotz seines schlechten baulichen Zustandes wurde es als Wasenmeisterhaus für tauglich gehalten. Die Lage war offensichtlich noch immer das entscheidende Kriterium. Ansonsten scheint das Anwesen recht stattlich gewesen zu sein. Dieser Eindruck wird noch durch eine fünfzehn Jahre jüngere Beschreibung verstärkt. Als das mittlerweile ehemalige Scharfrichterhaus und -anwesen – seit dem Tod Xaver Deigenteschs gab es in Bregenz lediglich einen Wasenmeister; sein Stiefsohn war nun Scharfrichter für Tirol und Vorarlberg und wohnte als solcher in Meran[394] – 1829 versteigert werden sollte, bestand es aus einem Wohnhaus, das jetzt die Hausnummer 281 trug, einer hölzernen Stallung, einer Futtertenne, zwei gemauerten Hundeställen, hölzernen Schweineställen und einer baufälligen hölzernen »Schupfe«. Außerdem gehörte noch ein offenbar größerer Hof dazu. Im Vergleich zu anderen dem Aerar zugerechneten Bauwerken wurde das Anwesen mit einem Steuerkapital von nach wie vor 660 fl. relativ hoch eingeschätzt. Dagegen veranschlagte man die Wohnung des Gerichtsdieners samt dem politischen Gefängnis nur mit 500 fl. und den Gefängnisturm samt einer darauf befindlichen Wohnung lediglich mit 280 fl. Im Grunde genommen war das Anwesen des Scharfrichters noch mehr wert, da von der gemachten Schätzung jener Teil ausgenommen war, welchen ein früherer Bewohner auf eigene Kosten hinzugebaut hatte, nämlich die Futtertenne. Der städtische Weiher, in dessen unmittelbarer Nähe sich das Scharfrichterhaus jahrhundertelang befunden hatte, war mittlerweile trockengelegt worden. Der so gewonnene Grund gehörte nun zum Anwesen.[395]

Die Hohenemser Nachrichterwohnung lag »zum Bauren« oder »am Rhein«, also außerhalb des alten Siedlungsbereiches, am südwestlichen Ende der Herrschaft Hohenems, unmittelbar an der Grenze zu österreichischem Gebiet. Die Parzelle »Bauren« nahm in der Sozialtopographie von Hohenems einen verrufenen Rang ein. So war z.B. das Wirtshaus des Jacob Benzer am Bauren ein bekanntes Quartier für Gauner, Vaganten, Hehler und zwielichtige Gestalten aller Art. In unmittelbarer Nachbarschaft zur österreichischen Grenze befanden sich hier auch einige leerstehende Häuser oder Hütten, in welchen Fahrende häufig Unterschlupf fanden[396]. Das Scharfrichteranwesen nahm sich recht durchschnittlich aus. Für Michael Reichle wurde 1747 ein Vermögen von 100 fl. verzeichnet. Nur rund 10% der Hohenemser hatten ein geringeres Vermögen. Dabei wurde das Haus mit einem Wert von 30 fl. veranschlagt. Lediglich etwa 20% der Häuser in Hohenems waren weniger wert. Dazu kam weiters zweimähdiger Boden im Wert von 50 fl. und Vieh im Wert von 20 fl. Mehr als ein Drittel der Bewohner von Hohenems verfügten über weniger zweimähdigen Boden als Michel Reichle. Beim Vieh waren es über 58% der Hohememser, die schlechter dran waren als der genannte Scharfrichter. Diesem Vermögen standen übrigens Schulden in Höhe von 560 fl. gegenüber.[397]

Die Felkircher Scharfrichterwohnung lag »unter dem Kapf«[398] oder »Unter St. Veits Kapf, gehörig in die Pfarr Altenstadt Nro. 81«[399]. 1804 hatte das Anwesen noch die Hausnummer 2 getragen[400]. Es war abgelegen und gehörte gar nicht mehr zum städtischen Bereich, sondern zu einer Nachbargemeinde. Daraus ergab sich die seltsame Situation, daß der Henker mit seiner Familie in Altenstadt wohnte, seine Kinder aber in die Stadtpfarrkirche nach Feldkirch zur Taufe brachte.

Die isolierte Lage der Scharfrichterbehausungen sagt einiges über die gesellschaftliche Stellung ihrer Bewohner aus. Gelegentlich wurde auch versucht, diese allein aus der Tatsache zu erklären, daß die Scharfrichter eben auch das Wasenmeister- oder Abdeckeramt ausübten. Den Grund für die Abgeschiedenheit der Wohnungen suchte man dann im Schutz vor dem Gestank, der durch die zum Trocknen aufgehängten Tierhäute verbreitet wurde. Hier scheinen m.E. Ursache und Wirkung vertauscht worden zu sein. Gegen diesen rationalisierenden und monokausalen Erklärungsversuch spricht allein schon die Tatsache, daß in manchen Städten Scharfrichterwohnung und Abdeckerei an verschiedenen Stellen lokalisiert waren, obwohl beide Ämter in einer Hand vereinigt waren.[401]

Dynastiebildung und genealogische Verstrickung

Die Bildung von Dynastien und deren genealogische Verstrickung ist charakteristisch für das Heiratsverhalten der Scharfrichter.[402] Es wurde betont, daß die genealogische Struktur dieser Henkerdynastien mit jener des Hochadels durchaus vergleichbar war.[403] Oft blieb das Scharfrichteramt einer Stadt oder einer Herrschaft über Generationen in der Hand einer oder nur weniger Familien. In Endingen beispielsweise, vererbte es sich von der Mitte des 17. Jahrhunderts an, vielleicht schon seit dem 16. Jahrhundert, mit nur einer kurzen Unterbrechung in der Familie Burkhard. Mitglieder dieser Familie amtierten auch nach dem Ende des Alten Reiches in fast ununterbrochener Reihe bis zum Inkrafttreten des Grundgesetzes der Bundesrepublik Deutschland am 24. Mai 1949, durch das die Todesstrafe abgeschafft wurde, haupt- oder nebenamtlich als Scharfrichter in Südbaden sowie in verschiedenen süddeutschen Schwurgerichtsbezirken.[404] Ein ähnlich eindrucksvolles Beispiel läßt sich aus Vorarlberg nicht erbringen. Dennoch können wir auch hier die Bildung kleinerer Henkerdynastien beobachten.

Wenden wir uns zunächst den Bregenzer Scharfrichtern zu. Die älteste bisher bekannte Nachricht über einen in Bregenz ansässigen Scharfrichter stammt, wie schon angeführt, aus dem Jahr 1565. Seinen Namen kennen wir nicht. Möglicherweise handelt es sich bei ihm schon um Meister Mathis Pflug, der 1570 als Nachrichter von Bregenz bezeichnet wird und der somit als der älteste namentlich bekannte Scharfrichter gelten kann, der im Gebiet des heutigen Vorarlberg ansässig wurde. Er ist von 1570 bis 1578 jährlich in diesem Amt bezeugt.[405] Während dieser Zeit, im Jahr 1574, wurde jedoch mit Meister Jakob Vollmar aus Lindau ein weiterer Scharfrichter für die Herrschaften Feldkirch, Bregenz, Bludenz, Sonnenberg, Vaduz und die acht Gerichte in Churwalchen angestellt.[406] Es ist noch nicht genau geklärt, weshalb es zu diesem Nebeneinander von zwei Scharfrichtern in Bregenz kam. Eine Möglichkeit soll weiter unten angedeutet werden. Auch 1592 sind zwei Scharfrichter in Bregenz bezeugt, die beiden Brüder Meister Petter und Meister Othmar. Zwischen ihnen scheint eine klare Hierarchie geherrscht zu haben, denn Meister Petter wird in den Abrechnungen als Nachrichter zu Bregenz bezeichnet, der von seinem Bruder jeweils unterstützt wurde.[407] 1595 bis 1597 ist wiederum Meister Jacob Vollmar als Scharfrichter zu Bregenz nachweisbar.[408] 1597 ist außerdem noch ein Meister Hans in Bregenz bezeugt.[409] Von 1597 bis 1604 ist Meister Jakob Kuenli als Bregenzer Scharfrichter belegt.[410] 1608 wird der aus Saulgau in Württemberg stammende Wolf Vollmar als Scharfrichter nach Bregenz berufen.[411] Vor 1611 soll nochmals ein Jakob Vollmar als Scharfrichter in Bregenz tätig gewesen sein, ehe er in diesem Jahr nach Hall in Tirol wechselte, wo er das Amt bis 1618 bekleidete.[412] 1625 ist dann Martin Steinmayer als Bregenzer Scharfrichter belegt.[413] Möglicherweise amtete auch Othmar Krieger oder sein Vater noch einige Jahre als Scharfrichter in Bregenz, ehe er 1645 eine Anstellung in Hall/Tirol erhielt. Er stammte jedenfalls aus Bregenz.[414] Anfang des Jahres 1656 ist Christof Hirt als Scharfrichter in Bregenz bezeugt.[415] Dieser hatte bereits 1645 in Feldkirch eine Exekution vorgenommen[416], weshalb zu vermuten ist, daß er schon zu dieser Zeit als Bregenzer Scharfrichter tätig war. Bei der aus Bregenz stammenden Catharina Hirth, die 1677 Christoph Seidler, den Scharfrichter von Rottweil-Altstadt heiratete[417], dürfte es sich wohl um seine Tochter gehandelt haben. Von 1666 bis 1694 ist Meister Dietrich Metz als Scharfrichter der Herrschaften vor dem Arlberg, wohnhaft in Bregenz, bezeugt.[418] Ein Scharfrichter gleichen Namens war 1642 in Augsburg ansässig.[419] 1681 ist neben ihm noch ein zweiter Henker in Bregenz bezeugt. Im Sommer dieses Jahres heiratete in Bregenz Johann Philipp Vollmar, ein Sohn des Scharfrichters Johannes Vollmar, die Jungfrau Juliana Burkhardin, eine Tochter des Scharfrichters von Kisslegg, Mathias Burkhard.[420] Bislang kennen wir keine Quelle, welche die Amtsausübung Johann Philipp Vollmars bezeugt. 1694 begegnet er uns als Wasenmeister in Grünenbach. Er wird als »vom allhiesigen (= Bregenzer) Nachrichter bestandtsweis Innhabenden (Wasen)Meister« bezeichnet.[421] Er dürfte also nie Bregenzer Scharfrichter gewesen sein, sondern nur in Bregenz geheiratet haben. Es handelt sich bei ihm wahrscheinlich um einen ausgebildeten Scharfrichter, der notgedrungen als Wasenmeister arbeitete. Er hatte vom Bregenzer Scharfrichter die Wasenmeisterei für die Grafschaft Hohenegg sowie der Pfarren Offenbach, Hohenegg, Weiler, Sulzberg, Riefensberg, Lindenberg, Grünenbach, Rottenbach, Gestraz und Heimenkirch gepachtet.

Der Nachfolger von Dietrich Metz war Johann Ottmar Vollmar. Er war ein legitimer Sohn des Scharfrichters Jakob Vollmar von Pfullendorf und Enkel des 1608 in Bregenz bezeugten Wolf Vollmar[422]. Er heiratete 1695 die Witwe seines Vorgängers, Ursula Fischerin.[423] Diese war ein Jahr vorher in Feldkirch Taufpatin für ein Kind des Scharfrichters Johannes Reichle gewesen. In einer Randglosse wurde sie dabei als »in puerperio Freymännin under dem Kapf« [424]bezeichnet. Dieser Zusatz findet sich in den Feldkircher Kirchenbüchern oft bei den Töchtern von in der Stadt ansässigen Scharfrichtern.

Daraus kann man schließen, daß ihr Vater auch eine Zeitlang in Feldkirch gewohnt und gewirkt hatte. Von 1694 bis 1722 ist Meister Hans Georg Fischer als Scharfrichter von Lindau bezeugt.[425] Es ist anzunehmen, daß Ursula Fischerin dieser Familie entstammte. Trauzeugen waren übrigens Georg Andreas Baumgartner und Johann Georg Deigentesch, die als »carnifices«, also als Scharfrichter, von Weingarten bezeichnet werden. Die Eheschließung mit der Witwe seines Vorgängers brachte Johann Ottmar Vollmar die Anstellung in Bregenz. In seinem Dienstvertrag wird betont, daß er nur so lange Scharfrichter von Bregenz bleiben solle, als seine Frau am Leben sei. Nach deren Tod aber solle »solcher dienst zu=volg der Allhiesig=Keyßer. Erzfürst. Ambt underem dato 15. July 1680 gegebenen und produzierten schrüfftlichen exspextanz Ihrem Stieffsohn dem I.. M.., wan Er anderst Tauglich und Qualifiziert zuekomben, und verlichen werde.« [426] Nicht selten führte der Weg zu einer Anstellung als Scharfrichter über eine Verbindung mit der Witwe des Vorgängers. Ein besonders eindrucksvolles Beispiel besitzen wir aus Lindau, das hier kurz dargestellt werden soll, obwohl es die Vorarlberger Scharfrichter nicht eigentlich betrifft:

1623 starb der dortige Scharfrichter Jacob Steinmayer. Nun gab es mehrere Interessenten für seine Nachfolge. So versuchte ein Bruder der Witwe des Verstorbenen, Othmar Teubler, das Amt zu erlangen. Seine Brüder und Vettern, Hans, Peter und Jerg Teubler, die Scharfrichter der Städte Überlingen, Ravensburg und Tettnang, ersuchten den Rat der Reichsstadt, ihn anzustellen, und betonten, daß er in diesem Falle mit seiner Schwester zusammen hausen würde. Mittlerweile hatte allerdings auch Meister Johann Neher von Schaffhausen vernommen, daß die Stelle eines Lindauer Scharfrichters vakant war. Er stammte aus einer weitverzweigten Scharfrichterfamilie. Sein Großvater war der Scharfrichter von Diessenhofen gewesen, sein Vater und sein Bruder hatten nacheinander das Scharfrichteramt in Schaffhausen bekleidet. Er selbst hatte eben fünf Jahre lang beim Scharfrichter der Stadt Straßburg gedient und sein Meisterstück abgelegt. Da die Lindauer Stelle für ihn interessant erschien, setzte er sich mit der Witwe Steinmayers in Verbindung und wurde offenbar schnell mit ihr einig. Am 18. August schrieb er jedenfalls an Bürgermeister und Rat der Stadt Lindau, er habe sich »bej besagts Stainmayers witib so weit eingelassen, daß E.V.E.F. etc. mir solche vacierende stell großzgl. vertrawen und in dero bestallung annemmen würden, wie ain Ehelich Versprechen ain andern gethon, und zwischen uns beeden sein richtigs hette.« Neher wurde angestellt und blieb Lindauer Scharfrichter bis 1640. Dann bat er nach sechzehn Dienstjahren um seinen Abschied, denn er hatte nach dem Tod seiner Frau die Witwe des Zürcher Scharfrichters geheiratet und dort die Bestallung als Nachrichter angenommen, was für ihn eine Verbesserung bedeutete.[427]

Es läßt sich auch anderswo beobachten, daß die Bestallung eines Scharfrichters gleichsam über die Witwe des Vorgängers von der Obrigkeit als eine taugliche Möglichkeit der Witwenversorgung betrachtet wurde.[428] Im erwähnten Bregenzer Fall sollte allerdings ein Rückfall des Amts an den leiblichen Sohn von Dietrich Metz aus erster Ehe gewährleistet werden. Dazu kam es aber nicht. Dem neuen Ehepaar war eine lange und kinderreiche[429] Ehe beschieden. Ursula Fischerin starb am 22.

Dezember 1736[430], ihr Gatte am 28. März 1747[431]. Die Dauer der Ehe dürfte den Stiefsohn der Ursula Fischerin wohl dazu veranlaßt haben, sich anderswo ein Auskommen zu suchen.

Zwei der Söhne Johann Ottmar Vollmars wurden ebenfalls Scharfrichter. Sein ältester Sohn, Johann Georg, verheiratete sich mit Anna Weltlin und zog nach Feldkirch, wo er als »Freymann under dem Kapf« bezeichnet wurde. Er begründete damit die Feldkircher Nebenlinie der Familie, der mehrere Scharfrichter entsprossen und auf die noch einzugehen sein wird.

Ein jüngerer Sohn, der am 22.10.1700 geborene Johann Jakob, folgte seinem Vater im Amt des Bregenzer Scharfrichters nach. Damit ging dieses erstmals nachweislich direkt vom Vater auf den Sohn über. Wir können Johann Othmar Vollmar und Ursula Fischerin somit als Ahnen der Bregenzer Scharfrichterfamilie Vollmar bezeichnen. Johann Jakob führte mit seiner Gattin Maria Anna Heimin eine noch längere und kinderreichere Ehe als seine Eltern.[432]

Nach dem Tod Johann Jakobs 1762 ging das Amt an seinen achtundzwanzigjährigen Sohn Johann Peter über. Er hatte schon während der letzten Lebensjahre seines Vaters als Scharfrichter geamtet. In seinem Anstellungsvertrag wurde ihm schließlich attestiert, daß er dies im Namen seines Vaters zur allgemeinen Zufriedenheit getan hatte.[433] Johann Peter war in erster Ehe mit Carolina Rueffin verheiratet. Diese stammte möglicherweise aus der Stockacher Scharfrichterfamilie Rueff, zu der die Bregenzer Vollmar nachweislich Beziehungen unterhielten. Eine der Schwestern Johann Peters, Anna Maria, verließ jedenfalls 1763 Bregenz im Alter von 27 Jahren und zog zum Stockacher Scharfrichter Jacob Rueff, der ihr die Ehe versprochen hatte. Nachdem sie von ihm schwanger geworden war, konnte er sich an sein Eheversprechen allerdings nicht mehr erinnern. Anna Maria kehrte nun ins Haus ihres Bruders nach Bregenz zurück und führte einen erfolgreichen Unterhaltsprozeß gegen den Vater ihres Kindes.[434] Der ersten Ehe Johann Peter Vollmars entstammten neun Kinder.[435] In zweiter Ehe vermählte er sich mit Maria Josepha Burghartin. Es ist anzunehmen, daß auch sie aus einer Scharfrichtersippe stammte. Wie bereits erwähnt, hatte schon Johann Philipp Vollmar 1681 mit Juliana Burckhardin eine Tochter des Kießlegger Scharfrichers Mathias Burckhard in Bregenz geheiratet. Ein Scharfrichter gleichen Namens ist zwischen 1709 und 1717 in Feldkirch bezeugt, worauf ebenfalls noch näher einzugehen sein wird. Dieser Ehe entstammten vier Kinder[436].

Sein ältester Sohn aus erster Ehe, Johann Jakob (* 12.8.1767), führte nach seinem Tod das Scharfrichteramt weiter. Mit seiner aus Altstätten in der Schweiz stammenden Frau Cäcilia Bettemännin hatte er drei Kinder[437].

Sein zweitgeborener Sohn Johannes Petrus (* 22.5.1793) wurde später Scharfrichter für Tirol und Vorarlberg. Bis 1823 hatte er das Amt eines Bregenzer Wasenmeisters bekleidet. Nach seiner Ernennung zum Scharfrichter wohnte er mehrere Jahre in Bozen, dann in Meran, schließlich in dem zum Ärar gehörigen Schloß Karneid und dann wiederum in Bozen, wo er am 31. März 1843 verstarb. Zusammen mit seiner ihm 1822 angetrauten, ebenfalls aus Bregenz stammenden Ehefrau Walburga Walcher hatte er acht Kinder. Nach seinem Ableben kam es zwischen Bozen und Bregenz zu einem Streit über die

Frage, welche der beiden Städte nun für die Witwe und die unversorgten Kinder Peter Vollmars zuständig sei. Wegen seines ständigen Wohnortwechsels hatte er es nämlich verabsäumt, das Heimatrecht in einer anderen Gemeinde als Bregenz zu erwerben.[438]

Keines der Kinder Johann Jakob Vollmars trat also seine direkte Nachfolge an. Nach seinem frühen Tod verehelichte sich seine Witwe mit Xaver Deigentesch, der daraufhin auch die Stelle eines Bregenzer Scharfrichters antrat.[439] Er war der letzte in der Reihe der Bregenzer Scharfrichter. Zuvor war das Amt rund hundert Jahre in der Familie Vollmar vom Vater auf den Sohn weitergegeben worden.

Eine ähnliche Entwicklung können wir in Hohenems beobachten. Der erste namentlich bekannte Hohenemser Scharfrichter ist Jerg Wachter, dessen Anstellungsurkunde vom 20. Oktober 1649 datiert.[440] Nach einem kurzen Zwischenspiel des Bregenzer Scharfrichters folgte auf ihn zu Beginn der siebziger Jahre Johannes Reichle. Seiner Ehe mit Barbara Hiedlin (Heidlin) entstammten insgesamt neun Kinder: Sieben davon wurden zwischen 1671 und 1683 in Hohenems geboren[441], zwei weitere 1686 und 1694 in Feldkirch.[442] Auf Johannes Reichle folgte am 1. April 1690 Christian Rauch.[443] Er stammte aus Maulenfingen in der Herrschaft Fürstenberg-Meßkirch. Vom 20. März 1685 liegt auch noch ein Dienstvertrag für Meister Hans Martin Miller vor. Dieser wurde aber, wie ein Rückvermerk zeigt, nicht als Scharfrichter angenommen. Der ausgestellte Vertrag diente wahrscheinlich, wie wir das beispielsweise auch aus Lindau kennen, nur als Verhandlungsgrundlage.[444]

Ab 1709 ist dann wieder Johannes Reichle als Hohenemser Scharfrichter bezeugt.[445] Aufgrund der breiten zeitlichen Streuung der Nennungen – er verstarb um das Jahr 1739 – dürfen wir wohl annehmen, daß er nicht mit dem gleichnamigen Scharfichter, der in den siebziger und frühen achtziger Jahren in Hohenems amtierte, identisch ist. Es dürfte sich bei ihm viel eher um den am 26. März 1674 geborenen Hans Jerg Reichle, den Sohn des damaligen Hohenemser Scharfrichters, handeln. Weshalb sein Vater 1685 sein Amt verlor, ist bislang unklar. Johannes Reichle (II.) war sowohl damals als auch fünf Jahre später für die Nachfolge seines Vaters noch zu jung gewesen.

Von ihm ging das Scharfrichteramt in Hohenems an Michael Reichle über. Bei diesem handelte es sich wohl um seinen am 11. Oktober 1686 in Feldkirch geborenen Bruder. Sein Anstellungsvertrag wurde am 23. April 1738 ausgestellt.[446] In den Jahrzehnten zuvor wohnte er in Feldkirch und wird als Freimann unter dem Kapf bezeichnet. Seiner Ehe mit Magdalena German entstammten fünf Kinder.[447] Seine Schwester Regina war übrigens mit dem Scharfrichter Mathias Burkhard verheiratet. Dieses Ehepaar wohnte ebenfalls einige Jahre in Feldkirch, wo ihnen drei Kinder geboren wurden.[448] Auch die älteste Tochter Michael Reichles wählte einen Scharfrichter als Ehegatten: Jakob Vollmar. Dieser stammte aus der Feldkircher Linie der Vollmar. Er war ein Sohn Johann Georg Vollmars, des Begründers dieser Linie[449], und somit ein Enkel Johann Ottmar Vollmars, des Stammvaters der Bregenzer Linie. Sein Vater war wie sein Schwiegervater Freimann unter dem Kapf. Durch diese Eheschließung kam es zu einer Verbindung der beiden Vorarlberger Scharfrichterfamilien. Auf diese Weise wurde der Feldkircher Linie der Vollmar der Weg in das Hohenemser Scharfrichteramt geöffnet.

Nach Michael Reichle wurde nämlich 1758 Hans Georg Vollmar als Scharfrichter von Hohenems angestellt. Er war der ältere Bruder Jakob Vollmars und ist in diesem Amt bis 1789 bezeugt.[450] Jakob blieb zeitlebens Freimann unter dem Kapf. Seiner Ehe mit Catharina Reichle entstammten drei Kinder.[451] Sein gleichnamiger ältester Sohn wurde sein Nachfolger. In den Feldkircher Kirchenbüchern wird er außerdem als »Nachrichter von Altenstadt«, als Scharfrichter und ab 1814 als Bauer bezeichnet. Er heiratete Maria Theresia Bicklin, eine Tochter des Tettnanger Scharfrichters. Ihrer Ehe entstammten sieben Kinder.[452] Sein ältester Sohn, der, wie noch zu zeigen sein wird, das Feldkircher Gymnasium besuchte, heiratete 1824 die um sechs Jahre ältere Tochter des Churer Scharfrichters Johann Nepomuck Krüger. Im selben Jahr beschloß der große Rat des Kantons Graubünden, Franz Joseph Vollmar beim Ableben seines Schwiegervaters die dortige Scharfrichterstelle zu verleihen. Offenbar als Übergangslösung trat er im August 1824 die Stelle eines Wasenmeisters in Nüziders an. Als 1827 sein Schwiegervater starb, suchte er schließlich beim Kreisamt um die Erlaubnis zur Auswanderung nach Chur und die Entlassung aus dem österreichischen Staatsverbande an. Ende des gleichen Jahres wurde sein Ansuchen bewilligt. Zusammen mit seiner Frau Katharina und seiner einjährigen Tochter Maria Josepha übersiedelte er nun nach Chur.[453] Als Wasenmeister in Nüziders folgte ihm 1828 sein Bruder Johann Georg Vollmar nach.[454]

Überblicken wir die Genealogie der Bregenzer und der Hohenemser Scharfrichter, so können wir feststellen, daß besonders im 18. Jahrhundert die Ämter in der Familie weitergegeben wurden. Es bildeten sich also sogenannte Scharfrichterdynastien. Die Vererbung des Scharfrichteramtes innerhalb einer Familie scheint zwar in der Zeit vorher auch vorgekommen zu sein, wurde aber allem Anschein nach nicht so konsequent durchgehalten. Dies deckt sich durchaus auch mit den Beobachtungen, die in anderen Herrschaften oder Städten gemacht wurden. So stoßen wir etwa bei den Wiener Scharfrichtern im 17. Jahrhundert auf unterschiedliche Familiennamen wie Hainisch, Rose und Langmayr. Erst im 18. Jahrhundert setzte eine gewisse, wenn auch lose Kontinuität des Amtes innerhalb der Familien Schrattenbacher und Hamberger ein.[455] Im kurtrierischen Amt Zell bekleideten von den vierziger Jahren des 17. Jahrhunderts bis zum Ende des 18. Jahrhunderts nur Mitglieder der Familien Rach und Dillenburg das Amt des Scharfrichters, wobei sich dieses mehrfach vom Vater auf den Sohn vererbte.[456] Auch das bereits erwähnte, besonders eindrucksvolle Beispiel der Scharfrichterfamilie Burkhard in Endingen weist keine ununterbrochene Kontinuität auf. In der Mitte des 18. Jahrhunderts ist hier für etwa zwanzig Jahre die Tätigkeit von Scharfrichtern aus einer anderen Familie bezeugt.[457] In Stockach vererbte sich das Amt des Scharfrichters seit dem Ende des 17. Jahrhunderts konsequent innerhalb der Familie Rueff, während wir in der Mitte des Jahrhunderts noch einen Stockacher Scharfrichter aus einer anderen Familie finden.[458] Es ist durchaus möglich, daß die bessere Quellenlage des ausgehenden 17. und des 18. Jahrhunderts – an den meisten

Orten haben sich aus dieser Zeit die Kirchenbücher erhalten – den subjektiven Eindruck verstärken, daß wir es nun mit einer konsequenteren Dynastiebildung zu tun haben als vorher. Dennoch lassen die uns erhaltenen Quellen durchaus so etwas wie eine »Verhärtung« der Strukturen erkennen, wie wir sie beispielsweise gerade im 18. Jahrhundert auch bei den sogenannten Ammanndynastien beobachten können.

Kommen wir nun zur genealogischen Verstrickung der einzelnen Henkerdynastien. Schon die frühesten Nachrichten, die wir über in Vorarlberg ansässige Scharfrichter besitzen, zeugen von einer verwandtschaftlichen Vernetzung der diversen Scharfrichterfamilien. Der Bregenzer Scharfrichter des Jahres 1585, dessen Namen wir nicht kennen, war ein Schwager des Lindauer Scharfrichters Meister Jacob, der ihn gelegentlich bei Exekutionen unterstützte.[459] Um welchen Lindauer Scharfrichter es sich dabei handelte, ist unbekannt. Um die Mitte des 16. Jahrhunderts ist dort ein gewisser Meister Hans und 1587 Meister Othmar Dübler von Tettnang bezeugt.[460] Da, wie wir sehen, die Ortsangabe nach dem Namen eines Scharfrichters nicht unbedingt seinen Dienstort, sondern seinen Herkunftsort bezeichnet, muß offen bleiben, ob es sich in diesem Fall überhaupt um den Lindauer Scharfrichter handelt oder eher um einen in Lindau gebürtigen, anderswo angestellten. Damit wäre auch denkbar, daß es sich um den 1574 bezeugten Meister Jakob Vollmar von Lindau handelt, was bedeuten würde, daß es in Vorarlberg zu dieser Zeit tatsächlich zwei Scharfrichter nebeneinander gab.

Johann Philipp Vollmar, der 1681 kurz in Bregenz auftauchte und später als Wasenmeister in Grünenbach bezeugt ist, war mit einer Tochter des Kißlegger Scharfrichters Matthias Burckhard verheiratet.[461] Johann Othmar Vollmar war durch seine Ehe mit Ursula Fischerin gleich mit mehreren Nachrichterfamilien verschwägert. So war, wie wir schon gezeigt haben, seine Ehefrau in erster Ehe mit Meister Dietrich Metz verheiratet gewesen.

Anna Vollmar, möglicherweise eine Tochter des Bregenzer Scharfrichters Johann Peter Vollmar, heiratete Johann Georg Kober, den Scharfrichter von Meran. Kober war der Sohn des Scharfrichters von Oberdorf/Hochstift Augsburg. Seine beiden Brüder und ein Neffe waren auch Scharfrichter. Seine zweite Gattin brachte zwei Söhne in die Ehe mit, die ebenfalls diesen Beruf erlernten.[462] Anna Maria Vollmar, eine Tochter des Bregenzer Scharfrichters Jakob Vollmar, lebte eine Zeitlang mit dem Stockacher Scharfrichter Jacob Rueff zusammen und wurde von ihm auch schwanger, ohne allerdings mit ihm verheiratet zu sein. Rueff hatte ihr ein Eheversprechen gegeben, es aber nicht eingehalten.[463] Verwandtschaftliche Verbindungslinien der Bregenzer Scharfrichterfamilie Vollmar führten über den Tiroler Zweig der Familie im 17. Jahrhundert außerdem nach Hall, Donauwörth, Dillingen, Laningen, Öttingen, Nördlingen und Meran.[464]

Die Dynastiebildung bei den Scharfrichtern wurde unterschiedlich interpretiert. So sah man in der Tatsache, daß Scharfrichterkinder vor allem untereinander heirateten, das deutlichste Indiz für ihre »gesellschaftliche Isolierung«.[465] Nun ist die Wahl des Ehepartners aus demselben beruflichen und gesellschaftlichen Umfeld für die Frühe Neuzeit nichts Ungewöhnliches. Nicht nur für die Städte, auch für die Dörfer der Vormoderne läßt sich dies häufig beobachten und belegen. Inwieweit die Wahl des Ehepartners aus anderen Scharfrichterfamilien mit deren »gesellschaftlicher Isolierung« zu tun hatte, läßt sich eher ergründen, wenn wir unseren Blick auf die Ausnahmen wenden, also auf jene Fälle, in denen die Ehepartner eben nicht aus demselben Berufsfeld stammten. Es wurde beobachtet, daß die Frauen der Scharfrichter, soferne sie nicht die Töchter oder Witwen von Berufskollegen waren, häufig den gesellschaftlichen Unterschichten oder Randgruppen entstammten.[466] Diese Beobachtung läßt sich auch für Vorarlberg verschiedentlich machen. So war ein Bregenzer Scharfrichter beispielsweise mit einer Vagantin verheiratet[467]; die Tochter eines Hohenemser Scharfrichters wählte einen vagierenden calvinischen Schweizer und vorgeblichen holländischen Deserteur zum Lebenspartner[468]. Bislang ist für Vorarlberg in keinem Fall eine Eheschließung zwischen einem Scharfrichter und einer Bürgerstochter belegbar. Welche Konsequenzen dies hätte haben können, zeigt uns ein Beispiel aus dem nahegelegenen Leutkirch im Allgäu. Als dort 1756 der ortsansässige Scharfrichter Johannes Vollmar die Schlosserstochter Regina Vogler heiraten wollte, erhielten die beiden vom Stadtrat die Eheerlaubnis nur unter der Bedingung, daß die Braut das von ihrem bereits verstorbenen Vater ererbte Haus zuvor verkaufte, da sie durch diese Eheschließung ihr Bürgerrecht verwirkte.[469] In diesem Zusammenhang ist es auch lohnend, einen Blick auf die Patenschaften der Scharfrichterskinder zu werfen. Die hier zu beobachtende Wahl der Paten aus dem Berufsfeld der Eltern ist ebenfalls nicht ungewöhnlich für die Frühe Neuzeit und findet auch in der »ehrlichen« Gesellschaft ihre Entsprechung. Aufschlußreich sind in diesem Zusammenhang auch jene Fälle, bei denen die Paten eben nicht aus demselben Berufsfeld stammten wie die Eltern. Hier begegnen uns in Vorarlberg häufig sogenannte »Mitleidspatenschaften«, die von Geistlichen, vor allem Kapuzinern, Schwestern aus karitativen Frauenorden, aber auch Amtsleuten und angesehenen Persönlichkeiten übernommen wurden.[470]

Die gesellschaftliche Isolierung der Scharfrichter und die allgemeine Tendenz der Zeit, den Ehepartner im eigenen beruflichen und gesellschaftlichen Umfeld zu suchen, sind aber lediglich zwei Gründe für die Bildung der Scharfrichterdynastien und deren genealogische Verflechtung, die, wie schon angedeutet, außergewöhnlich dicht war. Schon vor einiger Zeit wurde darauf hingewiesen, daß die Familienpolitik der Scharfrichter auch der Besitzvererbung diente[471].

Das Selbstverständnis der Scharfrichter glich in mancherlei Hinsicht dem der zünftigen Handwerker; so führten die Inhaber von Scharfrichterstellen beispielsweise den Titel »Meister«; Voraussetzung für eine Anstellung war die Ablegung eines Meisterstücks unter den Augen mehrerer Meister usf. Im Unterschied zum Handwerk fehlte bei den Scharfrichtern jedoch die zünftige Organisation, so daß Ausbildung, Anstellung etc. informellen Regeln folgen mußten. Die enge Verwandtschaft ersetzte somit den Berufsverband und gewährleistete eine den Anforderungen der Obrigkeit entsprechende Berufsausbildung.[472] Durch die überregionale Verflechtung der Scharfrichtersippen konnte nicht nur eine gute Ausbildung gesichert werden[473], es wurden auch Nachrichten über vakante Stellen in beeindruckender Schnelligkeit verbreitet.[474]

V. Unehrlichkeit

Begriffsbestimmung und Grundsätzliches

Die Scharfrichter des Spätmittelalters und der Frühen Neuzeit gehörten zusammen mit den Abdeckern und den Gerichtsdienern »zum harten Kern« der sogenannten unehrlichen Leute.[475] Die Wörter »unehrlich« und »Unehrlicheit« haben in der Frühen Neuzeit jeweils zwei unterschiedliche Bedeutungshorizonte. Diese werden in folgendem 1761 im Bregenzer Schreibkalender abgedruckten Witz thematisiert:

»Welches ist das aufrichtigste und redlichste Handwerk, da am wenigsten Betrug zu verbergen sey? Antw. ein Henker oder Nachrichter, der thut sein Werk frey offenbar, daß jedermann sehen mag.« [476]

Der Scherz gewinnt seine Wirkung aus der Doppeldeutigkeit des Begriffs der »Unehrlichkeit«. Neben der heute noch gebräuchlichen Bedeutung von »unehrlich«, im Sinne eines moralischen Defekts, konnte diese Bezeichnung eine »sozialmentale«[477] oder »rechtliche und soziale Kategorie« bedeuten, »die eine verminderte Rechtsstellung ganzer Berufsgruppen bewirkte«[478]. In diesem Sinne war eine Person entweder durch ihre Herkunft oder durch die Zugehörigkeit zu einer als unehrlich gedachten Profession, und zwar unabhängig von einem individuellen Fehlverhalten, »unehrlich«.[479] Unehrlichkeit kann nicht mit Ehrlosigkeit gleichgesetzt werden. Auch Scharfrichter verfügten über eine gruppenspezifische Ehre, die es zu bewahren galt, und konnten an dieser durchaus gestraft werden.[480]

In den normativen Quellen, den Scharfrichterordnungen, haben sich Spuren der Unehrlichkeit erhalten. So heißt es beispielsweise in der Anstellungsurkunde des Bregenzer Scharfrichters Jakob Vollmar aus dem Jahr 1574. »Es soll sich auch bemelter Nachrichter still und wesentlich halten, sich under die Gemeindsleuth in Zechen oder andern Gesellschaften nit thuen, sich auch in seiner Behausung enndthalten, Bürger unnd Gemeindtsleuth zu Bregenz nit anlehen oder Kauffung Wahr unnd essender Speiß nit ansetzen, sondern die selb all vierzehen Tag bezahlen, und khain frembde Nachrichter oder ander frembd Personen, wer die weren, bey Ihme Tag oder Nacht khains wegs aufhalten, noch den selben Herberg und Underschlauff geben.« [481]

Die zitierten Bestimmungen zielten darauf, den Kontakt zwischen Henker und Gesellschaft auf ein durch den Amtsverkehr bestimmtes Minimum zu reduzieren.

Während wir noch in der Anstellungsurkunde eines seiner Nachfolger, Wolf Vollmar, von 1608[482] eine ähnliche Formulierung finden, fehlt der erwähnte Abschnitt sowohl in den jüngeren Bregenzer Ordnungen als auch in ihren Hohenemser Gegenstücken.[483] Hier wird dem Scharfrichter in der zweiten Hälfte des 17. Jahrhunderts und im 18. Jahrhundert sogar wie jedem Gemeindemann Wald- und Wiesennutzung zugestanden.[484] Außerdem wurde er seit Mitte des 18. Jahrhunderts zusammen mit den anderen Gemeindeleuten im Vermögensverzeichnis geführt.[485] In den normativen Quellen aus Vorarlberg läßt sich also eine deutliche Tendenz in Richtung Normalisierung feststellen, die schließlich mit den bekannten Bemühungen Maria Theresias zur Einschränkung der Unehrlichkeit ihre Fortsetzung fanden. In zwei Dekreten aus den Jahren 1753 und 1772 beschränkte sie die »Unehrlichkeit« der Scharfrichter auf die Dauer ihrer Amtsausübung und befreite die anderen Familienmitglieder davon gänzlich.[486]

Um zu ergründen, welche Wirkung die Unehrlichkeit im Alltag der Scharfrichter hatte, müssen wir unseren Blick über den Bereich der normativen Quellen hinaus lenken. Ziehen wir andere Quellen in unsere Betrachtung mit ein, so stellen wir unweigerlich fest, daß die Haltung der Bevölkerung dem Scharfrichter gegenüber durchaus ambivalent war. Neben Bereichen und Situationen, in welchen der Umgang mit ihm oder sogar nur seine Berührung, selbst wenn sie ohne Absicht erfolgte, von der bürgerlichen Gesellschaft mit empfindlichen Sanktionen belegt wurde, gab es auch Bereiche, innerhalb derer ein Umgang mit ihm durchaus toleriert wurde.

»Schädliche« Kontakte

Zu diesen zählt der gesamte Bereich des peinlichen Strafvollzugs. So wurde es durchaus bereits als Angriff auf die persönliche Ehre gewertet, wenn jemandem nachgesagt wurde, er müsse die Arbeit des Henkers tun. 1668 brachte in Bludenz eine Frau Klage gegen eine andere ein, weil diese behauptet hatte, ihr Mann müsse bei der nächsten Hinrichtung, wenn kein Scharfrichter vorhanden sei, dem Delinquenten den Kopf abschlagen. Die Klägerin betonte, das sei »ein hohe beschelt- und Verschmähung« [487]. Wir haben auch schon gesehen, daß die entehrende Wirkung einer Strafe von den Gerichten über die Person des Scharfrichters gesteuert werden konnte. An dieser Stelle muß kurz auch auf die Werkzeuge des Scharfrichters einschließlich der Richtstätte eingegangen werden.

Exkurs: Galgen und Galgenbau

Der Galgen spielte im peinlichen Strafsystem eine zentrale Rolle. Erstens wurden hier neben den Hinrichtungen mit dem Strang auch die meisten anderen Todesurteile vollstreckt. Zweitens wurden die Leichen der Hingerichteten in der Regel unter dem Hochgericht, also unter dem Galgen beigesetzt. 1584 begrub man in Bludenz die durch Ertränken hingerichtete Kindsmörderin Katherina Ganitzerin ebenso unter dem Galgen oder Hochgericht[488] wie eine Reihe von Selbstmördern[489]. Die Verweigerung der Beisetzung in der geweihten Erde des Friedhofes war durchaus ein Bestandteil der Strafe. Die »Menschen des Mittelalters und der beginnenden Neuzeit [...] verfolgten den Toten bis vor den Richterstuhl Gottes«[490], wie es Philippe Aries ausdrückt. Die Beisetzung eines hingerichteten Delinquenten unter dem Galgen zielte auf seine ewige Seligkeit. Wer dort bestattet wurde, mußte nach einer verbreiteten Ansicht »ein unerlöst leidendes, meist örtlich gebundenes Dasein« führen.[491] Darüber hinaus wurde so durchaus auch die Ehre der überlebenden Verwandten getrof-

Abb. 9: Der dreistemplige Bregenzer Galgen bei der Klause zur Zeit des Dreißigjährigen Krieges.

fen und vermindert. Wie folgenreich dies für den mittelalterlichen und frühneuzeitlichen Menschen war, können wir erahnen, wenn wir bedenken, daß noch 1681 in Feldkirch von einem Hexengeschlecht die Rede war, dessen Eltern unter dem Galgen beerdigt sind. Hier wird geradezu ein ursächlicher Zusammenhang zwischen dem verruchten Bestattungsort der Vorfahren und der Hexerei ihrer Kinder hergestellt.[492] Die Schande der Beisetzung unter dem Galgen wurde einheimischen Delinquenten und ihren Angehörigen manchmal erspart, insbesondere dann, wenn mildernde Umstände vorlagen. So wurde beispielweise Maria Alge aus Lustenau, die am ersten Weihnachtsfeiertag des Jahres 1737 ihr einjährigens Kind – offensichtlich im Zustande geistiger Verwirrung – getötet hatte[493], nach ihrer Hinrichtung durch das Schwert auf dem örtlichen Friedhof beigesetzt, und zwar nach katholischem Ritus, wie der Pfarrer im Sterbebuch eigens betonte.[494]

Bei manchen Hinrichtungsarten wurde die Entehrung noch dadurch gesteigert, daß der Körper des Getöteten nicht sofort begraben wurde, sondern daß der Leichnam an der Richtstätte für alle sichtbar vermodern mußte. Dies war vor allem beim Hängen der Fall, wenn der Körper der Hingerichteten sowohl aus Gründen der Abschreckung als auch aus Gründen der Strafverschärfung – langes Hängen eines Leichnams am Galgen galt als besonders entehrend – über eine längere Zeitspanne, gelegentlich sogar bis zur völligen Verwesung am Galgen hängen blieb. Doch auch bei Hinrichtungen mit dem Schwert konnte verfügt werden, daß der abgeschlagene Kopf auf einen Pfahl oder den Galgen aufgesteckt werden soll. Noch im Anstellungsvertrag für Johann Peter I. Vollmar aus dem Jahr

1762 ist dafür eine Taxe von 3 fl. vorgesehen. Im selben Vertrag heißt es auch, der Körper eines Gehängten solle bis zum Verwesen am Galgen hängen bleiben. Erst wenn er dann herabfiel, wurde er vom Scharfrichter unter dem Galgen vergraben, wofür dieser ebenfalls 3 fl. erhielt. Allerdings wurde damals auch die Möglichkeit einer sofortigen Beerdingung in Betracht gezogen, die aber von der Obrigkeit eigens angeordnet werden mußte.[495]

In seltenen Fällen, wenn kein Scharfrichter verfügbar war, konnte der herabgefallene Kadaver eines Hingerichteten auch von einem anderen begraben werden. Als 1585 der Körper eines Hingerichteten, der schon lange Zeit am Bludenzer Galgen gehangen war, herabfiel, wurde ein »arme[r] pedtler« mit 2 pfd. 6 sch. 8 pf. dafür entlohnt, daß er die Überreste vergrub.[496] Die Zuweisung dieser Tätigkeit an einen armen Bettler, also einen Randständigen, wirft ein bezeichnendes Bild auf die entehrende Seite dieser Tätigkeit.

Gelegentlich hingen die Leichen Hingerichteter jahrelang am Galgen. Dabei ordnete die Obrigkeit hin und wieder sogar an, daß herabgefallene Körper erneut aufgehängt wurden. Dies geschah noch um 1753 in Hohenems. Damals stellte der örtliche Scharfrichter Michel Reichle beim Rentamt 1 fl. und 45 kr. »wegen deren vor Jahren allhier justificierten und aniezo wider höcher auffgehenkhten Corpern« in Rechnug.[497]

Im ausgehenden 18. Jahrhundert scheinen jedoch die Behörden diese Art der Bestrafung und der Abschreckung nicht mehr für zeitgemäß gehalten zu haben. So wandte sich im Mai 1777 das Bregenzer Oberamt mit der Bitte an den Regierungs- und Kammerpräsidenten der österreichischen Vorlande, die grausigen Überreste des Strafvollzugs vom Hochgericht entfernen zu dürfen, und erhielt folgende Antwort: »Es waltet kein Bedenken vor, das die toden Körper von dem dortendigen Galgen, auch die gerippe, und Köpf von denen Rädern und Pfählen abgenommen und in die Erde verscharret werden können.«[498]

Wie wir schon gesehen haben, konnte bei einer Leibstrafe die ehrvermindernde Wirkung dadurch eine Steigerung erfahren, daß der Vollzug beim Galgen erfolgte oder von hier seinen Ausgang nahm. In diesem Zusammenhang ist gelegentlich sogar ausdrücklich von »der verschmechten statt, dem galgen« die Rede.[499]

Der Galgen ist außerdem eine Stätte, um die sich eine Reihe von magischen Vorstellungen ranken.[500] Bis heute hat sich als primitives Relikt die Vorstellung gehalten, daß dem Galgenholz magische Kraft innewohnt. So wurde beispielsweise der elektrische Stuhl, der im US-Bundesstaat Tennessee in Verwendung stand, 1916 aus dem Eichenholz des früher gebräuchlichen Galgens gefertigt. Als vor einigen Jahren ein neuer »Stuhl« angefertigt wurde, erhielt der Hersteller die Auflage, das alte Galgenholz in diesen einzuarbeiten, was ihm erhebliche Schwierigkeiten bereitete.[501]

Die Berührung des Galgens konnte für einen »Ehrlichen« schwerwiegende Folgen nach sich ziehen. Sie führte mitunter ebenso zum Ehrverlust wie eine peinliche Strafe. Es ist daher nicht weiter verwunderlich, daß »Ehrliche« die Richtstätte, wenn möglich, mieden. Die Begutachtung des Galgens und seiner Funktionstüchtigkeit oblag naturgemäß dem Scharfrichter. Dies wurde in den Anstellungsverträgen in der Regel ausdrücklich festgehalten. Noch 1762 mußte der Bregenzer Scharfrichter Johann Peter I. Vollmar den Galgen vor jeder Hinrichtung mit dem Strang auf Beschädigungen untersuchen.[502] Dabei ging es im wesentlichen darum festzustellen, ob der Querbalken, an dem der Strick befestigt wurde, nicht morsch oder verfault war, wie ein undatiertes Bregenzer Schreiben aus dem 18. Jahrhundert zeigt.[503] Auch kleinere Reparaturen scheint man, wenn möglich, dem Scharfrichter überlassen zu haben. So erhielt der Hohenemser Scharfrichter Michael Reichle im Juni 1754 1 fl. 20 kr. für das Aufrichten der Galgensäulen am Monstein und am Landgraben[504].

Die Errichtung eines Galgens oder dessen Reparatur war jedoch oft ohne die Mitwirkung fachkundiger Handwerker nicht möglich. Die »ehrliche« Gesellschaft stand vor einem Dilemma: Einerseits scheuten sich die Handwerker davor, Hand anzulegen, andererseits wollte man den Zerfall der Hochgerichte tunlichst vermeiden, selbst dann, wenn kein unmittelbarer praktischer Bedarf bestand, galten sie doch durchaus auch als Prestigeobjekte. Der Galgen war ein Symbol für die Hochgerichtsbarkeit, ein Herrschaftszeichen schlechthin[505] und somit der sichtbare Ausdruck der eigenen Unabhängigkeit und Selbständigkeit[506]. Ein ansehnlicher und stattlicher Galgen war mithin auch etwas, worauf man stolz sein konnte. Er war im Krieg mitunter ein beliebtes Angriffsziel, und seine Zerstörung wurde meist als sehr schmerzlich empfunden. Für die Schweiz sind für das 15. und 16. Jahrhundert mehrere »Galgenkriege« bezeugt[507]. Auch im Bereich Vorarlbergs wurden die Galgen gelegentlich zu Zankobjekten zwischen der Herrschaft und ihren Untertanen. 1735 und 1748 versuchten die Grafen von Hohenems zweimal, den Hofleuten von Lustenau ihr Recht streitig zu machen, Todesurteile auf der eigenen, reichshöfischen Richtstätte zu vollstrecken. In beiden Fällen setzten sich die Lustenauer, wenn auch nur mit viel Mühe, durch[508].

Sollten also die Galgen vor dem Zerfall geschützt und in einem stattlichen Zustand erhalten werden, mußte eine Strategie gefunden werden, um die ehrvermindernde Wirkung ihrer Berührung vorübergehend außer Kraft zu setzen. Die Lösung wurde meist in einer kollektiven Teilnahme aller Handwerker eines Gerichts, in einer starken Ritualisierung der Arbeiten sowie in einer genauen Reglementierung der nötigen Berührungen des Galgens gefunden. Wie dies konkret vor sich ging, kann an einem Beispiel aus dem Gericht Sulzberg im Bregenzerwald verdeutlicht werden. Als zu Beginn des Jahres 1697 das dortige Hochgericht, also der Galgen, auf Befehl des Oberamtes in Bregenz wieder aufgerichtet werden mußte, wurden alle Zimmerleute, Maurer, Schreiner, Schlosser und Schmiede des Gerichts, 45 an der Zahl, zusammengerufen und zum Richtplatz geführt. Das weitere Vorgehen schildert uns der ortsansässige Steuerschreiber Peter Vögl wie folgt:

Die Handwerker »sindt umb die noch stende Saull her umb gegangen und hat Ein Jeder handtwerkhs mann mit seinem Instreu Mendt Mößen Einen streich an die Saull oder stockh thuen, wie vor altem hero auch geschechen, nach Mahlen sindt die Zimer Leüth Zum Holz Werckh gangen, selbiges zu Zu gericht. Die Maurer und schmidt habendt die Löcher gerumbt, daß man das hoch gericht hat können auf richten. Ist also in gesambter handt geschechen, wie vom Alter hero ohne alle in und widerredt«[509].

Der Galgen wurde von allen ortsansässigen Handwerkern gemeinsam repariert. Jeder mußte, offenbar in einer genau festgelegten Reihenfolge, Hand anlegen. Was für den einzelnen schlimme Folgen haben konnte, geschah nun »in gesambter handt« ohne jede Schwierigkeiten, wie von alters her üblich. Durch die kollektive Teilnahme wurde eine Art »Komplizenschaft« erzeugt. So konnte die Ehre des einzelnen gewahrt werden. Die normgebende Gesellschaft schuf so die Voraussetzung, die sittlichen Normen kurzfristig wieder aufzuheben[510]. Diese Strategie wird dann noch deutlicher, wenn die Vertreter der Obrigkeit an dem ganzen Spektakel teilnehmen, wie etwa 1682 im Reichshof Lustenau. Neben mehr als dreißig Handwerkern beteiligten sich dort auch noch der Hohenemser Oberamtmann, der Pfarrer, der Frühmesser und der Hofammann an der Errichtung des Hochgerichts[511].

Wenn allerdings aus irgendwelchen Gründen eine Reparatur nicht durch das Kollektiv aller Handwerker erfolgen konnte, ergaben sich immer wieder Schwierigkeiten. Das war vor allem bei kleineren Ausbesserungen oder bei Erneuerungen von Prangern der Fall.

Als im Mai 1585 Davit Praunschweiler aus Sommerau in Bludenz wegen eines nächtlichen Pferdediebstahls gehängt werden sollte, mußte der Galgen erneuert werden. An den Arbeiten am Hochgericht beteiligten sich acht Zimmerleute, vier Maurer, der Gerichtswaibel und zwei Feuerleute. In den Amtsrechnungen ist auch eine Mitwirkung von Ammann Rudolf Lorenz, Ammann Hardtman, des Gerichtswaibels und des Nenzinger Waibels bezeugt, »welliche ordnung geben, die zymerleuth, maurer und fuerleuth um obbemelter sachen willen zusamen zu fordern« hatten.[512]

Hier wurde die »Komplizenschaft« in kleinerem Kreis erzeugt. Die Mitwirkung hoher Amtspersonen sollte die angestrebte Wirkung noch steigern. Dennoch war die Kraft dieser Maßnahme nicht so stark wie bei der »gesamten Hand«. Jene, die Hand anlegen mußten, waren, wenn wie im zitierten Fall nicht alle ortsansässigen Handwerker beteiligt wurden, trotz allem weiterhin oft der üblen Nachrede der anderen ausgesetzt. Daher sahen sich die Behörden gelegentlich gezwungen, den Ruf der Betroffenen zu schützen, indem sie jede üble Nachrede unter die Androhung hoher Geldstrafen stellten. Als im Oktober 1741 der Pranger in Bludenz neu aufgerichtet werden mußte, wurde allen ansässigen Maurern und Schlossern bei Androhung einer Strafe von 10 fl. zu erscheinen befohlen. Durch das Los bestimmte man danach die erforderliche Anzahl aus ihrem Kreis. Lediglich »Gottes Gewalt« und »Leibsnoth, die allenfals mit einem Aydt besteift« werden mußte, wurden als Entschuldigung anerkannt. Vom Erscheinen befreit waren nur jene Handwerker, die gerade im Ausland, aber mindestens drei Meilen außerhalb der Gerichtsgrenzen tätig waren. Bei einer Strafe in Höhe von einer Mark Goldes wurde es den nicht Betroffenen verboten, den Ausgelosten etwas »in Unehren deswegen vorzuwerfen« [513].

Auch bei der Herstellung anderer Instrumente, welche der Scharfrichter zum Vollzug einer Todes- oder Körperstrafe benötigte, scheinen ähnliche Hemmungen bei den Handwerkern wirksam geworden zu sein. In diesen Fällen versuchte man das Problem zu lösen, indem man möglichst viele Handwerker an der Herstellung beteiligte. So brauchte es 1635 in Bludenz fünf Schmiede, um die eisernen Zangen zu fertigen, mit welchen eine Kindsmörderin vor der Enthauptung gezwickt werden sollte. Der Stock, »darauff sy gebunden« , wurde von vier Zimmermeistern hergestellt.[514] An der Herstellung des Rades, auf das 1642 in Bludenz ein zuvor enthaupteter Frauenmörder gelegt wurde, waren nicht weniger als sechs Rädermacher beteiligt.[515]

Zwangloser Umgang

Keinerlei Schwierigkeiten im Umgang oder Berührungsängste zeigten sich hingegen, wie bereits dargelegt, wenn der Hohenemser Scharfrichter, der zugleich auch Wasenmeister (Abdecker) war, als Gutachter beim Pferdehandel auftrat. Dabei wurde er ohne weiteres auch in Privathäuser geladen.[516] Auch wenn der Scharfrichter als Veterinär um Rat gefragt wurde, geschah das ohne Gefahr für die eigene Ehre. Dasselbe gilt für den Fall, daß der Scharfrichter als Humanmediziner konsultiert wurde. Der Bregenzer Scharfrichter scheint im ausgehenden 17. Jahrhundert so häufig von Kranken um Rat gefragt worden zu sein, daß er zu einer Konkurrenz für die ortsansässigen Ärzte wurde. In seiner Dienstordnung von 1695 wurde ihm »bey Verlust des Dienstes verboten, keine medicamenta und Arzenayen, so sonst einem graduierten Medico für zuschreiben und zue verordnen gebühren, auszugeben.«[517]

Ohne Berührungsängste scheinen auch Baumaßnahmen an den Scharfrichterhäusern vor sich gegangen zu sein. Wie schon angeführt wurde, besitzen wir zahlreiche Nachrichten über Reparaturen am Bregenzer Scharfrichterhaus. In diesem Zusammenhang fehlt jeglicher Hinweis dafür, daß sich Handwerker geweigert hätten, aus Furcht um ihre Ehre, Hand anzulegen.

Zu jenen Bereichen, in denen ein zwangloser Umgang mit den Scharfrichtern möglich war, zählten weiters die Kreditgeschäfte. So konnte sich der Hohenemser Scharfrichter im 18. Jahrhundert offenbar ohne größere Schwierigkeiten Geld ausleihen. Die Kreditbriefe wurden wie bei jedem anderen abgeschlossen, wie ein Streit zwischen dem Scharfrichter Michel Reichle und der Feldkircher Kronenwirtin aus dem Jahr 1745 belegt: Damals klagte Carle Jeger aus Steinach wider den Hohenemser Scharfrichter Michel Reichle, weil dieser seiner Mandantin, Frau Grebertin, der alten Kronenwirtin zu Feldkirch, 400 fl. schuldig sei. Er habe diese Schuld und die ausständigen Zinsen nicht zur Gänze zurückbezahlt, obwohl der Kreditbrief entsprechend dem Landrecht bereits vor zwei Jahren gekündigt worden sei. Michel Reichle brachte dagegen vor, daß er das Geld nicht bei der besagten Grebertin, sondern beim Baurenwirt Johannes Lutz ausgeliehen habe. Über Bescheid erfolgte eine neuerliche Aufkündigung des Kapitals. Nach Landsbrauch sollte ein halbes Jahr später fortgefahren werden. Die ausständigen Zinsen mußte Reichle »auf Schub abführen«. Ein Regreß blieb ihm vorbehalten.[518]

Das Vermögensverzeichnis der Grafschaft Hohenems von 1747, in welches der Scharfrichter wie jedes andere Mitglied der Hohenemser Christengemeinde aufgenommen wurde, belegt, daß Michel Reichle in ähnlich drastischer Weise verschuldet war wie ein Großteil der Hohenemser Untertanen: Einem Vermögen von 100 fl., bestehend aus aus zweimähdigem Boden im Wert von 50 fl., einem Haus im Wert von 30 fl. und Vieh im Wert von 20 fl., standen Schulden in Höhe von 560 fl. gegenüber. Die Witwe seines Vorgängers, Johannes Reichle, hatte neben einem Vermögen von 75 fl., das zur Gänze aus zweimähdigem Boden bestand, Schulden in Höhe von 50 fl.[519]

Die sozialen Auswirkungen der Unehrlichkeit

All dies dürfte hinlänglich verdeutlichen, daß die Unehrlichkeit weder mit Ehrlosigkeit gleichgesetzt werden darf, noch daß sie gleichsam automatisch eine völlige soziale Desintegration mit sich brachte. Gerade die Scharfrichter verfügten durchaus über eine gruppenspezifische Ehre, deren Normen sich von jenen der bürgerlichen Gesellschaft nicht sehr unterschieden. Sie legten Wert auf eheliche Herkunft, ließen sich bei ihrem Abschied »ehrliches« und anständiges Verhalten bestätigen; sie führten standesbewußt den Titel Meister und achteten auf eine genau geregelte und gute Ausbildung, die jener des zünftigen Handwerks ähnelte; sie traten bei Bewerbungen durchaus selbstbewußt auf und setzten dabei nicht selten ihre

Vorstellungen bezüglich der Dienstverträge durch.[520] Auch die Ehre der Scharfrichter war bei Normverletzungen durchaus gefährdet, wie die mancherorts an ihnen vollstreckten Ehrenstrafen, beispielsweise das Prangerstehen, bezeugen.[521]

Zu sozialer Desintegration kam es in erster Linie dann, wenn zur Unehrlichkeit noch Dienstlosigkeit und Nichtseßhaftigkeit kamen.[522] Dies kann verdeutlicht werden, wenn wir zwei Fälle einander gegenüberstellen, die sich übrigens beide nach der Aufhebung der Unehrlichkeit für die Angehörigen von Scharfrichtern ereigneten.

1763 verließ Anna Maria Vollmar, eine Tochter des Bregenzer Scharfrichters, zusammen mit ihrer Schwester Maria Theresia ihre Heimatstadt, um sich anderswo nierderzulassen. Bei dieser Gelegenheit ließ sie sich vom Oberamt in Bregenz ihre Ehrlichkeit bestätigen.[523] Unter Berufung auf die kaiserliche Entscheidung von 1753 wurde in einem Zeugnis festgehalten, daß »Vorweiserin dises, Anna Maria Vollmarin, dess Meister Jacob Vollmars gewesten Scharpfrichters seel. in Vorarlberg, ehelich erzeugte Dochter gehor. vor- und angebracht, wasmassen sie vorhabens were, ihr Glückh andertwertig zue suechen und sich, wie andere ohnbemakhlete persohnen haushäblichen niderzuelassen, mit dem in dem gestelten bittlichen Anlangen wär ihro, die wegen ihrem Vatter seel. aufhabende Maceel abnehmenn, daß sie in den Standt deren Ehrlich. und ohnbemakhleten Leuthen sezen, sofortt allen Vorschub geben möchten, damit sie diser anererbten Maceel halber für iezt und in das künfftige keine Vorwürff mehr zue besorgen habe.«[524] Anna Maria ging bald darauf eine Lebensgemeinschaft mit dem Stockacher Scharfrichter Jacob Rueff

Abb. 10: Darstellung eines Scharfrichters bei einer Enthauptung, Miniatur auf dem Bregenzer Richtschwert.

ein, welche allerdings nie durch eine Eheschließung legitimiert wurde. 1769 kam es deswegen zu einer Auseinandersetzung zwischen den beiden vor dem Bregenzer Oberamt. Anna Maria, die inzwischen ein Kind von Jacob Rueff bekommen hatte, klagte gegen jenen, weil er das ihr gegebenen Eheversprechen nicht eingehalten hatte. Sie verlangte, »daß ihro Jacob Rueff in 3 Jahrs-Fristen einschlussl. des hierunter begriffenen anleyhens pr 100 fl. in Suma 150 fl. erlege, hierumen zumal der disortige scharfrichter und bruder der geschwängerten auf erhaltene ruckburgschaft von der nun verstorben sein sollenden Rosa Ruefin bürg und Zahler seyn solle.« Anna Maria beklagte sich, daß sie »von sothanen bereits verflossenen 3 Ziehlen mehr nicht dan 50 fl. empfangen zu haben, und in Beystandschaft ihres expromittierenden Bruders Peter Vollmar zu ausreichung der Fridtseligkeit zwischen ihnen geschätigten den principaliter debitierenden Jacob Ruef bey Euern und unseren richtern zu belangen gewillet und von darummen allerdings genusset ist, weil selbe ein ihrem stad convleiente Verehlichung in Tyrol getroffen, mithin ihr weniges Vermögen an sich zu ziehen und nicht in der Fern auf dem ungewissen behangen lassen kan.« Die Forderungen Anna Marias wurden schließlich sowohl vom Bregenzer als auch vom Stockacher Oberamt, welches dem eigenen Schafrichter wiederholt die Exekution androhte, als gerechtfertigt betrachtet und unterstützt.[525] Sie lebte fortan im Hause ihres Bruders, des Bregenzer Scharfrichters Peter Vollmar.[526]

Einige Jahre später konnte die Tochter des letzten Hohenemser Scharfrichters, Johann Georg Vollmar, nicht auf die Unterstützung ihrer angestammten Obrigkeit zählen. Sie erregte 1777 das heftige Mißfallen des Hohenemser Oberamtes: »Nach vorherig zweymaliger unehelicher Schwängerung« hatte sie sich »neuerdings an einen hergelaufenen kalvinischen Schweizer, und vorgeblich holländischen Deserteur gehänget.« Sie hatte sich mit ihrem neuen Lebensgefährten in die Schweiz begeben, wo sie »in beständigem ofentlichen Hurenwandel« mit ihm herumgezogen sei, bis sie zum dritten Mal schwanger wurde. Als sie nun auch noch »den wahren Glauben« verlassen und »die kalvinische Irrlehr« annehmen wollte, überschritt sie eine gefährliche Grenze. Da sie von diesem Vorhaben nicht abgebracht werden konnte und da sie auch nicht in ihr katholisches Vaterland zurückkehren wollte, verlor sie schließlich das Schutzrecht der Grafschaft Hohenems. Ihr gesamtes Vermögen verfiel dem Fiskus, und ihrem Vater wurde verboten, ihr testamentarisch etwas zu hinterlassen.[527] Über ihr weiteres Schicksal sind wir nicht informiert. Es scheint aber nicht besonders unwahrscheinlich, daß sie ihr Leben von diesem Zeitpunkt an als Landfahrerin fristete. Etwa zur selben Zeit führten ähnliche Normverletzungen nicht wenige Frauen aus bürgerlichem oder bäuerlichem Milieu in die soziale Desintegration. Es ist zu betonen, daß die wirtschaftliche Situation dabei allerdings eine bedeutende Rolle spielte. In Zeiten der wirtschaftlichen Krisen reagierte die Gesellschaft auf Normverletzungen bekanntlich bedeutend empfindlicher[528].

Neben dem wohl schwerwiegenderen Verstoß gegen die Normen dürfte vor allem das Verlassen des Hauses, der Schritt in die Nicht-Seßhaftigkeit, den Unterschied ausgemacht haben.

Die soziale Absicherung fand auch bei den Scharfrichtern hauptsächlich im Rahmen der Familie statt. Wie schon im Abschnitt über die genealogische Verflechtung gezeigt wurde, besteht durchaus Anlaß zur Annahme, daß ausgebildete Verwandte, die noch nicht über eine eigene Anstellung verfügten, als Knechte oder Wasenmeister untergebracht wurden. Insbesondere den Verwandten der Hohenemser Scharfrichter, auch den angeheirateten, stand in diesem Zusammenhang das Freimannshaus unter dem Kapf in Feldkirch zur Verfügung.

Sozialkontakte fanden in der Regel hauptsächlich innerhalb der eigenen Berufsgruppe statt. Gemeinsame Festivitäten sind ein deutliches Indiz dafür. 1680 wurden in Feldkirch fünf Scharfrichter, Meister Dietrich Metz von Bregenz, Meister Hieronymus Oberholzer, Meister Franz Ziffer, Meister Hans Jerg Wockher und Meister Christoff Müller, jeweils zu einer Geldstrafe von 1 fl. oder 5 pfd. verurteilt, »umb willen sie über ausgangne kaiserl. Mandata und obrigkhaitliche Verpott Spielleuth gehalten und getanzt.« [529] Ehepartnerinnen und Trauzeugen, in einem gewissen Maße auch die Taufpaten, stammten, wie bereits angedeutet, hauptsächlich aus der eigenen Berufsgruppe. Auch nach der Befreiung von der Unehrlichkeit änderte sich daran zunächst kaum etwas, wie das gerade geschilderte Schicksal der Anna Maria Vollmar zeigt.

Hinter dem geschilderten Sachverhalt verbirgt sich gleichermaßen eine gewisse Ausgrenzung von seiten der bürgerlichen Gesellschaft wie ein nicht unerhebliches Standesbewußtsein. Überhaupt ist eine genealogische Verknüpfung von Berufsgruppen ein nicht nur für die städtische, sondern gerade auch für die dörfliche Gesellschaft der Frühen Neuzeit typisches Phänomen.[530]

Auffallend ist, daß die Unehrlichkeit der Scharfrichter vor allem im Dunstkreis der Zünfte thematisiert wurde. Zu Beginn des 18. Jahrhunderts handelte sich in Bludenz ein Zunftmitglied der Bader erhebliche Schwierigkeiten ein, weil er zugelassen hatte, daß der Wasenknecht in seinem Haus einen toten Hund abzog.[531] Noch 1771 bat der Hohenemser Gerichtsdiener, der Hafnermeister Franz Anton Schnetzer, darum, den wegen zahlreicher Diebstähle zum Tod durch den Strang verurteilten Johann Georg Beer aus dem Thurgau nicht persönlich dem Scharfrichter übergeben zu müssen. Er wollte sich darin durch Anton Mathis vertreten lassen. Die direkte Begegnung mit dem Scharfrichter erschien Schnetzer offenbar als nicht opportun für sein Handwerk.[532] Ähnliche Beweggründe könnten schon 1680 einen namentlich nicht genannten Waibel aus Rankweil dazu veranlaßt haben, sich bei seinem Rücktritt ein Attest ausstellen zu lassen, das bestätigte, daß er nicht mit Malefizpersonen umgegangen sei und deswegen nicht »nachtheilig« sein solle.[533] Vor dem Hintergrund der Ehrvorstellungen der Zünfte zeichnete sich die Unehrlichkeit besonders deutlich ab. Um dies wenigstens ansatzweise zu erklären, soll nun ein kurzer Blick auf die möglichen Ursachen geworfen werden, die zur Ausformung der Unehrlichkeit führten.

Die Ursachen der Unehrlichkeit

Über Ursache und Entstehung der Unehrlichkeit der Scharfrichter herrscht in der Forschung keineswegs Einhelligkeit. Es ist hier auch nicht der Ort, alle diesbezüglichen Theorien zu referieren und zu diskutieren.[534] M. E. spricht vieles dafür, daß der Ursprung der »Unehrlichkeit« des Scharfrichters in der ihm von der Gesellschaft zugewiesenen Tötungslizenz zu suchen ist. Die Verhaltensforschung hat nachgewiesen, »daß die individualisierte Aggression des Menschen durch eine Reihe von angeborenen Verhaltensweisen wirksam unter Kontrolle gehalten wird«[535]. So ist in allen Kulturen »die Hemmung, einen Mitmenschen zu töten«[536] ausgeprägt. Diese Tötungshemmung kann unter gewissen Bedingungen aufgehoben werden, so beispielsweise im Krieg oder bei einer Hinrichtung. Diese »gleichsam konzessionierten Organisationsformen« des Tötens sind jeweils stark ritualisiert.[537] Erfolgt eine Tötung durch die Gemeinschaft gleichsam »in globo«, so verteilt sich die Schuld auf alle Mitglieder der Gesellschaft, und es kommt nicht zu einer Stigmatisierung der Betroffenen.[538] Überdies ist bei dieser Form der Hinrichtung eines Menschen verschleiert, wessen Handlung eigentlich zum Tod des Betreffenden führte, eine Strategie, die auch heute noch oft in jenen westlichen Staaten zur Anwendung kommt, welche die Todesstrafe beibehalten haben.[539] Dies ist außer bei der allgemeinen Wehrpflicht auch bei der Hinrichtung durch die gesamte Hand der Fall, wie sie sowohl in der griechisch-römischen Antike[540] als auch im germanisch bestimmten Frühmittelalter[541] üblich war, als die Todesstrafe von ganzen Gruppen der Gesellschaft oder gar von einer Gemeinde in ihrer Gesamtheit vollstreckt wurde. Gelegentlich übertrug man dieses Amt auch fallweise einem einzelnen, etwa dem Geschädigten selbst oder dem jüngsten Schöffen oder dem jüngsten Ehemann einer Gemeinde. Noch im Stadtrecht von Eferding aus dem Jahr 1415 heißt es: »Auch schol der richter vnd der rat ainen nachrichter seczen, als offt des nat beschiecht. Wer aber das der richter vnd der rat darinne stössig vnd nicht aynig weren, so schüllen wir ainen vnder den pürgern darczue schaffen, der nücz vnd willig sey. Der schol dann dem richter sweren vns czu vnsern rechten vnd den pürgern zu iren rechten.«[542] Hier amtierte bei Bedarf irgendein Bürger als »Nachrichter«. Auch in diesem Zusammenhang zog der Vollzug einer Hinrichtung keineswegs Infamie oder Unehrlichkeit nach sich. Zwar war im Unterschied zur Hinrichtung durch die gesamte Hand nun eine eindeutige Zuordnung der Tötungshandlung zu einer einzelnen Person im jeweiligen Fall möglich, aber es war noch nicht zu einer Professionalisierung und Monopolisierung der Tötungslizenz gekommen. Der »Gelegenheitsscharfrichter« nahm offensichtlich noch keine Sonderstellung ein. Dieses System scheint allerdings mit dem Auftreten der ersten berufsmäßigen Scharfrichter allmählich ins Wanken geraten zu sein. In der Übergangszeit, als es vielerorts bereits monopolisierte Scharfrichter gab, mancherorts aber immer noch im Bedarfsfall »Gelegenheitsscharfrichter« bestimmt wurden, beginnen sich die Nachrichten darüber zu häufen, daß dieses Amt nur unter Zwang angenommen wurde. In Appenzell wurde 1404 ein zum Tode verurteilter Dieb mit der Auflage begnadigt, daß er das Scharfrichteramt ausübte, da sich freiwillig niemand fand, der eine Hinrichtung vornehmen wollte.[543] 1475 mußte Hans Rintfleisch aus Breslau in Plotzk einen Dieb, der ihn bestohlen hatte, selbst zum Galgen führen. Als er sich sträubte, wurde ihm erklärt, daß er im Weigerungsfall nach Plotzker Recht selbst an den Galgen kommen würde.[544]

Ab dem Zeitpunkt, da Hinrichtungen ausschließlich vom professionellen Scharfrichter vollstreckt wurden, wies ihm die Gesellschaft auch eine Sonderstellung zu. Durch diese Professionalisierung verlor der größte Teil der Bevölkerung den legalen Zugang zum Töten. Die Schuld, die der Mensch beim Töten eines Mitmenschen fühlt, teilte sich nun nicht mehr auf eine große Anzahl Beteiligter auf, sondern konzentrierte sich in der Person des Henkers, dem schon allein dadurch eine Sonderstellung zukam. Gleichzeitig stieg »jener durch nichts zu beschreibende Nervenkitzel, der – eine Mischung aus Grauen und Erleichterung über das Nicht-Betroffen-Sein – im Zuschauer beim Sterben – am intensivsten beim blutigen Sterben – eines Menschen (mit vermindertem Effekt auch beim Verenden eines Tieres) entsteht«[545]. Wurde der Inhaber der Tötungslizenz stigmatisiert, wurde, wie Gladigow es ausdrückt, »die Fiktion aufrechterhalten, innerhalb der Gruppe sei eine Tötung eigentlich nicht möglich«[546]. Dies genügte, um dem berufsmäßigen Scharfrichter eine »Sonderposition« oder »Randstellung«[547], wie sie in praktisch allen Gesellschaften bezeugt ist, zuzuweisen.

Eine zweite Wurzel der Sonderstellung der Scharfrichter liegt im Bereich volksmagischer Vorstellungen. Bekanntlich galten gerade Geburt und Tod, vor allem der unnatürliche, gewaltsame, als in besonderer Weise magisch belastete Situationen. Nicht zuletzt war es die Nähe zu diesen Situationen – Geburt und im Zusammenhang mit der Krankenpflege auch der Tod –, welche der Frau einen besonderen magischen Nimbus zuwies.[548] »Wer Menschen, besser lebende Wesen überhaupt tötet, wird noch von Tabus umwittert, und der Scharfrichter ist einer von ihnen.«[549] So formulierte es von Hentig. Der Ursprung dieses Tabus liegt für ihn im Ursprung der Todesstrafe, in Menschenopfern sowie in »älteren magischen Anschauungen«[550]. Ein »Tötungstabu« läßt sich nicht nur bei den Scharfrichtern beobachten; in vielen Kulturen mußten sich deswegen auch Soldaten rituellen Reinigungen unterziehen, nachdem sie im Krieg getötet hatten.[551] Daß sich daraus in diesem Fall keine so gravierenden Konsequenzen ergaben wie für die Scharfrichter, ist damit erklärbar, daß in diesem Zusammenhang eine »Notwehrsituation« gesehen werden kann.[552] Spuren des Tötungstabus finden sich weiters auch bei Metzgern, die beispielsweise in den USA gewohnheitsmäßig »als Geschworene abgelehnt« werden u.a.[553]. Bei primitiven Völkern, die Tieren in gleicher Weise wie den Menschen eine Seele zuschreiben, lassen sich Tötungstabu und Tötungshemmung auch in Zusammenhang mit der Jagd beobachten. Unter den Jagdsitten kann man eine Reihe von Maßnahmen nachweisen, die darauf zielen, die Kausalität bei der Erlegung des Tieres zu verschleiern, das erlegte Tier bzw. seine Artgenossen zu versöhnen u.ä.[554] Im waidgerechten Töten können wir vielleicht ein unbewußtes, nicht mehr verstandenes Relikt dieser alten Auffassungen erkennen.[555]

Weder die Tötungshemmung noch das Tötungstabu müssen jedoch zwingend in die Unehrlichkeit münden. Sie weisen dem Scharfrichter lediglich eine Sonderstellung zu, die sowohl eine positive als auch eine negative Ausformung erhalten kann. Obwohl diese Erkenntnis keineswegs neu ist – m.W. wurde sie in einer 1703 erschienen juridischen Dissertation erstmals formuliert[556] – wird sie von modernen Forschern, die sich mit diesem Themenkreis auseinandersetzen, allzu oft übersehen. Im alten Orient war der Scharfrichter der engsten Umgebung des Herrschers zugeteilt. Er war bei offiziellen Anlässen stets präsent und hob sich durch prächtige Kleidung von den meisten seiner Mitmenschen ab. Noch im Osmanischen Reich wohnte der Henker als hochgeachteter Beamter im Sultanspalast.[557] Dagegen stammte der römische »carnifex« in der Regel aus dem Sklavenstand. Wie seinem griechischen Gegenstück kam ihm lediglich eine gesellschaftliche Randstellung zu. Doch nicht einmal für das Imperium Romanum kann eine einheitliche gesellschaftliche Bewertung des Scharfrichters konstatiert werden. Vielmehr lassen sich gravierende Unterschiede nachweisen. In der Spätantike, besonders zur Zeit der Severer, taucht der Scharfrichter gelegentlich im speziellen Gefolge des Herrschers auf. Seine gesellschaftliche Rangordnung scheint durchaus mit der des altorientalischen Henkers vergleichbar. Zumindest für die Antike kann man als Zwischenergebnis festhalten, daß die Achtung des Henkers mit der Abnahme demokratischer und der Zunahme despotischer Züge in der Herrschaftsform steigt, gelegentlich sogar in besonderes Ansehen umschlägt.[558]

Auch magische Fähigkeiten waren per se weder positiv noch negativ; sie konnten durchaus ambivalent betrachtet werden.[559] Daß sie auch beim Scharfrichter nicht durchwegs negativ beurteilt wurden, zeigt schon die an einigen Orten übliche Bezeichnung seiner Person als »weiser Mann«, die sich »auf seine Fähigkeiten als Zauberkundiger« bezieht.[560] Diese positive Seite dürfte sich auch in Vorarlberg in seiner Tätigkeit als Heilkundiger, sowohl Menschen als auch Vieh gegenüber, äußern. Zwar besitzen wir bislang aus Vorarlberg keine Kenntnisse und Nachrichten darüber, welche Medikamente von den Scharfrichtern verschrieben wurden, die Verhältnisse in den Nachbargebieten weisen jedoch darauf hin, daß auch hier eher der magische Aspekt im Vordergrund stand.[561]

Mitverantwortlich für die negative Ausprägung der angesprochenen Sonderstellung des Scharfrichters im Spätmittelalter und der Frühen Neuzeit dürfte gewesen sein, daß er in der christlich geprägten Gesellschaft des Mittelalters das »Opfer eines grundsätzlichen Widerspruchs zwischen ethischer Norm und alltäglicher Praxis« wurde – ein Schicksal, das er übrigens mit der Dirne teilte. Kein mittelalterlicher Theologe stellte grundsätzlich das Gebot »Du sollst nicht töten!« in Frage. Trotzdem machte sich die Kirche, die ursprünglich die Todesstrafe abgelehnt hatte, daran, diese auch theologisch zu legitimieren, seit ihre führenden Vertreter in zunehmendem Maße wichtige Stellen in der staatlichen Verwaltung bekleideten.[562] Außerdem machte gerade die Inquisition einen berufsmäßigen Scharfrichter unverzichtbar. So wurde der Henker zu einem notwendigen Übel und erhielt gleichzeitig die »klassische Sündenbock-Funktion«, indem er gegen Bezahlung

»den faktischen Verstoß der Gesellschaft gegen einen ihrer zentralen Grundwerte« übernahm.[563] Unterstützt wird diese Annahme dadurch, daß auch der Stand der Berufskrieger, Ritter, Söldner und Krieger, zwar keineswegs unehrlich war, aber, wie den Bußbüchern und Heiligenviten zu entnehmen ist, sich durchaus im Zustand der Sünde befand.[564]

Die Ausprägung der Unehrlichkeit unterlag regionalen Schwankungen.[565] Sie war im süddeutschen Raum wesentlich stärker als im norddeutschen.[566] Wenn die These Nowosadtkos zutrifft, daß »die Ehrbarkeit [...] regelrecht auf die Grenze der Unehrlichkeit angewiesen [war], um ihre Exklusivität aufrechtzuerhalten«[567], dann müßte auch der Stellenwert der »bürgerlichen« Ehre ein Gradmesser für die Unehrlichkeit sein. Je ausgeprägter die Ehre war, je intensiver sie als begrenztes, nicht vermehrbares und anzustrebendes Gut empfunden wurde, desto gravierender müßte auch die Unehrlichkeit empfunden worden sein. Nun findet diese Annahme eine Stütze darin, daß es im Süden und im Westen des Alten Reiches, wo die Unehrlichkeit, wie erwähnt, stärker ausgeprägt war, eine wesentlich größere Vielfalt von Ehrenstrafen gegeben hat als im Norden und im Osten und daß diese außerdem im Süden wesentlich häufiger zur Anwendung kamen als im Norden.[568]

Dafür bieten sich m.E. zwei Erklärungsmöglichkeiten an: Mentalitätsunterschiede sowie eine unterschiedliche Rolle der Zünfte. Es läßt sich beobachten, daß es offenbar einen Zusammenhang zwischen Mentalität und Ehrbegriff gab. Die Ehre war wohl bis zu einem gewissen Grad auch Mentalitätssache. Wie Nowosadtko gezeigt hat, war umgekehrt auch die »bürgerliche« Ehre ein Gradmesser für die Unehrlichkeit.

Nun lassen sich außerdem innerhalb der Regionen Unterschiede in der Bewertung der genannten Begriffe – Ehre und Unehrlichkeit – beobachten. Hier spielten offenbar die Zünfte die entscheidende Rolle. Schwerhoff brachte die Sache kürzlich auf den Punkt, als er schrieb: »Geradezu zum Motor frühneuzeitlicher Sensibilität in Sachen Ehre entwickelten sich die Zünfte in ihrem – entscheidend durch ökonomische Motive bestimmten – Drang zum Ausschluß von immer mehr Personen als 'unehrlich'; diese Tatsache wird, nebenbei bemerkt, dazu beigetragen haben, daß infamierende Strafen in der Stadt einen wesentlich dramatischeren Effekt besaßen als auf dem Land.«[569] Die Zünfte brauchten die Unehrlichkeit als Sanktionsmittel geradezu, um »sich als geburtsständische Gesellschaft zu konstituieren.«[570] Es ist sicher kein Zufall, daß wir gerade aus jenen Teilen Vorarlbergs, in denen die Zünfte keine Rolle spielten, vermehrt Beispiele für den relativ zwanglosen Umgang mit dem Scharfrichter besitzen: Aus dem Bereich der Grafschaft Hohenems und des Reichshofes Lustenau. Für die soziale Realität der Unehrlichkeit gilt im Grunde das gleiche wie für die »soziale Realität der Ehrenstrafe«. Auch sie »kann kaum abstrakt bestimmt werden, sondern lediglich unter Berücksichtigung des sozialen Status des Betroffenen.«[571] Für einen Zunftangehörigen oder Patrizier war der Umgang mit dem Scharfrichter eben eine größere Gefahr als für einen Bauern. Außerdem war es von entscheidender Wichtigkeit für die Wirksamkeit der Unehrlichkeit, ob dieselbe von der Bevölkerung akzeptiert wurde. Dies zeigt sich besonders im Zusammenhang mit dem Wasendienst. So konnte es geschehen, daß, wie gezeigt wurde, in Bludenz zu

Beginn des 18. Jahrhunderts eine als Nähe zum Abdeckerhandwerk interpretierbare Haltung schwerwiegende Folgen für ein Zunftmitglied hatte, während sich in ähnlich gelagerten Fällen aus dem ländlichen Raum keine Spuren für eine ehrvermindernde Wirkung derartiger Handlungen nachweisen lassen. In Gegenden, in denen die Bauern unter Umgehung der Gesetze immer wieder dazu neigten, gefallenes Vieh selbst zu beseitigen und abzuziehen, oder in denen große Teile der Bevölkerung ständig Kontakt mit Vieh hatten, mußte der Umgang mit dem Scharfrichter zumindest im Bereich des Wasendienstes und der Veterinärmedizin zwangloser vonstatten gehen als in einem von städtischer Lebensart dominierten Raum. Einem Mitmenschen hier die Ehre abzusprechen, weil er in besagtem Zusammenhang Kontakt mit dem Scharfrichter hatte, wäre geradezu widersinnig gewesen, zumal sich daraus auch keine direkten Konkurrenzvorteile ergeben hätten, wie das etwa im selben Zusammenhang beim zünftigen Handwerk der Fall war. Anders war das jedoch auch im ländlichen Milieu bei der Amtselite. So blieb beispielsweise im Nidwalden des 18. Jahrhunderts jenen Männern, deren Ehefrauen im ersten oder zweiten Grad mit einem Scharfrichter verwandt waren, der Zugang zu den Ämtern verschlossen.[572] Hier spielte die Konkurrenz durchaus eine Rolle, denn es galt den Kreis jener, die Zugang zu den wichtigen (Ehren)ämtern hatten, möglichst klein zu halten.

Gelegentlich wurde die Unehrlichkeit der Scharfrichter auch auf das Vordringen des römischen Rechts zurückgeführt. Die Sonderstellung des römischen »carnifex« hätte sich demnach auf den Scharfrichter übertragen. Dem wurde entgegengehalten, daß die Unehrlichkeit schon vor der Rezeption des römischen Rechts zu beobachten sei. Die Bedeutung des römischen Rechts liegt m.E. anderswo. Wie wir wissen, wurden die Unehrlichkeitskonflikte in der Regel vor den Gerichten ausgetragen. Die »Unehrlichkeitsauffassungen« der Zünfte mußten vor Gericht bestehen. Daher kann es nicht überraschen, »daß der harte Kern der unehrlichen Gewerbe sich auf jene Bereiche beschränkte, deren Zugehörigkeit auch der Gesetzgeber auf der Basis des römischen Rechts als plausibel empfand.«[573] Die Rezeption des Römischen Rechts war damit nicht die Ursache für die Unehrlichkeit der Scharfrichter, sondern sie trug lediglich zu deren Ausformung und Ausrichtung bei.

Ebenfalls nicht für die Sonderstellung des Scharfrichters, aber für den Grad seiner negativen oder positiven Ausformung bedeutend waren m.E. die Form und Eigendefinition der jeweiligen Herrschaft. Auf die unterschiedliche Ausprägung der Sonderstellung des römischen carnifex wurde ja bereits hingewiesen. Es ist in diesem Zusammenhang nicht uninteressant, wie sich radikale Umwälzungen in der jeweiligen Verfassung auf die Bewertung des Scharfrichters auswirkten. So wurde beispielsweise der ehemalige Bürgermeister von Münster, Knipperdollinck, während der Täuferherrschaft zum »Schwertträger« ernannt. Er vollzog nun die Todesstrafe. Von Außenstehenden mag dies durchaus als »Degradierung des Bürgermeisters zum Henker« empfunden worden sein, für die Münsteraner Täufer, die sich als neues Volk Israel empfanden und auf das baldige Kommen des Gottesreiches warteten, hatte die Vollstreckung der Todesstrafe nichts Ehrenrühriges an sich. Freilich kam auch dem »Schwertträger« eine unübersehbare Sonderstellung zu. Er gehörte zur absoluten Führungsschicht der Täuferherrschaft.[574]

Die Professionalisierung des Henkers fällt im deutschen Sprachraum in einen Zeitraum, in welchem, wie Gernhuber es ausgedrückt hat, der »bürgerliche Geist« einen Aufschwung erlebte und der Fehdegedanke seine Kraft verlor. Er spricht gerdezu von »Umschwung im Unterbewußten«[575]. Es müßte noch weiter in regionalen Untersuchungen geklärt werden, inwiefern hier mögliche Konflikte zwischen den aufstrebenden Städten, die sich als Rechtsverband empfanden, mit der Herrschaft, deren Beamter der Scharfrichter beispielsweise in Vorarlberg war, dessen Image negativ beeinflußten.

Beachtung verdient weiters auch die Rolle, welche die Krisenerscheinungen des Spätmittelalters, Spannungen zwischen Landesherrschaft und aufstrebenden Städten – der Scharfrichter übte ein stadtfremdes Handwerk aus, und der Stadtfremdheit kam etwa bei den Müllern oder anderen Gewerben eine bedeutende Rolle im Zusammenhang mit ihrer Unehrlichkeit zu – und alttestamentarischen Vorstellungen von der Unreinheit des Blutes im Zusammenhang mit der Entstehung der Unehrlichkeit spielten.

Überhaupt ist zu beachten, daß wir es bei den Begriffen »Ehre« und »Unehrlichkeit« nicht mit exakt definierbaren Begriffen zu tun haben. Gerd Schwerhoff hat das unlängst treffend ausgeführt: »... Ehre gehört keineswegs zur Welt der harten Fakten, der 'Dinge'. Eher verweist die Semantik der Ehre auf einen sehr flexiblen und kontextabhängigen Code. Im Medium dieses Systems von Kommunikations- und Interaktionsregeln erfolgte die Zuweisung von sozialer Anerkennung und Achtung.«[576] Dies ist natürlich auch auf den Begriff »Unehrlichkeit« übertragbar. Wie hoffentlich gezeigt werden konnte, war die sogenannte »Unehrlichkeit« in hohem Maße situationsgebunden. Es gab durchaus Situationen, in welchen ein fast zwangloser Umgang mit dem Scharfrichter möglich war. Dem trägt im Grunde genommen die Gesetzgebung Maria Theresias Rechnung, indem sie die Unehrlichkeit nicht sofort gänzlich aufhebt, sondern auf seine Person und die Dauer seiner Amtszeit beschränkt.

Im großen und ganzen wird man sich in der Forschung damit abfinden müssen, daß eine »säuberliche Unterteilung in ehrlich – unehrlich« in der sozialen Realität der Frühen Neuzeit kaum gefunden werden kann.[577]

VI. Wandel: Das Ende der Unehrlichkeit der Scharfrichter in Vorarlberg

Mitte des 18. Jahrhunderts wurde von obrigkeitlicher Seite versucht, die Unehrlichkeit der Scharfrichter mittels Verordnungen zu mildern. Maria Theresia beschränkte mit zwei Dekreten in den Jahren 1753 und 1772 die »Unehrlichkeit« der Scharfrichter auf die Dauer ihrer Amtsausübung und erklärte ihre Familienmitglieder generell für »ehrlich«, wodurch sie zumindest theoretisch zu allen Gewerben zugelassen wurden.[578] Trotz der genannten Verordnungen änderte sich zunächst in der Praxis relativ wenig. Alte Vorbehalte blieben vielerorts bestehen, wie etwa in Tirol, wo Scharfrichterkinder noch gegen Ende des 18. Jahrhunderts oft keine Arbeit finden konnten und sich gezwungen sahen, nach Verlust der Eltern durch ihren Vormund um staatliche Unterstützung anzusuchen.[579]

In Vorarlberg wurde, wie anderswo, den Angehörigen der Scharfrichter von seiten der Obrigkeit die »Ehrlichkeit« ohne weiteres attestiert, wie etwa den beiden Töchtern des 1761 verstorbenen Bregenzer Scharfrichters Jakob Vollmar, Anna Maria und Maria Theresia, als sie 1763 auswanderten.[580]

Auch die Kirche trug ganz offensichtlich der neuen gesetzlichen Situation Rechnung. In den Bregenzer Kirchenbüchern wurden beispielsweise die Scharfrichter Johann Vollmar I. und Johann Vollmar II. sowie ihre Gattinnen Carolina Rueffin bzw. Josepha Burkhardin nun als »cives«, als Bürger, bezeichnet.[581] Ähnliches läßt sich zu Beginn des 19. Jahrhunderts in Feldkirch für Jakob Vollmar und seine Familie beobachten. 1806 wird er als »Nachrichter von Altenstadt« bezeichnet, 1814 schlicht und einfach als »Baur«.[582]

Inwieweit diese Haltungsänderung auch von der Bevölkerung, vor allem von den Zünften nachvollzogen wurde, liegt noch im dunkeln. Wie aber bereits am Beispiel der Anna Maria Vollmar gezeigt werden konnte, änderte sich für die Scharfrichter und ihre Familien – bezogen auf ihre primären Sozialkontakte – relativ wenig. Das »Sozialsystem der unehrlichen Berufe« konnte eben »nicht durch einen Federstrich abgeschafft« werden.[583] Wir haben vielmehr mit einer relativ »undramatische[n] Auflösung der Institution im 19. Jahrhundert«[584] zu rechnen.

Als ein erstes Anzeichen dafür dürfen wir wohl das Auftauchen von Scharfrichterssöhnen auf den höheren Schulen werten. 1815 besuchte der siebzehnjährigen Sohn des letzten in Bregenz ansässigen, 1812 verstorbenen Henkers, Franz Xaver Deigentesch, die erste Realklasse des k.k. Gymnasiums in Feldkirch. Einer seiner Klassenkameraden war der dreizehneinhalbjährige Sohn des noch lebenden Hohenemser und Feldkircher Scharfrichters, Jakob Vollmar. Der Beruf ihrer Väter wird im Jahresbericht ohne Scheu angeführt.[585] Franz Xaver Deigentesch ist später als Tierarzt in Bregenz bezeugt. Sein Bruder Johann wurde dort übrigens k.k. Kreisamtsregistrator.[586] Die Genannten traten also anders als die meisten ihrer Vorfahren nicht in die Fußstapfen ihrer Väter, sondern fanden einen Weg in ganz andere Berufe. Wir dürfen darin aber keineswegs eine sehnlichst erwünschte und geplante Abkehr vom angestammten Berufsfeld der Familie sehen. Es gibt vielmehr Indizien dafür, daß hier aus der Not eine Tugend gemacht wurde. An der Wende vom 18. zum 19. Jahrhundert kam es zu einer beträchtlichen Reduzierung der Scharfrichterstellen. Auch in Vorarlberg taten sich die Scharfrichterskinder zunehmend schwerer, die Familientradition fortzusetzen, da sie einfach keine Anstellung mehr finden konnten. So gab es weder in der Familie Deigentesch noch in der Familie Vollmar einen radikalen Bruch mit den traditionellen Berufen. Ein Halbbruder von Franz Xaver und Johann Deigentesch, Peter Vollmar, war Scharfrichter für Tirol und Vorarlberg. Nach seinem Tod im März 1843 fiel es seiner Witwe und seinen Kindern schwer, in Bozen, seinem letzten Wohnort, eine Wohnung zu finden. Die Beamten der Stadt versuchten daher, die Familie, die auch finanziell nicht gerade auf Rosen gebettet war, an ihren Ursprungsort abzuschieben. Da die Familie in sittlicher und moralischer Hinsicht in schlechtem Rufe stehe, sei es geradezu unmöglich, sie in einem Privathaus unterzubringen. Die einzige Möglichkeit bestehe darin, sie in einem städtischen Hause wohnen zu lassen. Da Peter Vollmar weder in Bozen noch an einem seiner anderen Aufenthaltsorte jemals das Heimatrecht erhalten habe, solle sich doch seine Geburtstadt, nämlich Bregenz, um seine Familie kümmern. So etwa lauteten die Argumente der Bozner Beamten, die freilich von ihren Bregenzer Kollegen nicht geteilt wurden.[587] Es ist für uns schwer zu beurteilen, was hier im Endeffekt für den schlechten Ruf der Familie verantwortlich war. War es wirklich nur die Zankhaftigkeit der Witwe und die Lasterhaftigkeit einer seiner Töchter, welcher der Stadtmagistrat von Bozen 1843 die baldige Einlieferung in das Schwazer Zwangsarbeitshaus androhte, oder spielte hier nicht vielleicht auch die alte Anrüchigkeit des Gewerbes eine Rolle?

Ein weiterer Halbbruder der zuerst Genannten, Gebhard Vollmar, ist 1821 als Wasenmeister in Bregenz bezeugt.[588] Franz Joseph Vollmar, ein Sohn des Freimannes unter dem Kapf, war zunächst Wasenmeister von Nüziders[589], wanderte dann 1827 nach Chur, in die Heimat seiner Gattin aus, um dort die Stelle eines Scharfrichters anzutreten[590], wie bereits weiter oben ausführlich dargelegt wurde. Als Wasenmeister folgte ihm übrigens sein jüngerer Bruder Johann Georg Vollmar nach.[591]

Da die angestammten Berufe nicht mehr für alle den Lebensunterhalt sicherstellen konnten, sahen sich die Nachkommen der Scharfrichter zunehmend gezwungen, in anderen Berufen ihr Auslangen zu suchen. Eine Berufsvererbung wie in den Jahrhunderten vorher konnte nicht mehr konsequent durchgehalten werden.[592]

Der Weg in ein neues Berufsfeld wurde nicht selten über eine qualifizierte Ausbildung oder ein Studium gewählt.[593] Dabei werden jedoch deutlich die alten Familientraditionen fortgeführt. Es ist eine geradezu typische Erscheinung, daß die Nachkommen der Scharfrichter als Tierärzte bezeugt sind. Noch im frühen 19. Jahrhundert waren ausgebildete Veterinäre selten. Die Behandlung kranker Haustiere sowie »der fachgerechte Umgang mit Seuchenvieh« gehörte seit jeher zu den wichtigen Aufgaben der Wasenmeister. Es wurde bereits gezeigt, daß der letzte Bregenzer Scharfrichter gegen Ende seiner Amtszeit den größten Anteil seines Einkommens aus der Tätigkeit als Tierarzt bezog. Wenn nun sein leiblicher Sohn in den 1840er Jahren Tierarzt und Wasenmeister der Stadt Bregenz wurde[594], ist das nur die konsequente Fortsetzung einer Entwicklung, die schon Ende des 18. Jahrhunderts begonnen hatte. Ähnlich verhält es sich bei Xaver Vollmar aus Gisingen. Er stammte aus der Feldkircher Linie der Familie. 1837 wurde er auf Betreiben einiger Dorfhonoratioren als Tierarzt in Bürs angenommen, weil der bereits ortsansässige, der Trunksucht ergebene Veterinär das Vertrauen seiner Mitbürger verloren hatte. Xaver Vollmar gab an, »er habe weder an einer inländischen noch ausländischen Lehranstalt den Lehrkurs gehört, sondern habe seine Vorkenntnisse im Jahr 1834, 1835 u. zum Theil 1836 bei einem Arzte Namens Dr. Ammann in Tübach, Cant. St. Gallen, sich erworben.« Obwohl er zur vollsten Zufriedenheit der Bauern von Bürs und Umgebung arbeitete, mußte Xaver Vollmar schon nach wenigen Monaten seine Zelte wieder abbrechen. Seine Anstellung war nicht durch das Landgericht Sonnenberg legitimiert worden. Dieses gab weiter dem angestammten Tierarzt den Vorzug und ließ sich von dieser Haltung auch nicht abbringen, als die Vorsteher der regionalen Gemeinden dringend den Verbleib Xaver Vollmars als Veterinär verlangten.[595]

Der Übergang vom Wasenmeister und nebenbei praktizierenden Verterinär zum ausgebildeten Tierarzt erfolgte nicht abrupt, sondern beinahe fließend, wie die zitierten Beispiele zeigen. Daß die Professionalisierung in der Veterinärmedizin relativ spät erfolgte, erleichterte den Zugang der Scharfrichternachkommen zu diesem Beruf erheblich, da es zu »keine[r] drastische[n] Abgrenzung zum unehrlichen Berufsfeld« mehr gekommen war.[596] Es fällt jedenfalls auf, daß keine Scharfrichternachkommen in zünftigen Berufen bezeugt sind.

Ein weiteres Indiz für die Auflösung der Unehrlichkeit finden wir in dem um die Mitte des 19. Jahrhunderts mehrfach nachweisbaren, teilweise von Erfolg gekrönten Versuchen Vorarlberger Bürger, Scharfrichter zu werden. Offene Scharfrichterstellen, deren Besetzung nun in der ganzen Monarchie ausgeschrieben wurde, lockten damals immer wieder Bewerber aus dem Ländle an. Es muß wohl nicht eigens betont werden, daß auch in dieser Beziehung nicht von heute auf morgen eine Änderung eintrat. Wie schon dargelegt, kam Franz Joseph Vollmar 1827 auf noch recht traditionelle Weise zu einer Anstellung als Scharfrichter im graubündischen Chur. Noch 1834 erinnerten sich die österreichischen Beamten im Landgericht Sonnenberg der alten Familientradition der Vollmar. Damals gelangte nämlich die Mailänder Scharfrichterstelle zur Neubesetzung. Eine diesbezügliche Verständigung erging auch an das Kreisamt in Bregenz und wurde von diesem an die untergeordneten Landgerichte weitergeleitet. Diesen wurde anbefohlen, nach hierfür tauglichen Individuen Ausschau zu halten. Potentielle Kandidaten »sollten sich mit den nöthigen Fähigkeiten und Eigenschaften in der Art ausweisen, daß nicht eine Ungeschicklichkeit bei der würklichen Exekution zu besorgen ist, was zumahl in Mayland leicht Anlaß zu Volksaufregung geben könnte. Am liebsten würde man solche Konkurrenten sehen, welche schon bei irgend einem andern Scharfrichter als Gehülfe oder Diener beschäftiget waren.« Die Sonnenberger Beamten waren der Ansicht, daß Johann Georg Vollmar, der Bruder des eben erwähnten Churer Henkers »wahrscheinlich zu einem Scharfrichter brauchbar gewesen seyn dörfte«. Dieser war allerdings mit unbekanntem Ziel verzogen.[597]

Ein Jahrzehnt später scheinen die Familientraditionen in den Überlegungen der Vorarlberger Behörden keine Rolle mehr gespielt zu haben. In der Tat waren es nun durchwegs Mitglieder bodenständiger Vorarlberger Familien, die vom Kreisamt als Scharfrichterkandidaten empfohlen und teilweise auch angestellt wurden, wie die folgenden Beispiele belegen können:

1842 wurde Franz Fidel Forster aus Lochau zum Scharfrichter von Tirol und Vorarlberg ernannt. Er war von 1825 bis 1833 zum Corb.-Regiment assentiert gewesen und hatte danach bis 1842 bei der k.k. Grenzwache gedient. Schon als Scharfrichter heiratete er 1852 Viktoria Schneider und schloß mit ihr vor dem Bezirksgericht Bregenz einen Ehevertrag mit gegenseitigem Testament ab. Dieser Ehe entstammten drei Kinder[598], deren Taufpate und späterer Vormund der Bregenzer Bäckermeister Andreas Reichart war. Bemerkenswerterweise wurde auch Franz Fidel Forster während seiner Dienstzeit in den Laiblachtalgemeinden nicht selten als Taufpate gewählt.[599]

Am 28. Mai 1844 teilte die Polizeidirektion Innsbruck dem Kreisamt in Vorarlberg mit, daß die Stelle eines Scharfrichtergehilfen in Venedig neu besetzt werde und zur Ausschreibung komme. Als Entlohnung wurde neben einer freien Wohnung ein Jahresgehalt von 250 Gulden C.M. in Aussicht gestellt.[600] Kreishauptmann Ebner leitete am 5. Juni diese Ausschreibung an die Landgerichte Bregenz, Bezau und Dornbirn weiter, und beauftragte die örtlichen Behörden, »Nachforschungen zu pflegen, ob im dortigen Landgerichtsbezirke sich ein zu dieser Dienststelle vollkommen tauglicher Bewerber finde, dessen Gesuch dann anher einzusenden oder eine Fehlanzeige zu erstatten ist.« [601] In Dornbirn fand sich, wie der Gemeindevorsteher Franz Rhomberg dem Landgericht am 20. Juni mitteilte, kein tauglicher Bewerber für den ausgeschriebenen Posten. In Lustenau scheint die Situation zunächst ähnlich gewesen zu sein. Kreishauptmann Ebner erhielt jedenfalls vom Landgericht wenige Tage später eine negative Mitteilung. Doch schon am 3. Juli wandte sich der am 22. September 1818 in Lustenau geborene Ferdinand Bösch, Barbieres, schriftlich an das Landgericht in Dornbirn und suchte um die vakante Stelle an. Er führte zu seiner Entschuldigung an, daß er erst zu spät von der Ausschreibung erfahren habe und fuhr dann fort: »Weil ich mich für diesen Posten für vollkommen geeignet halte, so bitte ich um Verleihung desselben.« Bösch legte seinem Gesuch drei Gutachten bei[602]:

Das erste Gutachten hatte der Gemeindearzt Dr. Höfel ausgestellt. Es sollte beweisen, daß sich der Bewerber »einer gesunden u. kräftigen Körper-Constitution« erfreue, »worauf bei Verleihung des gegenständlichen Dienstespostens [sic!] vorzügliche Rücksicht genommen werden dürfte.« Die beiden weiteren Gutachten waren vom Pfarramt und der Gemeindevorstehung ausgestellt worden und sollten Leumund und sittliches Betragen des Bewerbers als vorteilhaft schildern. Ferdinand Bösch versuchte seiner Bewerbung dann noch besonderen Nachdruck zu verleihen, indem er auf die Verdienste seines Vaters dem Staat gegenüber verwies. Er betonte: »Außer diesem führe ich an, daß mein vor 2 Jahren verstorbener Vater Franz Anton Bösch durch einen Zeitraum von 18 Jahren beim Militär diente, und sich deswegen fürs Vaterland Verdienste erwarb, welcher Umstand wenigstens insoferne berücksichtigt werden dürfte, daß mir unter allfälligen Mitbewerbern der Vorzug gegeben würde.«

Nachdem Kreishauptmann Ebner am 6. Juli 1844 der Polizeidirektion in Innsbruck mitgeteilt hatte, daß Ferdinand Bösch der einzige Bewerber für diese Stelle aus dem Bereich Vorarlbergs sei, langte gegen Ende Juli ein weiteres Bewerbungsschreiben beim Kreisamt in Bregenz ein. Franz Joseph Ellgass aus Hörbranz zeigte ebenfalls Interesse für die ausgeschriebene Stelle. In seinem vom Landgericht Bregenz unterstützten Gesuch vom 18. Juli 1844 heißt es: »Wie die in seinem belegten Gesuche getreu dargestellten Verhältnisse entnehmen lassen, ist dieser 35 Jahre alt, ledigen Standes, im Lesen und Schreiben zimlich geübt, versteht auch etwas italienisch, hat beym löblichen Kaiserjägerregimente als Gemeiner und Unteroffizier gedient, besitzt laut der beigebogenen Sondnit Liste überhaupt günstige Eigenschaften, und hat auch seit seinem Austritte aus dem Militair Stande stets eine gute Aufführung beobachtet, aber so geniesst er gegenwärtig in Beziehung auf seine Gesundheit die vollkommene Dienstfähigkeit.« [603]

Im Dezember 1844 teilte die Polizeidirektion Innsbruck dem Bregenzer Kreisamt mit, daß keiner der beiden Vorarlberger Bewerber ausgewählt wurde. Die Stelle eines Scharfrichtergehilfen von Venedig wurde an Bartlmä Wimmer aus Zara vergeben.[604] Ferdinand Bösch wurde später »Barbierer«, also Wundarzt, in Höchst.[605]

Als bald darauf, im Sommer 1844, die Stelle des Scharfrichters von Mantua auch in Vorarlberg zur Ausschreibung kam, fand sich wiederum ein hiesiger Bewerber. Der Tierarzt Joseph Karg aus Bregenz suchte um diese lukrative Stellung an. Der Henker von Mantua, der übrigens auch in den Provinzen Cremona, Verona und Polesi Hinrichtungen zu vollziehen hatte, verdiente nämlich jährlich 400 fl. Am 5. September 1844 teilte Kreishauptmann Ebner der Polizeidirektion in Innsbruck mit, »daß der Bittsteller für den angesuchten Posten vollkommen geeignet erscheint.«[606] Die Bewerbung wurde in Innsbruck durchaus erst genommen, denn schon wenig später forderte man von den Bregenzer Behörden nähere Informationen über den Bewerber. Insbesondere wollten die Beamten der Polizeidirektion wissen, »ob der Thierarzt Joseph Karg in Bregenz [...] die Fähigkeit besitze, das Todesurtheil nach Vorschrift des 10 I Thl. d. N.G.B. mit dem Strange zu vollziehen, und ob er der italienischen Sprache in soweit mächtig sey, um sich in vorkommenden Fällen mit dem Scharfrichter=Gehülfen verständigen zu können.«[607]

Obwohl Joseph Karg sich etwa einen Monat später zu der Anfrage schriftlich äußerte[608] – seine Stellungnahme hat sich leider nicht erhalten –, war auch seinem Gesuch kein Erfolg beschieden. Im April 1845 wurde dem Kreisamt mitgeteilt, daß die Stelle an ein anderes »Individuum« vergeben worden sei.[609]

Mehr Glück bei seiner Bewerbung hatte der aus Höchst stammende Peter Helbock. Im Januar 1854 wird er als »der gewesene Scharfrichter in Mantua« bezeichnet. Zu diesem Zeitpunkt hielt er sich zusammen mit seiner Familie schon seit einigen Wochen in Innsbruck auf und wartete auf die Aushändigung seiner Dienstdokumente durch die k.k. Statthalterei in Mailand. Es wurde vermutet, daß diese irrtümlich an das Kreisamt in Bregenz geschickt worden sein könnten. Helbock sollte daher nach Vorarlberg reisen. Ihm fehlte dafür allerdings das nötige Geld.[610] Irgendwie scheint er sich dieses dann doch beschafft zu haben. Im April desselben Jahres wurde ihm die Scharfrichterstelle des Oberlandesdistrikts Eperies in Ungarn zuerkannt. Das Ernennungsdekret mußte ihm nun von Innsbruck nach Höchst nachgeschickt werden.[611] Peter Helbock war 1825 in Höchst geboren worden. Er war der Sohn des Landammanns Andre Helbock. Auch sein Bruder Eduard (geb. 1832, gest. 1885) wurde Scharfrichter in Ungarn. Ein weiterer Bruder Pius Vital (geb. 1829) und ein weiterer Verwandter, Georg Alexander Helbock, Sohn des Peter, bewarben sich um die Stelle eines Scharfrichtergehilfen in Mailand.[612]

Etwa zur selben Zeit scheinen auch die alten Richtstätten, die früher gefürchteten »verschmähten Stätten« vieles von ihrer Unheimlichleit verloren zu haben. So wechselte beispielsweise in Feldkirch der Richtplatz ohne große Vorbehalte den Besitzer. Der neue Eigentümer zeigte schließlich auch keinerlei Bedenken, darauf ein Bauwerk zu errichten, und kämpfte vehement um eine Baubewilligung.

In den Leiblachgemeinden taucht ebenfalls etwa zur selben Zeit der Scharfrichter für Tirol und Vorarlberg häufig in den Kirchenbüchern als Pate auf.[613]

Die Ursachen für diesen Abbau der Unehrlichkeit sind nicht leicht zu benennen. Allerdings lassen sich mehrere Aspekte, die Nowosadtko in Bayern für das allmähliche Verschwinden der Unehrlichkeit verantwortlich macht[614], auch in Vorarlberg beobachten. So änderte sich auch hier das Berufsbild der Scharfrichter grundlegend. Joseph II. schaffte 1776 die Folter ab und verfügte drei Jahre später den Abbruch aller Folterkammern. 1785 wurde schließlich – vorübergehend – die Todesstrafe abgeschafft.[615] Diese Maßnahmen betrafen auch die österreichischen Teile Vorarlbergs, dürften aber in den reichsfreien Gebieten wie Lustenau ebenfalls zur Anwendung gekommen sein. Durch das Wegfallen der Folter, der Verstümmelungsstrafen und der technisch schwierigeren Hinrichtungen – im 19. Jahrhundert setzte sich die Hinrichtung mit dem Strang als einzige Hinrichtungsform durch –, wurden auch »die Qualifikationsanforderungen für Scharfrichter drastisch verringert.«[616] Die eng miteinander verflochtenen Scharfrichterdynastien hatten früher auf informelle Weise die Berufsausbildung geregelt und den Zugang zu diesem Amt auf ähnliche Weise reguliert wie die Zünfte jenen zum Handwerk. Mit dem Wandel »vom Ausbildungsberuf zur angelernten Tätigkeit«[617] konnte die Exklusivität nicht mehr weiter aufrechterhalten werden. Wie die Professionalisierung die Entstehung der Unehrlichkeit eingeleitet hatte, so trug nun die Entspezialisierung zum Abbau derselben bei.

Weiters verzichtete der Staat zunehmend »auf eine demonstrative Zurschaustellung der Blutgerichtsbarkeit.«[618] Die Hinrichtungen blieben in Vorarlberg zwar bis 1860 öffentlich[619], aber schon seit den 1780er Jahren verzichtete man, wie schon dargelegt, darauf, die Leichen der Hingerichteten an den Richtstätten verwesen zu lassen. Die Hinrichtungen hatten ihre frühere Symbolkraft weitgehend eingebüßt.[620]

Seine Sonderstellung büßte der Scharfrichter aber nicht völlig ein. Das Interesse, das seiner Person nach wie vor entgegengebracht wurde, weist ihn als »Exoten« aus. Daß seine Bewertung nach wie vor ambivalent blieb, läßt sich am Beispiel des Wiener Scharfrichters Joseph Lang zeigen. Einerseits galt er als einer der angesehensten Bürger von Simmering, wo er u.a. sogar zum Hauptmann der freiwilligen Feuerwehr avancierte[621], andererseits konnte es ihm passieren, daß er vom Besitzer eines Hotels, nachdem dieser erfahren hatte, daß es sich bei seinem Gast um einen Scharfrichter handelte, zum Verlassen des Hauses aufgefordert wurde.[622]

Anmerkungen

1 Boockmann, Das grausame Mittelalter, S. 1–3.
2 Jacobs-Rölleke, Kommentar, S. 212.
3 Putzer (Hg.), Das Salzburger Scharfrichter-Tagebuch, S. 34.
4 Moser, Scharfrichter von Tirol, S. 41, 161–162.
5 Pavel Kohout, Die Henkerin. Roman. 2. Aufl. Luzern 1993, S. 6.
6 Trombley, Die Hinrichtungsindustrie, S. 28.
7 Ebenda, S. 99.
8 Schuhmann, Der Scharfrichter, S. 1.
9 Wilbertz, Scharfrichter und Abdecker im Hochstift Osnabrück, S. 10.
10 Nowosadtko, Scharfrichter und Abdecker, S. 50.
11 Ebenda, S. 50–51; Schild, Scharfrichter, S. 279; Wilbertz, Scharfrichter und Abdecker im Hochstift Osnabrück, S. 10; Glenzdorf-Treichel, Henker, Schinder und arme Sünder 1, S. 14–15.
12 Nowosadtko, Scharfrichter und Abdecker, S. 50–52.
13 Oppelt, Über die »Unehrlichkeit« des Scharfrichters, S. 92 f.
14 Conrad, Deutsche Rechtsgeschichte 1, S. 390.
15 Ebenda, S. 170.
16 Nowosadtko, Scharfrichter und Abdecker, S. 52.
17 Boockmann, Das grausame Mittelalter, S. 3.
18 Ebenda, S. 3.
19 Ebenda, S. 3.
20 Schild, Scharfrichter, S. 280.
21 Welti, Gericht und Verwaltung, S. 474.
22 Niederstätter (Hg.), Urfehdebriefe, S. 18.
23 ZGO 22 (1870), S. 229 und 233.

[24] StA. Chur: Ratsakten s.d. 22.1.1474.

[25] Beispielsweise: Sander, Begnadigungsrecht, S. 18f., 28; Ilg, Späte Nachweise, S. 234- 235; Welti, Bludenz, S. 97; Gismann-Fiel, Täufertum, S. 125, 127; Niederstätter (Hg.), Urfehdebriefe, S. 18–19, S. 39 Nr. 26, S. 53 Nr. 49, S. 76–77 Nr. 98, S. 83–84, Nr. 98, S. 90–91 Nr. 109, S. 112–113 Nr. 142, S. 113–114 Nr. 144.

[26] VLA: VA Bludenz, Hds. u. Cod. 248, sine pag.

[27] Tschaikner, »Damit das Böse ausgerottet werde«, S. 45–49; ders., Vorarlberg, S. 239- 241.

[28] VLA: Urkunde Nr. 6553.

[29] A.K.G., Eine Scharfrichterordnung vom Jahre 1608, S. 1.

[30] NN (Hg.), Jnstruction, S. 39.

[31] Niederstätter, Beiträge, S. 57.

[32] StA. Bregenz: Steuerbuch 1660, fol. 168r. Dieselbe Eintragung findet sich auch in den folgenden Jahren.

[33] Niederstätter, Bregenz, S. 43–44.

[34] VLA: VA Feldkirch, Hds. u. Cod. 19, fol. 161v-162r.

[35] VLA: VA Bludenz, Hds. u. Cod. 266, sine pag.

[36] VLA: VA Bludenz, Hds. u. Cod. 275, sine pag.; auch Tschaikner, »Damit das Böse ausgerottet werde«, S. 65.

[37] Tschaikner, »Damit das Böse ausgerottet werde«, S. 197 und 272 Anm. 691; VLA: VA Bludenz, Hds. u. Cod. 276, sine pag.

[38] VLA: VA Bludenz, Hds. u. Cod. 276, sine pag.

[39] Tschaikner, Frühneuzeitliche Hexenverfolgungen, S. 109–110; zu seiner Person Schmid, Die Biberacher Scharfrichter, S. 411–413.

[40] Tschaikner, Frühneuzeitliche Hexenverfolgungen, S. 136–137.

[41] Vgl. die Zahlenangaben bei Tschaikner, »Damit das Böse ausgerottet werde«, S. 209- 210.

[42] VLA: VA Bludenz, Hds. u. Cod. 273, sine pag.

[43] Welti, Graf Kaspar, S. 504.

[44] VLA: HoA. 69,19.

[45] Peter, Hexenwahn, S. 54–58; Tschaikner, »Damit das Böse ausgerottet werde«, S. 229–230.

[46] VLA: HoA. 69,19.
[47] Nowosadtko, Scharfrichter und Abdecker, S. 79.
[48] VLA: HoA., Hds. u. Cod. 210, pag. 114 sowie die folgenden Jahre.
[49] VLA: HoA. 69,19.
[50] Vgl. dazu weiter hinten den Abschnitt über Dynastiebildung und genealogische Verstrickung.
[51] VLA: HoA. 69,19.
[52] VLA: HoA., Hds. u. Cod. 124, sine pag.; 138, sine pag.; 232, pag. 79; 249, pag. 122; 250, pag. 88; 251, pag. 97; 252, pag. 86–87; 253, pag. 86–87.
[53] VLA: HoA., Hds. u. Cod. 139, pag. 98; 156, sine pag.; 158, sine pag.; 254, pag. 98; 255, pag. 90; 256, pag. 95; 257, pag. 95; 258, fol. 133r; 259, fol. 60r; 260, fol. 61r; 261, fol. 83v; 263, fol. 67r; 264, fol. 67r; 265, fol. 85r; 266, fol. 85r; 267, fol. 119r; 269, fol. 148r-148v; 270, fol. 73v; 271, fol. 75r; 272, fol. 73v; 273, fol. 79r; 275, fol. 70v; 276, fol. 69r; 277, fol. 70v; 278, fol. 30r.
[54] Taufbuch Feldkirch, pag. 92–94.
[55] VLA: VA Feldkirch, Hds. u. Cod. 21, pag. 115–116; 22, pag. 110; 23, pag. 73–74; 24, pag. 115.
[56] VLA: HoA., Hds. u. Cod. 249, pag. 123.
[57] VLA: HoA., Hds. u. Cod. 279, fol. 28v; 280, fol. 31r; 281, fol. 30v; 282, fol. 32r; 283, fol. 34v; 284, fol. 34v; 285, fol. 34r; 286, fol. 30v; 287, fol. 60v; 288, pag. 57; 289, pag. 32; 290, pag. 33; 292, pag. 28; 293, sine pag.; 294, pag. 28; 295, pag. 31; 296, pag. 127; 297, sine pag.; 298, sine pag.; 299, pag. 75; 300, sine pag.; 301, pag. 66; 303, pag. 87; 305, pag. 87; 306, pag. 105; 307, pag. 78; 308, pag. 111; 309, pag. 110; 315, pag. 107.
[58] VLA: VA Feldkirch, Hds. u. Cod. 2, fol. 185v.
[59] Welti, Reichsgrafschaft, S. 104–116; ders., Graf Kaspar, passim, besonders S. 68–98, 220–234.
[60] Das älteste erhaltene Anstellungsdkret eines Hohenemser Scharfrichters datiert von 1649, wurde also zwei Jahre nach dem Ende der Grafen von Hohenems als Vögte von Feldkirch ausge-

stellt. Möglicherweise befand sich dieser schon einige Jahre im Amt, denn aus späteren Jahren kennen wir aus dem Bereich der Grafschaft Hohenems die Praxis, daß die Anstellungsurkunden oft erst Jahre nach der eigentlichen Anstellung ausgestellt wurden.

61 Beispielsweise: VLA: HoA., Hds. u. Cod. 250, pag. 88; 251, pag. 97; 252, pag. 86–87; 253, pag. 86–87; 254, pag. 98; 255, pag. 90; etc.

62 VLA: HoA., Hds. u. Cod. 286, fol.30v.

63 Welti, Reichsgrafschaft, S. 161–162.

64 VLA: HoA., Hds. u. Cod. 296, pag. 127.

65 Nowosadtko, Scharfrichter und Abdecker, S. 58–61.

66 Beispielsweise Putzer (Hg.), Das Salzburger Scharfrichter Tagebuch, S. 22.

67 Irsigler-Lassotta, Bettler und Gaukler – Dirnen und Henker, S. 254.

68 Schwerhoff, Köln im Kreuzverhör, S. 159.

69 Irsigler-Lassotta, Bettler und Gaukler – Dirnen und Henker, S. 254. In Köln wurde beispielsweise am häufigsten die Hinrichtung durch das Schwert vollzogen, während man dagegen in Frankfurt und Amsterdam eher mit dem Strang richtete. Schwerhoff, Köln im Kreuzverhör, S. 159.

70 Schild, Alte Gerichtsbarkeit, S. 202. In England, wo es niemals zur Einführung eines berufsmäßigen Scharfrichters gekommen ist, wurde die Enthauptung meist mit dem Beil durchgeführt. Vollstrecker war hier in vielen Fällen ein Fleischhauer. Vgl. Nowosadtko, »Scharfrichter« - »Hangman«, S. 147, 154–161.

71 Nowosadtko, Scharfrichter und Abdecker, S. 200.

72 VLA: VA Bludenz, Hds. u. Cod. 276, sine pag.

73 Beispielsweise bei der Hinrichtung einer Kindesmörderin in Bludenz im Jahr 1603, eines Frauenmörders 1642 in Bludenz oder der Elisabetha Rastin am 31. Mai 1741 in Bregenz. VLA: VA Bludenz, Hds. u. Cod. 283, pag. 41; Hds. u. Cod. 336, sine pag.; StA. Bregenz: Akt 223.

[74] VLA: VA Bludenz, Hds. u. Cod. 325, sine pag.
[75] Zipf, Generale 2, S. 28.
[76] Moser, Scharfrichter von Tirol, S. 84.
[77] Zipf, Generale 2, S. 28.
[78] Glenzdorf-Treichel, Schinder und arme Sünder 1, S. 72; Oppelt, Über die »Unehrlichkeit« des Scharfrichters, S. 248–249; Leder, Todesstrafe, S. 126.
[79] Beispiele bei Glenzdorf-Treichel, Schinder und arme Sünder 1, S. 71–79; die Unsicherheit der Enthauptung mit dem Schwert wurde im 19. Jahrhundert mancherorts als Argument für die Einführung des Fallbeils verwendet. Oppelt, Über die »Unehrlichkeit« des Scharfrichters, S. 248.
[80] Wiedeman, Eine Allgäuer Scharfrichter-Familie 1, S. 3.
[81] ZGO 22 (1870), S. 229.
[82] Überblick über die verschiedenen Thesen bei Oppelt, Über die »Unehrlichkeit« des Scharfrichters, S. 278–288.
[83] Ebenda, S. 263; Helfer, Henker-Studien 1, S. 334–339.
[84] Oppelt, Über die »Unehrlichkeit« des Scharfrichters, S. 264–265, 271–272.
[85] Ebenda, S. 263.
[86] Gernhuber, Strafvollzug und Unehrlichkeit, S. 175–176.
[87] Helfer, Henker-Studien 1, S. 337.
[88] Danckert, Unehrliche Leute, S. 30.
[89] Oppelt, Über die »Unehrlichkeit« des Scharfrichters, S. 281–282. Das Argument, dies habe vielleicht einmal in altheidnischer Zeit gegolten, nicht mehr aber in der Neuzeit, verkennt, wie lange gerade im religiösen Bereich sich unverstandene Relikte gehalten haben.
[90] Helfer, Henker-Studien 1, S. 347; ders., Henker-Studien 2, S. 116. Im Falle der Hinrichtung mit dem Strang kam man in der Frühen Neuzeit deswegen von der Begnadigung ab, weil allzuoft Betrug im Spiel war. Nicht selten präparierte der Scharfrichter gegen ein Bestechungsgeld den Strick so, daß er reißen mußte. Gelegentlich

sägten auch Verwandte oder Freunde des Delinquenten den Querbalken des Galgens an, sodaß er brechen mußte. Diese Beispiele zeigen auch, daß die Gefahr für den Scharfrichter im Falle eines Scheiterns der Hinrichtung mit dem Strang nicht so groß war, wenngleich auch in diesem Zusammenhang vereinzelt Ausschreitungen zu beobachten sind. Helfer, Henker-Studien 1, S. 339–340.

91 Ebenda, S. 347.

92 Oppelt, Über die »Unehrlichkeit« des Scharfrichters, S. 278.

93 Barring, Götterspruch und Henkerhand, S. 137.

94 Ebenda, S. 137–138.

95 Ilg, Späte Nachweise, S. 236.

96 Jussel, Dorfbuch Bludesch, S. 256. Durch das Begraben einer Funkenhexe unter Mitführen eines Kruzifixes fühlten sich 1989 in Kehlegg einige in ihren religiösen Gefühlen verletzt, wie sich aus einem Leserbrief in den Vorarlberger Nachrichten vom 24.2.1989, S. 24, erkennen läßt.

97 Leder, Todesstrafe, S. 119.

98 Aigner, Zur gesellschaftlichen Stellung von Henkern, Gladiatoren und Berufsathleten, S. 202.; Oppelt, Über die »Unehrlichkeit« des Scharfrichters, S. 288–293.

99 Schild, Alte Gerichtsbarkeit, S. 202.

100 Hollensteinchronik 1 A, pag. 15–16; Welti, Totenbuch, S. 14–19.

101 Niederstätter (Hg.), Urfehdebriefe, S. 83–84 Nr. 98.

102 Welti, Graf Kaspar, S. 508.

103 Gernhuber, Strafvollzug und Unehrlichkeit, S. 172.

104 VLA: VA Bludenz, Hds. u. Cod. 273, sine pag.

105 VLA: VA Bludenz, Hds. u. Cod. 276, sine pag.

106 Welti, Bludenz, S. 94.

107 Schild, Alte Gerichtsbarkeit, S. 93.

108 Vgl. den Abschnitt über die Kumulation von Strafen.

109 Niederstätter (Hg.), Urfehdebriefe, S. 16.

110 Scheffknecht, Hochgerichtsbarkeit und Galgen, S. 219.

[111] Chronik des P. Franciscus Ransperg, VLB: Hds. sine sign.

[112] Leder, Todesstrafe, S. 102–106. Oppelt, Über die »Unehrlichkeit« des Scharfrichters, S. 177, wendet sich gegen diese Auffassung. Er verkennt dabei, daß sich gerade in kultischen Bereichen unverstandene Relikte recht hartnäckig gehalten haben.

[113] Justiz in alter Zeit, S. 328.

[114] VLA: VA Feldkirch, Hds. u. Cod. 19, fol. 160v.

[115] VLA: VA Bludenz, Hds. u. Cod. 266.

[116] VLA: HoA. 69,19.

[117] Wiedemann, Eine Allgäuer Scharfrichter-Familie 2, S. 1–2.

[118] Schild, Scharfrichter, S. 280–281; Schuhmann, Der Scharfrichter, S. 62.

[119] Justiz in alter Zeit, S. 328; Schuhmann, Der Scharfrichter, S. 60 f.

[120] VLA: VA Bludenz, Hds. u. Cod. 266.

[121] VLA: OA Bregenz, Nr. 52.

[122] Welti, Hohenems 1, S. 168.

[123] Moser, Scharfrichter von Tirol, S. 92.

[124] Schuhmann, Der Scharfrichter, S. 60; Moser, Scharfrichter von Tirol, S. 92.

[125] VLA: HoA 160,6.

[126] VLA: HoA 72,8.

[127] Scheffknecht, Armut und Not als soziales Problem, S. 80.

[128] Oppelt, Über die »Unehrlichkeit« des Scharfrichters, S. 229–230.

[129] Ebenda, S. 230.

[130] VLA: HoA. 161,24.

[131] Oppelt, Über die »Unehrlichkeit« des Scharfrichters, S. 172.

[132] Ohler, Sterben und Tod im Mittelalter, S. 133–134.

[133] Oppelt, Über die »Unehrlichkeit« des Scharfrichters, S. 175–183.

[134] Ohler, Sterben und Tod im Mittelalter, S. 133.

[135] Leder, Todesstrafe, S. 137–139; Justiz in alter Zeit, S. 332–333; Moser, Scharfrichter von Tirol, S. 110–111.

[136] VLA: Urkunde 6553 und Urkunde 7183; NN (Hg.), Jnstruction, S. 40.

[137] VLA: HoA. 160,6.
[138] VLA: HoA. 78,2.
[139] Schild, Der Katalog der Strafen, S. 330.
[140] Schild, Alte Gerichtsbarkeit, S. 202.
[141] Schild, Katalog der Strafen, S. 330; Schild, Alte Gerichtsbarkeit, S. 202–204; Moser, Scharfrichter von Tirol, S. 98–102.
[142] Niederstätter (Hg.), Urfehdebriefe, S. 83–84 Nr. 98.
[143] Ebenda, S. 90–91 Nr. 109; Welti, Bludenz, S. 97.
[144] VLA: VA Bludenz, Hds. u. Cod. 264, fol. 32v; Welti, Bludenz, S. 109–110.
[145] VLA: VA Bludenz, Hds. u. Cod. 336, sine pag.
[146] VLA: Urkunden Nr. 6553 und 7183; VLA: HoA. 69,19; Wiedemann, Eine Allgäuer Scharfrichter-Familie 2, S. 1–2.
[147] Moser, Scharfrichter von Tirol, S. 100.
[148] VLA: HoA. 160,6.
[149] Scheffknecht, Armut und Not als soziales Problem, S. 80.
[150] VLA: OA Bregenz, Nr. 52
[151] StA. Dornbirn: M 24.
[152] VLA: OA Bregenz, Nr. 52.
[153] Moser, Scharfrichter von Tirol, S. 100.
[154] VLA: VA Bludenz, Hds. u. Cod. 264, fol. 32v.
[155] StA. Dornbirn: M 24.
[156] Leder, Todesstrafe, S. 150–152; Justiz in alter Zeit, S. 332.
[157] Ilg, Späte Nachweise, S. 234.
[158] Ebenda, S. 236.
[159] Justiz in alter Zeit, S. 332.
[160] Leder, Todesstrafe, S. 152–153; Justiz in alter Zeit, S. 332.
[161] Jacobs-Rölleke, Kommentar, S. 212.
[162] Moser, Scharfrichter von Tirol, S. 102.
[163] Niederstätter (Hg.), Urfehdebriefe, S. 61 Nr. 62; Ilg, Späte Nachweise, S. 234; Sander, Begnadigungsrecht, S. 18f.
[164] Ilg, Späte Nachweise, S. 234–235.
[165] Welti, Bludenz, S. 110.

[166] VLA: Urkunde 6553 und Urkunde 7183; NN (Hg.), Jnstruction, S. 40; Wiedemann, Eine Allgäuer Scharfrichter-Familie 2, S. 1–2.
[167] His, Strafrecht 1, S. 500 ff.
[168] Niederstätter (Hg.), Urfehdebriefe, S. 53 Nr. 49; Sander, Begnadigungsrecht, S. 28.
[169] VLA: VA Bludenz, Hds. u. Cod.268, fol. 32r-34v.
[170] VLA: Urkunde 6553; NN (Hg.), Jnstruction, S. 40.
[171] Justiz in alter Zeit, S. 331.
[172] Gismann-Fiel, Täufertum, S. 125.
[173] VLA: VA Bludenz, Hds. u. Cod. 253, sine pag.
[174] Gismann-Fiel, Täufertum, S. 125.
[175] VLA: VA Bludenz, Hds. u. Cod. 264, fol. 32v. Dazu auch Welti, Bludenz, S. 109–110, und Tschaikner, »Damit das Böse ausgerottet werde«, S. 162.
[176] VLA: VA Feldkirch, Hds. u. Cod. 19, fol. 160v.
[177] Tschaikner, »Damit das Böse ausgerottet werde«, S. 162.
[178] Ebenda, S. 162–164 sowie passim.
[179] Ebenda, S. 163.
[180] Beispielsweise: VLA: HoA. 76,8: Die wegen Hexerei zum Tode verurteilten Anna Eschenbachin und Margretha Waiblin wurden vom Grafen 1650 »dahin begnadigt, das bemelte übelthätere des lebendigen verbrennens erlaßen und dagegen mit dem Schwert vom leben Zum Todt gericht, und beeder Cörper Zue Eschen verbränndt und die Äschen hernach vergraben werden.«
[181] Beck, Hexenprozeß, S. 137.
[182] Tschaikner, »Damit das Böse ausgerottet werde«, S. 69–71.
[183] VLA: HoA. 97,4.
[184] Tschaikner, »Damit das Böse ausgerottet werde«, S. 162–163.
[185] VLA: Urkunde 6553 und Urkunde 7183; NN (Hg.), Jnstruction, S. 40; Wiedemann, Eine Allgäuer Scharfrichter-Familie 2, S. 1–2.
[186] VLA: HoA. 69,19.
[187] VLA: VA Feldkirch, Hds. u. Cod. 19, fol. 160v.

[188] VLA: VA Bludenz, Hds. u. Cod. 276, sine pag.; Beck, Ein Hexenprozeß aus Vorarlberg, S. 141, allerdings ungenau.
[189] Beck, Ein Hexenprozeß aus Vorarlberg, S. 141.
[190] Tschaikner, »Damit das Böse ausgerottet werde«, S. 162–163.
[191] VLA: Urk. Nr. 6553.
[192] NN (Hg.), Jnstruction, S. 41–42.
[193] VLA: OA Bregenz, Nr. 52.
[194] VLA: Urk. Nr. 6553.
[195] NN (Hg.), Jnstruction, S. 39–43, hier S. 42; VLA: Urk. Nr. 7183; VLA: OA Bregenz, Nr. 52. Vgl. auch Wiedemann, Eine Allgäuer Scharfrichter-Familie 2, S. 1–2
[196] Geiger, Artikel »Selbstmörder«. In: Handwörterbuch des deutschen Aberglaubens 7, Sp. 1627–1633, besonders Sp. 1629.
[197] Ebenda, Sp. 1629.
[198] VLA: VA Bludenz, Hds. u. Cod. 265, sine pag.
[199] VLA: VA Bludenz, Hds. u. Cod. 273, sine pag.
[200] VLA: VA Feldkirch, Hds. u. Cod. 23, pag. 73.
[201] VLA: OA Bregenz, Nr. 52.
[202] Privatbesitz.
[203] Schild, Ehrenstrafen, S. 342–343.
[204] Geiger, Artikel »Selbstmörder«. In: Handwörterbuch des deutschen Aberglaubens 7, Sp. 1629 ff.
[205] Beispiele Ebenda, Sp. 1631–1632.
[206] Vgl. dazu die Abschnitte über »Ertränken« und »Verbrennen«.
[207] Moser, Scharfrichter von Tirol, S. 116; Schuhmann, Der Scharfrichter, S. 201–203; NN., Artikel »Faß«. In: Deutsches Rechtswörterbuch 3, Sp. 427–428.
[208] Hartl, Das Wiener Kriminalgericht, S. 367.
[209] VLA: OA Bregenz, Nr. 52.
[210] Moser vermutet, daß der materielle Aspekt für die in dieser Frage oft unnachgibige Haltung der Tiroler Behörden ausschlaggebend war, da nach dem hier üblichen Landrecht der Obrigkeit zwei

Drittel des Nachlasses eines Selbstmörders zustanden. Moser, Scharfrichter von Tirol, S. 117.

211 VLA: HoA. 94,13.

212 VLA: HoA. 158,31.

213 Schild, Das Strafrecht als Phänomen der Geistesgeschichte, S. 35.

214 Ebenda, S. 26.

215 Ebenda, S. 35.

216 VLA: HoA. 80,6.

217 Hartl, Das Wiener Kriminalgericht, S. 355; Hergemöller, Sodomiter, S. 338.

218 Hergemöller, Sodomiter, S. 339.

219 Schild, Das Strafrecht als Phänomen der Geistesgeschichte, S. 26.

220 Hergemöller, Sodomiter, S. 342–343.

221 Schild, Geschichte der Verbrechen und Strafen, S. 152.

222 Ebenda, S. 152; Schwerhoff, Verordnete Schande, S. 166.

223 Schild, Geschichte der Verbrechen und Strafen, S. 152.

224 His, Strafrecht 1, S. 510.

225 van Dülmen, Theater des Schreckens, S. 66.

226 Ebenda, S. 68.

227 Ebenda, S. 63.

228 Niederstätter, Frauenleben im vorindustriellen Vorarlberg, S. 34–35.

229 Franz Mone (Hg.), S. 129- 171.

230 Carlen, Rechtsaltertümer, S. 214–216.

231 van Dülmen, Theater des Schreckens, S. 67.

232 VLA: Urk. Nr. 6553 und Nr. 7183; NN (Hg.), Jnstruction, S. 39–43; VLA: HoA. 69,19.

233 Burmeister, Grundlinien, S. 49.

234 van Dülmen, Theater des Schreckens, S. 70–71.

235 Niederstätter (Hg.), Urfehdebriefe, S. 76–77 Nr. 88.

236 VLA: HoA. 103,24.

237 Unter einem Schilling verstand man 48 Hiebe. Moser, Scharfrichter von Tirol, S. 80

238 Welti, Totenbuch, S. 14–19.

239 Welti, Bludenz, S. 110; Welti, Graf Kaspar, S. 508.

240 VLA: VA Bludenz, Hds. u. Cod. 325, sine pag.

241 van Dülmen, Theater des Schreckens, S. 69; Moser, Scharfrichter von Tirol, S. 80–81.

242 Niederstätter (Hg.), Urfehdebriefe, S. 13.

243 Ebenda, S. 112 Nr. 142.

244 van Dülmen, Theater des Schreckens, S. 70; Schwerhoff, Verordnete Schande, S. 166.

245 van Dülmen, Theater des Schreckens, S. 70.

246 Scheffknecht, Arme Weiber, S. 92–93; ders., Armut – Mobilität – Kriminalität, S. 225.

247 VLA: Urk. Nr. 7183.

248 Scheffknecht, Arme Weiber, S. 97 und 107, Anm. 89.

249 VLA: Patente, Schachtel 4, s.d. 13.9.1784.

250 Carlen, Rechtaltertümer, S. 214.

251 StA. Dornbirn: Malefizgerichtsprot. s.d. 15.12.1746.

252 VLA: Patente, Schachtel 4, s.d. 13.9.1784.

253 Schwerhoff, Köln im Kreuzverhör, S. 141.

254 Schwerhoff, Verordnete Schande, S. 165.

255 Schwerhoff, Köln im Kreuzverhör, S. 142.

256 Ebenda, S. 143.

257 Ebenda, S. 138–139; van Dülmen, Theater des Schreckens, S 62 ff.

258 Schwerhoff, Verordnete Schande, S.177–179; van Dülmen, Theater des Schreckens, S. 74.

259 VLA: HoA., Hds. u. Cod. 261, fol 89r.

260 VLA: VA Feldkirch, Hds. u. Cod. 26, pag. 92–93.

261 VLA: VA Feldkirch, Hds. u. Cod. 21, pag. 115–116.

262 VLA: VA Feldkirch, Hds. u. Cod. 22, pag. 110.

263 VLA: HoA. 94,36.

264 VLA: HoA. 103,24.

265 StA. Dornbirn: Malefizgerichtsprot. s.d. 15.12.1746.

266 VLA: HoA. 160,6.

[267] van Dülmen, Theater des Schreckens, S. 67.
[268] Gismann-Fiel, Täufertum, S. 127.
[269] Niederstätter (Hg.), Urfehdebriefe, S. 112–113 Nr. 142.
[270] Ebenda, S. 113–114 Nr. 144.
[271] VLA: HoA., Hds. u. Cod. 226, sine pag.
[272] van Dülmen, Theater des Schreckens, S. 73.
[273] VLA: VA Bludenz, Schachtel 23 Nr. 170.
[274] Schwerhoff, Verordnete Schande, S. 165.
[275] VLA: VA Feldkirch, Hds. u. Cod. 26, pag. 93.
[276] VLA: VA Feldkirch, Hds. u. Cod. 21, pag. 116 und 22, pag. 110.
[277] van Dülmen, Theater des Schreckens, S. 65.
[278] VLA: VA Bludenz, Schachtel 51, Nr. 607.
[279] VLA: VA Bludenz, Schachtel 51, Nr. 607.
[280] VLA: Urk. Nr. 6553 und Nr. 7183; NN (Hg.), Jnstruction, S. 39–43; VLA: HoA. 69,19.
[281] VLA: HoA. 69,19.
[282] VLA: H. u. OA. Bregenz, Hds. u. Cod. 205, fol. 104r.
[283] VLA: HoA., Hds. u. Cod. 270, fol.81.
[284] VLA: HoA., Hds. u. Cod. 271, fol.79.
[285] StA. Dornbirn: Malefizgerichtsprot. s.d. 15.12.1746.
[286] E.A. Rauter, Folter in Geschichte und Gegenwart von Nero bis Pinochet. Frankfurt a. M. 1989, S. 4.
[287] Schild, Die Folter als rechtliches Beweisverfahren, S. 244.
[288] Ebenda, S. 244.
[289] Ebenda, S. 244; Lotte Riedelsperger, Artikel »Folter«. In: Sachwörterbuch der Mediävistik, S. 251–252.
[290] Es muß betont werden, daß es hier nicht um die »Erfindung« der Folter geht. Natürlich wurde praktisch zu allen Zeiten versucht, Menschen durch das Zufügen von körperlichen oder seelischen Qualen zur Preisgabe von Geheimnissen zu bringen. In unserem Zusammenhang geht es darum, wann die »peinliche Befragung« zum Bestandteil eines Prozeßrechtes geworden ist. Vgl. Schild, Alte Gerichtsbarkeit, S. 158–160.

291 Über den Zeitpunkt der ersten Nennung der Folter im deutschen Sprachraum herrscht keineswegs Einhelligkeit. Lange Zeit galt das Stadtrecht von Wiener Neustadt (zwischen 1221 und 1230) als das älteste Zeugnis. Überdies wurde auf einen wesentlich älteren Gebrauch der Folter geschlossen. Vgl. beispielsweise Conrad, Deutsche Rechtsgeschichte 1, S. 391; R. Lieberwirth, Artikel »Folter«. In: HRG 1 (1971), Sp. 1150–1151. Weder die Datierung des Wiener Neustädter Stadtrechts noch der rückwärtsgewandte Charakter des Folterparagraphen können heute noch aufrecht erhalten werden. Das Stadtrecht ist vermutlich eine Fälschung aus der Zeit um 1277. Der Folterparagraph ist mit einiger Wahrscheinlichkeit als eine Reaktion auf einen entsprechenden Artikel des Schwabenspiegels, der um 1270 oder kurz danach entstanden ist, zu deuten. Die Fälschung sollte wahrscheinlich einen Schutz gegen zu erwartende überhöhte Steuerforderungen Rudolfs von Habsburg darstellen. Vgl. Hageneder, Zum ersten Zeugnis für die Anwendung der Folter in Deutschland, S. 143–148. Als früheste gesicherte Zeugnisse für die Anwendung der Folter durch weltliche Gerichte im deutschsprachigen Bereich gelten neuerdings Augsburg 1321 und Straßburg 1323. Vgl. W. Schild, Artikel »Folter«. In: Lexikon des Mittelalters 4, S. 614–616, hier Sp. 616. Dies ist in Anbetracht der Verhältnisse in Wiener Neustadt nicht einleuchtend. Die Aufnahme des Folterparagraphen in die Fälschung von ca. 1277 weist deutlich daraufhin, daß in den vorher schon habsburgischen Landen die Folter durchaus üblich war. Weshalb hätten sich die Wiener Neustädter sonst dagegen schützen sollen?

292 Schild, Die Folter als rechtliches Beweisverfahren, S. 247.

293 Boockmann, Das grausame Mittelalter, S. 3.

294 Schild, Die Folter als rechtliches Beweisverfahren, S. 247–249.

295 Ebenda, S. 249.

296 Niederstätter (Hg.), Urfehdebriefe, S. 18.

297 Ebenda, S. 19.

298 Ebenda, S. 76–77 Nr. 98.

[299] Ebenda, S. 83–84 Nr. 98.
[300] Ebenda, S. 90–91 Nr. 109; Welti, Bludenz, S. 97.
[301] Niederstätter (Hg.), Urfehdebriefe, S. 18–19; Welti, Bludenz, S. 97.
[302] Moser, Scharfrichter von Tirol, S. 60–61; Niederstätter (Hg.), Urfehdebriefe, S. 18- 19.
[303] Tschaikner, »Damit das Böse ausgerottet werde«, S. 157.
[304] Ebenda, S. 158–159.
[305] Ebenda, S. 158.
[306] VLA: HoA. 76,8.
[307] VLA: HoA. 76,7.
[308] VLA: VA Bludenz, Hds. u. Cod. 268, fol. 30r.
[309] VLA: VA Bludenz, Hds. u. Cod. 273, sine pag.
[310] VLA: VA Bludenz, Hds. u. Cod. 268, fol. 36v-37r.
[311] Nowosadtko, Scharfrichter und Abdecker, S. 61.
[312] Conrad, Deutsche Rechtsgeschichte 1, S. 391; Schild, Die Folter als rechtliches Beweisverfahren, S. 249–250.
[313] Tschaikner, »Damit das Böse ausgerottet werde«, S. 148.
[314] Ebenda, S. 157–158. Tschaikner betont zu Recht, daß es sich »nominell« um einen schweren Verstoß gegen die Strafprozeßordnung handelt, daß aber über Brutalität und Dauer der einzelnen Folterungen nichts ausgesagt wird. Drei Folterdurchgänge konnten mitunter wesentlich härter sein als eine weit größere Anzahl, wenn der Scharfrichter mit der entsprechenden Brutalität vorging.
[315] Nowosadtko, Scharfrichter und Abdecker, S. 58–60.
[316] VLA: HoA. 76,16.
[317] Welti, Graf Kaspar, S. 504.
[318] StA. Dornbirn: M 4; Scheffknecht, Fahrende Leute und Scharfrichter, S. 44–45.
[319] VLA: VA Feldkirch, Hds. u. Cod. 23, pag. 74.
[320] Nowosadtko, Scharfrichter und Abdecker, S. 59.
[321] Scheffknecht, Hinrichtung, S. 56–57.
[322] VLA: Urk. Nr. 7183.

[323] VLA: OA Bregenz, Nr. 642.
[324] Schild, Die Folter als rechtliches Beweisverfahren, S. 250.
[325] VLA: VA Bludenz, Hds. u. Cod. 249, sine pag.
[326] VLA: VA Bludenz, Hds. u. Cod. 253, sine pag.
[327] VLA: VA Bludenz, Hds. u. Cod. 253, sine pag.
[328] VLA: VA Bludenz, Hds. u. Cod. 265, sine pag.
[329] Nowosadtko, Scharfrichter und Abdecker, S. 124.
[330] Wiedemann, Eine Allgäuer Scharfrichter-Familie 2, S. 2.
[331] VLA: OA Bregenz, Nr. 52.
[332] VLA: HoA. 69,19.
[333] Nowosadtko, Scharfrichter und Abdecker, S. 146–148.
[334] Beispielsweise: StA. Bregenz: Steuerbuch 1677, fol. 149r; Steuerbuch 1681, fol. 157r.
[335] VLA: HoA. 51,14.
[336] VLA: Landgericht Sonnenberg, Schachtel 1769, Publ. 2690 ex 1827.
[337] StA. Bregenz: Ratsprotokoll s.d. 15.7.1666, fol. 29v.
[338] StA. Bregenz: Akt 768.
[339] StA. Bludenz: Fasz. CXVI 19.
[340] Zehrer, Flurnamen, S. 360.
[341] VLA: HoA., Hds. u. Cod. 299, pag. 82, und 300, sine pag.
[342] StA. Bregenz: Steuerbuch 1676, fol. 149r; Steuerbuch 1677, fol. 149r; Steuerbuch 1679, fol. 156r; Steuerbuch 1681, fol. 157r; Steuerbuch 1682, fol. 160r; Steuerbuch 1695, fol. 158r.
[343] Wiedemann, Eine Allgäuer Scharfrichter-Familie 2, S. 2.
[344] VLA: VA Feldkirch, Hds. u. Cod. 2, fol. 15.
[345] VLA: VA Feldkirch, Hds. u. Cod. 2, fol. 185.
[346] Vgl. dazu den Abschnitt über die genealogischen Verstrickungen.
[347] VLA: OA Bregenz, Nr. 52.
[348] Wiedemann, Eine Allgäuer Scharfrichter-Familie 2, S. 1–2.
[349] VLA: HoA., Hds. u. Cod. 359, pag. 170–181.
[350] Xaver Deigentesch an die bayerische Landesdirektion, 16.1.1808. VLA: Vorarlberger Akten, Schachtel 46/568.

351 Bayerisches Rentamt Bregenz an bayerische Landesdirektion, 6.5.1807; bayerische Landesdirektion an das bayerische Rentamt Bregenz, 18.7.1807; Xaver Deigentesch an die bayerische Landesdirektion, 16.1.1808; bayerisches Forstamt Bregenz, 6.1.1808. VLA: Vorarlberger Akten, Schachtel 46/568.

352 Wiedemann, Eine Allgäuer Scharfrichter-Familie 2, S. 2.

353 VLA: Vorarlberger Akten, Schachtel 45/552.

354 VLA: Vorarlberger Akten, Schachtel 45/552.

355 VLA: Landgericht Bregenz, Schachtel 82/9.

356 Scheffknecht, Eliten, S. 83; Hartung, Das Westallgäu als vorindustrielle Gewerbelandschaft, S. 88–141.

357 Burmeister-Niederstätter (Hg.), Dokumente, S. 117, Nr. 84.

358 VLA: HoA., Hds. u. Cod. 359, pag. 625–630.

359 VLA: HoA., Hds. u. Cod. 359, pag. 320–321.

360 VLA: HoA., Hds. u. Cod. 359, pag. 341–343.

361 Nowosadtko, Scharfrichter und Abdecker, S. 131.

362 VLA: HoA. 69,19.

363 Als Grundlage wurden die Bregenzer Scharfrichterordnungen von 1574 (VLA: Urk. Nr. 6553), 1695 (NN (Hg.), Jnstruction, S. 39–43) und 1762 (VLA: Urk. Nr. 7183) sowie Hohenemser Scharfrichterordnungen von 1649, 1681, 1691 und 1738 (VLA: HoA. 69,19) gewählt.

364 Zu den in den Ordnungen festgesetzten 10 fl. an Wartgeld kamen noch Naturalleistungen im Wert von 4 fl., die oft in Geld abgelöst wurden.

365 Höhere Summe jeweils bei vermögenden Delinquenten.

366 Die höhere Summe ergibt sich daraus, daß in der Bregenzer Ordnung von 1762 die Summe spezifiziert wird: 4 fl. für den Streich, 40 kr. für Strick und Handschuhe, 30 kr. für den Stuhl, 1 fl. für die »kante«, 2 fl. für das Vergraben des Leichnams und 1 fl. für Schaufel und Pickel.

367 Höhere Summe bei anschließendem Verbrennen.

[368] 4 fl. für das Hängen einschließlich des Stricks, 1 fl. für den Transport der Leiter zum Hochgericht und wieder zurück, 40 kr. für Strick und Handschuhe, 1 fl. für die Kante, 2 fl. für das Beerdigen der Leiche oder für das spätere Vergraben einer vom Galgen herabgefallenen Leiche und 1 fl. für Schaufel und Pickel.

[369] Abschneiden der Ohren oder der Finger, Brandmarkung auf Backe, Rücken oder Stirn.

[370] 2 fl. wurden bezahlt, wenn ein Delinquent nur an den Pranger gestellt wurde. Bei anderen Körperstrafen und bei der Kombination des Prangerstehens mit einer anderen Strafe wurden 4 fl. bezahlt.

[371] 40 kr. und 15 kr. für die Handschuhe.

[372] In Bregenz wird das Wegschwemmen auf dem Wasser, das Verbrennen oder Vergraben eines Selbstmörders gleich entlohnt.

[373] 8 fl. bei einer vermögenden Person. Außerdem erhält der Scharfrichter jeweils noch den Roßlohn sowie einen Anteil am Nachlaß des Selbstmörders.

[374] 30 kr. beim Abziehen eines Stücks Vieh in Hohenems, 36 kr. in Lustenau. Wenn das gefallene Tier an einem der sogenannten vier Hauptmängel litt, gehörte es dem Scharfrichter mit Haut und Haar.

[375] Tschaikner, »Damit das Böse ausgerottet werde«, S. 208–212.

[376] Tschaikner, Hexenverfolgungen in Dornbirn, S. 71.

[377] Nowosadtko, Scharfrichter und Abdecker, S. 84–98.

[378] VLA: HoA. 69,19.

[379] Michel Reichle erhielt 1755 außer dem gewöhnlichen Wartgeld noch vier Viertel Vesen a 22 kr. sowie sieben Maß Wein im Wert von 2 fl. 4 kr., also insgesamt zusätzlich 3 fl. 32 kr. VLA: HoA., Hds. u. Cod. 158, sine pag.

[380] VLA: HoA., Hds. u. Cod. 268, fol. 133r-133v.

[381] An anderer Stelle ist auf die Bande und ihre Vergehen bereits eingegangen worden. Scheffknecht, Arme Weiber, S. 97–99, mit Angabe der Quellen und weiterer Literatur.

382 Andreas Blauert vermittelt in seinem Buch über die Bande der »Alten Lisel«, der 1732 der Prozeß gemacht wurde, ein eindrucksvolles Bild von der aufwendigen Suche der Behörden nach der Wahrheit. Blauert, Sackgreifer und Beutelschneider, passim, besonders S. 9.

383 VLA: HoA., Hds. u. Cod. 268, fol. 127r-133v.

384 In Bregenz wurde in ähnlichen Fällen auch noch der Schulmeister dafür bezahlt, daß er diese Kinder unterrichtete.

385 VLA: Urk. Nr. 6553.

386 VLA: HoA. 69,19.

387 Wiedemann, Eine Allgäuer Scharfrichter-Familie 1, S. 2–3.

388 TLA: Missiven an Hof 1609, fol. 581–584. Auch Tschaikner, Die frühneuzeitlichen Hexenverfolgungen, S. 780.

389 VLA: OA Bregenz, Nr. 52.

390 VLA: OA Bregenz, Nr. 52.

391 VLA: H. u. OA. Bregenz, Hds. u. Cod. 211, pag. 170.

392 VLA: H. u. OA. Bregenz, Hds. u. Cod. 211, pag. 147.

393 VLA: Vorarlberger Akten, Schachtel 45/552.

394 Vgl. weiter unten.

395 VLA: Kreisamt I, Schachtel 358/35.

396 VLA: HoA. 95,8; 103,25; 156,6 und 156,11. Auch Scheffknecht, Armut und Not als soziales Problem, S. 90–92.

397 VLA: HoA., Hds. u. Cod. 2 sine pag. Allgemein zur Vermögensverteilung in Hohenems im Jahr 1747 vgl. Scheffknecht, Eliten, S. 77–79.

398 Taufbuch Feldkirch, pag. 92, s. d. 1728: Johann Follmar »Frei-Mann unter dem Kapf« (Xerokopien im VLA).

399 Taufbuch Feldkirch, pag. 266–267, s. d. 17.9.1809, pag. 286–287, s. d. 14.5.1811, pag. 318, s. d. 1.8.1814.

400 Taufbuch Feldkirch, pag. 220, s. d. 5.7.1804.

401 Glenzdorf-Treichel, Henker, Schinder und arme Sünder 1, S. 26.

402 Ebenda 1 u. 2, passim; Quellen und Nachrichten, passim.

403 Ebenda 1, S. 44. Dies trifft im übrigen auch auf die Wasenmeister zu. Matschek, Wasenmeister, S. 410–419.

404 Kurrus, Scharfrichterfamilie, S. 48–55.

405 VLA: VA Bludenz Hds. u. Cod. 251, 252, 253, 254, 255, 256, 257, 258, sine pag.; 259, fol. 26r.

406 VLA: Urk. Nr. 6553.

407 VLA: VA Bludenz, Hds. u. Cod. 273, sine pag.

408 VLA: VA Bludenz, Hds. u. Cod. 275, sine pag., und 276, sine pag.

409 Tschaikner, Frühneuzeitliche Hexenverfolgungen, S. 103.

410 Welti, Bludenz, S. 93–94.

411 Wiedemann, Eine Allgäuer Scharfrichter-Familie 1, S. 3.

412 Moser, Scharfrichter von Tirol, S. 161. Moser gibt leider keine Belegstelle für die Tätigkeit Vollmars in Vorarlberg an.

413 VLA: VA Bludenz, Hds. u. Cod. 309, sine pag.

414 Moser, Scharfrichter von Tirol, S. 153.

415 VLA: VA Bludenz, Schachtel 17 Nr. 74.

416 StA. Feldkirch: Akten Nr. 84.

417 Glenzdorf-Treichel, Henker, Schinder und arme Sünder 2, S. 141 Nr. 4071.

418 Er wird erstmals in einem Steuerbuch der Stadt Bregenz aus dem Jahr 1666 als »Mr. Dietrich, Nachrichter alhie« bezeichnet. Ab 1668 wird auch sein Familienname genannt. StA. Bregenz: Steuerbuch 1666, fol. 171r, Steuerbuch 1668, fol. 170r, Steuerbuch 1672, fol. 147r, Steuerbuch 1673, fol. 148r, Steuerbuch 1676, fol. 149r, Steuerbuch 1677, fol. 149r, Steuerbuch 1679, fol. 156r, Steuerbuch 1680, sine pag., Steuerbuch 1681, fol. 157r, Steuerbuch 1682, fol. 160r, Steuerbuch 1689, fol. 166v, Steuerbuch 1693, fol. 134r, Steuerbuch 1694, fol. 138r; VLA: VA Bludenz, Schachtel 28 Nr. 238/6 und Schachtel 23 Nr. 170; VA Feldkirch, Hds. u. Cod. 2, fol. 59 a; H. u. OA. Bregenz, Hds. u. Cod. 184.

419 Nowosadtko, Scharfrichter und Abdecker, S. 296.

420 Ehebuch Bregenz 1657–1700, pag. 214.

421 VLA: OA Bregenz Nr. 52.

422 Als Sohn des Scharfrichters Jakob Vollmar von Pfullendorf wird er im Ehebuch bezeichnet. Wiedemann hält ihn für den Enkel Wolf Vollmars, gibt aber keine Quelle an. Wiedemann, Eine Allgäuer Scharfrichter-Familie 1, S. 3.

423 Ehebuch Bregenz 1657–1700, fol. 292.

424 Taufbuch Feldkirch 1615–1712, fol. 305r.

425 StA. Lindau: Reichsstädtische Akten 49,7.

426 NN (Hg.), Jnstruction, S. 43.

427 StA. Lindau: Reichsstädtische Akten 49,7.

428 Nowosadtko, Scharfrichter und Abdecker, S. 204–205.

429 Der Ehe entstammten folgende Kinder: Johann Georg (* 2.2.1696), Johann Jakob (* 4.1.1698), Anna Maria (* 6.1.1699), Johann Jakob (* 22.10.1700), Anna Catherina (* 26.5.1702), Anna Barbara (27.11.1703), Maria Ursula (* 26.5.1706), Johann Theodor (* 2.10.1707), Anna Catherina (* 13.8.1710). Taufbuch Bregenz 2, fol. 376, 389, 398, 410, pag.425; 3, fol. 4, 20, 27, 42.

430 Sterbebuch Bregenz 1721–1768, pag. 153.

431 Sterbebuch Bregenz 1721–1768, pag. 262.

432 Johann Jakob verstarb am 11.9.1762 in Bregenz, seine Gattin war bereits am 3.5.1762 gestorben. Der Ehe entstammten nicht weniger als elf Kinder: Maria Viktoria (* 12.3.1731), Johann Ottmar (* 1.1.1732, † 6.12.1733), Maria Ursula (* 11.10.1733), Johannes Petrus (* 14.4.1735), Anna Maria (* 15.12.1736), Maria Anna (* 8.5.1739), Johannes Ottmar (* 27.02.1741 oder 24.03.1741), Maria Catharina (* 30.1.1743, † 30.01.1748), Johann Heinrich (* 13.8.1745, † 27.5.1747), Maria Theresia (* 6.2.1747), Johann Jakob Almachius (Joachim) (* 19.01.1750, † 28.1.1750). Taufbuch Bregenz, 3, fol. 156, 163, 171, 189, 211, 253, 278; 4, pag. 2, 28, 44, 71; Sterbebuch Bregenz 1721–1768, pag. 119, 265, 268, 289.

433 Wiedemann, Eine Allgäuer Scharfrichter-Familie 1, S. 3.

434 VLA: OA Bregenz, Nr. 52.

435 Maria Francisca (* 30.9.1764, † 11.2.1768), M. Francisca (* 23.8. 1766), Johann Jakob (* 12.8.1767), Johann Georg Stephan

(* 26.11.1768), Maria Francisca Victoria (* 21.12.1769), Johann Abraham Ampl. (* 29.12.1770, † 1.1.1771), Johann Gebhard (* 27.8. 1772). Im Sterbebuch finden sich außerdem die Einträge »obiit infans Joan. Caroly f.l. Joan. Petri Vollmar Carnificis« (3.11.1765) und »Obiit infans M. Francisca f.l. Petri Vollmar Carnificis.« (11.02.1768). Taufbuch Bregenz, 4, pag. 236, 257, 267, 276, 287, 300, 320; Sterbebuch Bregenz 1721–1768, pag. 419, 448; Sterbebuch Bregenz 1769–1784, fol. 28r.

436 Maria Anna (* 3.8.1776, † 18.08.1776, »aetatis 15 dierum«), Josef Gallus (* 15.10.1777, † 15.10.1777, »infans...unius diei«), Josef Conrad (* 24.11.1779), Johann Peter »ex civitate« (* 22.09.1781, † 18.11.1781 »infans...aetatis unius horae« [?!]). Taufbuch Bregenz, 4, pag. 417, 438; 5, pag. 29, 50; Sterbebuch Bregenz 1769–1784, pag. 81, 109, 123.

437 Josef Jakob Anton (* 29.02.1792), Johannes Petrus (* 22.05.1793), Gebhard Johann Nepomuk (* 15.05.1794, † 17.7.1826) und Jakob (* ?, † 4.8.1838 in Mailand). Taufbuch Bregenz, 6,1, fol. 40, 46r, 53. VLA: Verlassenschaften 37/2011 (Gebhard Vollmar), 75/2537 (Jakob Vollmar) und 82/9 (Cezillia Deigentesch).

438 StA. Bregenz: Akt 768.

439 VLA: Verlassenschaften 82/9 (Cezillia Deigentesch).

440 VLA: HoA. 69,19.

441 Jeromy (* 17.10.1671), Hans Jerg (* 26.3.1674), Maria (* 28.1.1678), Christina (* 15.2.1679), Anna Maria (* 7.8.1680), Catharina (* 6.1. 1682), Regina (* 8.10.1683). Taufbuch Hohenems 1, 2 (1670–1721), pag. 266, 285, 308, 314, 319, 327, 336.

442 Johann Michael (* 11.10.1686), Anna Maria (* 12.12.1694). Taufbuch Feldkirch 1615- 1712, fol. 303v, 305r.

443 VLA: HoA. 69,19.

444 In Lindau wurde während der Verhandlungen über eine Anstellung dem Kandidaten ein ausgearbeiteter Anstellungsvertrag zugeschickt. Er konnte danach noch Änderungsvorschläge einbringen. StA. Lindau: Reichsstädtische Akten 49,7.

445 VLA: HoA., Hds. u. Cod. 232, pag. 79; 356, sine pag.; 124, sine pag.; 249, pag. 122; 250, pag. 88; 251, pag. 97; 252, pag. 86–87; 253, pag. 86–87.

446 VLA: HoA. 69,19.

447 Maria Barbara (* 31.1.1713), Johann Georg (* 22.11.1713), Catharina (* 12.11.1714), Maria Magdalena (* 14.3.1718), Maria Susanna (* 8.2.1720). Taufbuch Altenstadt 1681–1776, sine pag.

448 Johannes (* 15.12.1709), Josef Anton (* 4.8.1711), Maria Francisca (* 20.7.1717). Taufbuch der Pfarre Altenstadt 1681–1776, sine pag.

449 Johann Georg Vollmar war mit Anna Waltlin verheiratet. Dieser Ehe entsprangen vier Kinder: M. Ursula (* 15.10.1725), Johann Georg (* 2.10.1728), Johann Jakob (* 11.10.1731), Franz Anton (* 3.1.1741). Taufbuch Altenstadt 1681–1776, sine pag.; Taufbuch Feldkirch, pag. 92,93,94.

450 VLA: HoA., Hds. u. Cod. 279, fol. 28v; 280, fol. 31r; 281, fol. 30v; 282, fol. 32r; 283, fol. 34v; 284, fol. 34v; 285, fol. 34r; 286, fol. 30v; 287, fol. 60v; 288, pag. 57; 289, pag. 32; 290, pag. 33; 292, pag. 28; 293, sine pag.; 294, pag. 28; 295, pag. 31; 296, pag. 127; 297, sine pag.; 298, sine pag.; 299, pag. 75 und 82; 300, sine pag.; 301 sine pag.; 303, pag. 87; 305, pag. 87; 306, pag. 105; 307, pag. 78; 309, pag. 110; 315, pag. 107.

451 Jakob (* 18.7.1766, † 19.11.1817), Maria Anna Crescencia (* 19.9.1767), Anna Catharina (* 1769). Taufbuch Altenstadt 1681–1776, sine pag.

452 Franz Josef (14.4.1803), Georg Gebhard (* 15.7.1804), Johann Georg (* 9.12.1806), Maria Crescentia (* 17.9.1809), Johann Nepomuk (* 14.5.1811), Madlena (* 1.8.1814), Gebhard (* 7.2.1816). Taufbuch Feldkirch, pag. 220, 240, 266–267, 286–287, 312–313, 324; VLA: Landgericht Sonnenberg, Schachtel 1769, Publ. 2690 ex 1827.

453 VLA: Landgericht Sonnenberg, Schachtel 1769, Publ. 2690 ex 1827; dazu auch Hämmerle, Glück in der Fremde, S. 78.

454 VLA: Landgericht Sonnenberg, Schachtel 1769, Polit. 2287 ex 1828.

455 Csendes, Wiener Scharfrichter, S. 28–29.

[456] Münster, Scharfrichtersippen, S. 7–8.
[457] Kurrus, Scharfrichterfamilie, S. 52.
[458] Wagner, Stockacher Scharfrichter, S. 161–163.
[459] VLA: VA Feldkirch, Hds. u. Cod. 19, fol. 160v und 161v-162r.
[460] StA. Lindau: Reichsstädtische Akten 49,7.
[461] Ehebuch Bregenz 1657–1700, pag. 214.
[462] Moser, Scharfrichter von Tirol, S. 177.
[463] VLA: OA Bregenz, Nr. 52.
[464] Moser, Scharfrichter von Tirol, S. 161–162.
[465] Glenzdorf-Treichel, Henker, Schinder und arme Sünder 1, S. 17; Schmid, Die Biberacher Scharfrichter, S. 411.
[466] Glenzdorf-Treichel, Henker, Schinder und arme Sünder 1, S. 17.
[467] Scheffknecht, Fahrende Leute und Scharfrichter, S. 39.
[468] VLA: Administration Hohenems, Hds. u. Cod. 2, pag. 752–754.
[469] StA. Leutkirch: Ratsprotokoll s.d. 12.10.1756.
[470] Scheffknecht, Fahrende Leute und Scharfrichter, S. 39.
[471] Wilbertz, Scharfrichter und Abdecker im Hochstift Osnabrück, S. 140. Wilbertz scheint allerdings diesen Aspekt zu überschätzen. Wäre die Besitzsicherung wirklich der Hauptgrund für die Bildung von Scharfrichterdynastien, müßte nachgewiesen werden können, daß den Scharfrichterskindern ein Weg in andere »ehrliche« Berufe offenstand, und daß die Beschränkung auf das angestammte Berufsfeld freiwillig war. Diesen Beweis bleibt Wilbertz freilich schuldig.
[472] Nowosadtko, Scharfrichter und Abdecker, S. 195. Ähnlich wie für Wilbertz ist auch für Nowosadtko die Heiratspolitik der Scharfrichter »in erster Linie soziale Strategie und ist nicht als Indiz sozialer Diskriminierung zu bewerten.« Auch sie bleibt allerdings eine Erklärung dafür schuldig, weshalb die Ehepartner der Scharfichter in jenen Fällen, da es sich nicht um Angehörige anderer unehrlicher Berufe handelte, meist aus den Unterschichten und Randgruppen stammten.
[473] Nowosadtko, Scharfrichter und Abdecker, S. 199.

474 Ebenda, S. 213.
475 Nowosadtko, Betrachtungen über den Erwerb von Unehre, S. 236.
476 Bregenzer Schreibkalender 1761, sine pag.
477 van Dülmen, Der infame Mensch, S. 239.
478 Stuart, Unehrlichkeitskonflikte, S. 113.
479 Nowosadtko, Die Ehre, die Unehre und das Staatsinteresse, S. 366.
480 Ebenda, S. 366–367; dies., Betrachtungen über den Erwerb von Unehre, S. 237 f.
481 VLA: Urk. Nr. 6553.
482 Wiedemann, Eine Allgäuer Scharfrichter-Familie 1, S. 3.
483 NN (Hg.), Instruktion, S. 39–43; VLA: Urk. Nr. 7183; VLA: OA Bregenz, Nr. 52; VLA: HoA. 69,19.
484 VLA: HoA. 69,19.
485 VLA: HoA., Hds. u. Cod. 2, sine pag.
486 Moser, Die Scharfrichter von Tirol, S. 37.
487 StA. Bludenz: Fasz. LXXXVI/7.
488 Welti, Bludenz, S. 110.
489 Vgl. dazu das Kapitel über Selbstmörder.
490 Aries, Geschichte des Todes, S. 61.
491 Müller-Bergström, Artikel »Galgen«. In: Handwörterbuch des deutschen Aberglaubens 3, Sp. 261.
492 VLA: VA Feldkirch, Hds. u. Cod. 2, fol. 157v.
493 Welti, Totenbuch, S. 14–19.
494 PfA. Lustenau: Sterbebuch 1706 – 1772, pag. 85 (Xerokopien im VLA und im GdA. Lustenau).
495 Wiedemann, Eine Allgäuer Scharfrichter-Familie 2, S. 1–2.
496 VLA: VA Bludenz, Hds. u. Cod. 266, sine pag.
497 VLA: HoA. Hds. u. Cod. 272, fol. 77v.
498 VLA: OA Bregenz, Nr. 52.
499 Niederstätter (Hg.), Urfehdebriefe, S. 113–114 Nr. 144.
500 Müller-Bergström, Artikel »Galgen«. In: Handwörterbuch des deutschen Aberglaubens 3, Sp. 258–269.
501 Trombley, Die Hinrichtungsindustrie, S. 58, 107.

502 Wiedemann, Eine Allgäuer Scharfrichter-Familie 2, S. 1–2.
503 VLA: OA Bregenz, Nr. 52.
504 VLA: HoA., Hds. u. Cod. 275, fol. 74v.
505 Schild, Alte Gerichtsbarkeit, S. 198; ders., Artikel »Galgen«. In: Lexikon des Mittelalters 4, Sp. 1085–1086, hier Sp. 1085; A. Erler, Artikel »Galgen«. In: Handwörterbuch zur deutschen Rechtsgeschichte 1, Sp. 1375–1377, hier Sp. 1376.
506 Bischofberger, Galgenkriege, S. 143.
507 Ebenda, S. 143.
508 Scheffknecht, Hochgerichtsbarkeit und Galgen, S. 200–221.
509 VLA: Gericht Sulzberg, Hds. u. Cod. 53, sine pag.
510 Oppelt, Über die »Unehrlichkeit« des Scharfrichters, S. 557–559.
511 Scheffknecht, Hochgerichtsbarkeit und Galgen, S. 218–219.
512 VLA: VA Bludenz, Hds. u. Cod. 266, sine pag.
513 VLA: VA Bludenz, Schachtel 85,965.
514 VLA: VA Bludenz, Hds. u. Cod. 325, sine pag.
515 VLA: VA Bludenz, Hds. u. Cod. 336, sine pag.
516 Beispielsweise besuchte der Scharfrichter Michel Reichle Ulrich Torggler in der Au und andere Zeugen in einem Prozeß wegen Pferdehandels mehrfach in deren Privathäusern. VLA: HoA., Hds. u. Cod. 359, pag. 341–343. Weitere Beispiele im Kapitel über die Nebenbeschäftigungen des Scharfrichters.
517 NN (Hg.), Instruktion, S. 43.
518 VLA: HoA., Hds. u. Cod. 359, pag. 285–287.
519 VLA: HoA., Hds. u. Cod. 2, sine pag.
520 Beispiele: VLA: HoA. 69,19; besonders aufschlußreich StA. Lindau: Reichsstädtische Akten 49,7.
521 Nowosadtko, Die Ehre, die Unehre und das Staatsinteresse, S. 366–367.
522 Nowosadtko, Scharfrichter und Abdecker, S. 266.
523 Wiedemann, Eine Allgäuer Scharfrichter-Familie 1, S. 2–3.
524 VLA: OA Bregenz, Nr. 52.
525 VLA: OA Bregenz, Nr. 52.

526 Wiedemann, Eine Allgäuer Scharfrichter-Familie 1, S. 2–3.

527 VLA: Administration Hohenems, Hds. u. Cod. 2, pag. 752–754.

528 Beispiele bei Scheffknecht, Arme Weiber, passim.

529 VLA: VA Feldkirch, Hds. u. Cod. 2, fol. 59r.

530 Franz Stetter, Lustenauer Sippenbuch, passim. (Im Druck).

531 StA. Bludenz: Ratsprotokoll s. d. 13.1.1720, 16.2.1720 und 19.2. 1720.

532 Welti, Hohenems, S. 168.

533 VLA: VA Feldkirch, Hds. u. Cod. 2, fol. 61r.

534 Es sei diesbezüglich auf den äußerst instruktiven Überblick bei Voß verwiesen: Voß, Henker, S. 87–114.

535 Eibl-Eibesfeldt, Krieg und Frieden, S. 121.

536 Ebenda, S. 121.

537 Ebenda, S. 121; Aigner, Zur gesellschaftlichen Stellung von Henkern, Gladiatoren und Berufsathleten, S. 201.

538 Aigner, Zur gesellschaftlichen Stellung von Henkern, Gladiatoren und Berufsathleten, S. 201.

539 So wurde in den USA noch bis in die 1970er Jahre bei Erschießungen einem Mitglied des Exekutionskommandos ein mit einer Platzpatrone geladenes Gewehr zugewiesen. Auf diese Weise sollte erreicht werden, daß für jeden der Schützen weiter die Möglichkeit bestand, sich damit zu trösten, daß gerade er nicht für den Tod eines Menschen verantwortlich sei. Diese Strategie verfehlte allerdings oft ihre Wirkung, da ein erfahrener Schütze am Rückstoß erkennen konnte, ob seine Waffe mit scharfer Munition geladen war oder nicht. Daß die Tötungshemmung auf diese Weise nicht zwingend überwunden werden kann, zeigt auf dramatische Weise die Hinrichtung eines beim Gefängnispersonal beliebten Delinquenten in Utah 1951. Jeder der fünf Schützen versuchte sich damals aus der Verantwortung für den Tod eines Menschen zu stehlen, indem er nicht auf die durch eine Zielscheibe markierte Stelle über dem Herzen des Delinquenten, sondern auf seine rechte Körperhälfte zielte (Trombley, Die Hinrichtungs-

industrie, S. 22–23). Bei der Hinrichtung mit dem elektrischen Stuhl wird der gesamte Hinrichtungsvorgang in zahlreiche einzelne Tätigkeiten zerlegt, die von einer Menge verschiedener Personen ausgeführt werden. Durch den Einsatz derartiger Hinrichtungsteams wird der einzelne von der Schuld, für den Tod eines Menschen verantwortlich zu sein, entbunden (Nowosadtko, »Scharfrichter« - »Hangman«, S. 171). Bei der in verschiedenen Bundesstaaten der USA eingesetzten Injektionsmaschine wird die tödliche Giftinjektion dadurch ausgelöst, daß zwei Personen, die übrigens vom Delinquenten räumlich getrennt sind, gleichzeitig zwei verschiedene Knöpfe drücken. Ein Zufallsgenerator entscheidet darüber, durch welchen der beiden Knopfdrucke die Injektion aktiviert wird. Im Augenblick seiner Aktivierung wird jedoch dieses Computerprogramm gelöscht, sodaß sich nachträglich nicht mehr feststellen läßt, mit welchem der beiden Druckknöpfe die Giftinjektion aktiviert wurde. Das Gerät kann im Falle des Stromausfalles auch mechanisch bedient werden. Dazu müssen zwei manuelle Hebel gezogen werden, von denen einer eine Atrappe ist. Beide verfügen über gleich starke Federn, sodaß bei der Bedienung kein Unterschied zu spüren ist. In Missouri, wo diese Art der Hinrichtung zur Anwendung kommt, ist der gesamte Ablauf durch das sogenannte »Missouri-Protokoll« bis ins kleinste Detail geregelt und ritualisiert. Der Vollzug der Tötung wird auch hier durch ein Hinrichtungsteam vorgenommen. So soll jedem einzelnen der Beteiligten geholfen werden, »mit seinen persönlichen Gefühlen dadurch fertig zu werden, daß seine Verantwortung Teil einer kollektiven Verantwortlichkeit für die Hinrichtung war.« (Trombley, Die Hinrichtungsindustrie, S. 134 ff., 153, passim).

540 Aigner, Zur gesellschaftlichen Stellung von Henkern, Gladiatoren und Berufsathleten, S. 201–202.

541 Schild, Scharfrichter, S.279.

542 Wutzel (Hg.), Die Rechtsquellen der Stadt Eferding, S. 8.

543 von Hentig, Der gehängte Henker, S. 33.
544 Gernhuber, Strafvollzug und Unehrlichkeit, S. 149f.
545 Aigner, Zur gesellschaftlichen Stellung von Henkern, Gladiatoren und Berufsathleten, S. 202.
546 Gladigow, Homo publice necans, S. 154.
547 Aigner, Zur gesellschaftlichen Stellung von Henkern, Gladiatoren und Berufsathleten, S. 202.
548 Tschaikner, »Also schlecht ist das Weib von Natur...«, S. 69; Tschaikner, »Damit das Böse ausgerottet werde«, S. 240; Hampl, Menschen und Dämonen, S. 128.
549 von Hentig, Henkersmahlzeit, S. 200.
550 Ebenda, S. 210.
551 Eine Fülle von Beispielen finden sich bei von Hentig, Henkersmahlzeit, S. 220–224.
552 Ebenda, S. 220.
553 Ebenda, S. 229.
554 Ebenda, S. 230–234.
555 Ebenda, S. 233.
556 Laurentius de Sandrart, De Noricorum causis adimendi legitimam (1703), S. 31. Dort heißt es in XXXVI: »Carnifices apud alios populos non ubique infamia laborarunt«. Zitiert nach Aigner, Zur gesellschaftlichen Stellung von Henkern, Gladiatoren und Berufsathleten, S. 205. Aigner ist m.W. der einzige unter den modernen Autoren, der dieses frühe Werk Sandrarts zur Kenntnis genommen hat.
557 Barring, Götterspruch und Henkerhand, S. 196f.
558 Aigner, Zur gesellschaftlichen Stellung von Henkern, Gladiatoren und Berufsathleten, S. 205.
559 Tschaikner, »Damit das Böse ausgerottet werde«, S. 23–25.
560 Angstmann, Der Henker in der Volksmeinung, S. 60.
561 Freundliche Mitteilung von Herrn Dr. Ziegler (Stadtarchiv St. Gallen) betreffs des St. Galler Scharfrichters; auch StA. Lindau: Reichsstädtische Akten 49/7.

[562] Conrad, Deutsche Rechtsgeschichte 1, S. 170; Voß, Henker, S. 109.

[563] Voß, Henker, S. 109.

[564] Hartung, Gesellschaftliche Randgruppen im Spätmittelalter, S. 65.

[565] Glenzdorf-Treichel, Henker, Schinder und arme Sünder 1, S. 44; Putzer (Hg.), Das Salzburger Scharfrichter Tagebuch, S. 21 ff.; Wilbertz, Scharfrichter und Abdecker im Hochstift Osnabrück, S. 317 ff.

[566] van Dülmen, Der infame Mensch, S. 266.

[567] Nowosadtko, Betrachtungen über den Erwerb von Unehre, S. 240.

[568] Schwerhoff, Verordnete Schande, S. 163 und 172. In der Grafschaft Lippe machten im 17. und 18. Jahrhundert die Ehrenstrafen weniger als 2 Prozent der belegten Strafen aus. Im Vergleich dazu wurden im Reichsstift Salem zwischen Februar 1751 und Juli 1758 115 von 351 angeklagten Personen einer Ehrenstrafe unterworfen (S. 172).

[569] Schwerhoff, Verordnete Schande, S. 183.

[570] Nowosadtko, Die Ehre, die Unehre und das Staatsinteresse, S. 367.

[571] Schwerhoff, Verordnete Schande, S. 174.

[572] Steiner, Gemeinden, Räte und Gerichte, S. 145.

[573] Nowosadtko, Betrachtungen über den Erwerb von Unehre, S. 241.

[574] Laubach, Die Täuferherrschaft in Münster, S. 511–512.

[575] Gernhuber, Strafvollzug und Unehrlichkeit, S. 165.

[576] Schwerhoff, Verordnete Schande, S. 183.

[577] Ebenda, S. 176.

[578] Moser, Die Scharfrichter von Tirol, S. 37.

[579] Ebenda, S. 39.

[580] Wiedemann, Eine Allgäuer Scharfrichter-Familie 1, S. 2–3.

[581] Taufbuch Bregenz 4, pag. 320, 417 und 438; 5, pag. 29.

[582] Taufbuch Feldkirch, pag. 240 bzw. pag. 312–313.

[583] Nowosadtko, Scharfrichter und Abdecker, S. 333.

[584] Ebenda, S. 362.

[585] Jahres=Bericht der Kaiserlich Königlichen Studien=Anstalt zu Feldkirch in Vorarlberg bekannt gemacht bei der öffentlichen Preisvertheilung den 6. September 1815. Feldkirch (?) 1815 (Johann Kaspar Graff), S. 6.

[586] VLA: Landgericht Bregenz, Schachtel 82/9.

[587] StA. Bregenz: Akt 768.

[588] StA. Bregenz: Akt 768.

[589] VLA: Landgericht Sonnenberg, Schachtel 1769, Publ. 2690 ex 1827.

[590] VLA: Landgericht Sonnenberg, Schachtel 1769, Publ. 2690 ex 1827; Hämmerle, Glück in der Fremde, S. 78.

[591] VLA: Landgericht Sonnenberg, Schachtel 1769, Polit. 2287 ex 1828.

[592] Nowosadtko, Scharfrichter und Abdecker, S. 339.

[593] Ebenda, S. 363.

[594] StA. Bregenz: Akt 768.

[595] VLA: Landgericht Sonnenberg, Schachtel 1810, Sanität XI 134/394 ex 1837.

[596] Nowosadtko, Scharfrichter und Abdecker, S. 335.

[597] VLA: Landgericht Sonnenberg, Schachtel 1728, Publ. X 56, ex 1834.

[598] Hermenigilda Franziska (* 24.7.1853), Vigilius Bonaventura (* 27.7.1854) und Ludmilla Ferdinanda (* 27.3.1859). VLA: L.u.BG. Bregenz, Verlassenschaften 128/232.

[599] Freundliche Mitteilung von Herrn Dr. Greißing (Bregenz).

[600] VLA: Kreisamt I, Schachtel 269/3652 Polizei.

[601] VLA: Landgericht Dornbirn, Schachtel 335,170.

[602] Die Originale der Gutachten haben sich nicht erhalten. Über ihren Inhalt sind wir nur mittelbar durch das oben zitierte Bewerbungsschreiben informiert. Der Dornbirner Landrichter Mathis bestätigte in seinem Begleitschreiben aber alle von Bösch gemachten Angaben. Dabei bezog er sich auch auf die zitierten Gutachten. Er betonte, daß Ferdinand Bösch ein gesunder und kräftiger Mann sei, der überdies einen vorteilhaften Leumund besitze. Landgericht Dornbirn an Kreisamt Bregenz, 3.7.1844. VLA: Kreisamt I, Schachtel 269/3652 Polizei.

[603] Landgericht Bregenz an Kreisamt Bregenz, 18.7.1844. VLA: Kreisamt I, Schachtel 269/3652 Polizei.
[604] Polzeidirektion Innsbruck an Kreisamt Bregenz, 18.12.1844. VLA: Kreisamt I, Schachtel 269/3652 Polizei.
[605] Gehrer, Aus der Dorfchronik 1, S. 11.
[606] Kreishauptmann Ebner an Polizeidirektion Innsbruck, 5.9.1844. VLA: Kreisamt I, Schachtel 270/5104 Polizei.
[607] Polizeidirektion Innsbruck an Kreisamt Bregenz, 1.10.1844. VLA: Kreisamt I, Schachtel 270/5104 Polizei.
[608] Kreisamt Bregenz an Polizeidirektion Innsbruck, 11.11.1844. VLA: Kreisamt I, Schachtel 270/5104 Polizei.
[609] Polizeidirektion Innsbruck an Kreisamt Bregenz, 29.4.1845. VLA: Kreisamt I, Schachtel 270/5104 Polizei.
[610] Statthalterei Innsbruck an Kreisamt Bregenz, 7.1.1854. VLA: BA u. BH Bregenz, Schachtel 110/III Polizei.
[611] Statthalterei Innsbruck an Kreisamt Bregenz, 1.4.1854. VLA: BA u. BH Bregenz, Schachtel 110/III Polizei.
[612] Gehrer, Dorfchronik, S. 31.
[613] Freundliche Mitteilung von Herrn Dr. Greißing, Bregenz.
[614] Nowosadtko, Scharfrichter und Abdecker, S. 333–340.
[615] Burmeister, Grundlinien, S. 50.
[616] Nowosadtko, Scharfrichter und Abdecker, S. 339.
[617] Ebenda, S. 339.
[618] Ebenda, S. 337.
[619] Wratzfeld, Eine blutige Geschichte, S. 44–49.
[620] Nowosadtko, Scharfrichter und Abdecker, S. 338.
[621] Nowosadtko, »Scharfrichter« – »Hangman«, S. 169–170.
[622] von Hentig, Henkersmahlzeit, S. 208.

Gedruckte Quellen und Literatur*

Aigner, Zur gesellschaftlichen Stellung von Henkern, Gladiatoren und Berufsathleten: Heribert Aigner, Zur gesellschaftlichen Stellung von Henkern, Gladiatoren und Berufsathleten. In: Soziale Randgruppen und Außenseiter im Altertum. Hg. von Ingomar Weiler. Graz 1988, S. 201–220.

A.K.G., Eine Scharfrichterordnung vom Jahre 1608: A.K.G., Eine Scharfrichterordnung vom Jahre 1608. In: Holunder 14/50 (12.12.1936), S. 1–2.

Angstmann, Der Henker in der Volksmeinung: Else Angstmann, Der Henker in der Volksmeinung. Seine Namen und sein Vorkommen in der mündlichen Volksüberlieferung. Tübingen 1972 (= Nachdruck der 1. Auflage, Halle an der Saale 1928).

Aries, Geschichte des Todes: Philippe Aries, Geschichte des Todes. 4. Aufl. München 1989.

Barring, Götterspruch und Henkerhand: Ludwig Barring, Götterspruch und Henkerhand. Die Todesstrafe in der Geschichte der Menschheit. Essen 1980.

Beck, Hexenprozeß: Paul Beck, Ein Hexenprozeß aus Vorarlberg v.J. 1597. In: Ders., Ausgewählte Aufsätze zur Geschichte Oberschwa-

* Archivalische Quellen werden in den Anmerkungen zitiert.

bens. Hg. von der Gesellschaft für Geschichte und Heimatpflege Althausen. Bad Buchau 1985, S. 135–143.

Bischofberger, Galgenkriege: Hermann Bischofberger, Galgenkriege in der Schweizer Geschichte. In: Forschungen zur Rechtsarchäologie und Rechtsvolkskunde 13 (1991), S. 141–172.

Boockmann, Das grausame Mittelalter: Hartmut Boockmann, Das grausame Mittelalter. Über ein Stereotyp, ein didaktisches Problem und ein unbekanntes Hilfsmittel städtischer Justiz, den Wundpegel. In: GWU 38 (1987), S. 1–9.

Burmeister-Niederstätter (Hg.), Dokumente: Karl Heinz Burmeister und Alois Niederstätter (Hg.), Dokumente zur Geschichte der Juden in Vorarlberg vom 17. bis zum 19. Jahrhundert. Dornbirn 1988 (= Forschungen zur Geschichte Vorarlbergs 9, der ganzen Reihe 16).

Burmeister, Grundlinien: Karl Heinz Burmeister, Grundlinien der Rechtsgeschichte Vorarlbergs. In: Montfort 39 (1987), S. 42–52.

Carlen, Rechtsaltertümer: Louis Carlen, Rechtsaltertümer im Vorarlberger Landesmuseum. In: Jahrbuch des Vorarlberger Landesmuseumsvereins 135 (1991), S. 207 – 216.

Csendes, Wiener Scharfrichter: Peter Csendes, Die Wiener Scharfrichter von den Anfängen bis zum Jahre 1919. In: Jahrbuch der Heraldisch Genealogischen Gesellschaft »Adler« 3/10 (1979/81), S. 25–31.

Conrad, Deutsche Rechtsgeschichte: Hermann Conrad, Deutsche Rechtsgeschichte Bde. 1–2. 2. Aufl. Karlsruhe 1962.

Danckert, Unehrliche Leute: Werner Danckert, Unehrliche Leute. Die verfemten Berufe. 2. Aufl. München-Bern 1979.

Dinges, Die Ehre als Thema der Stadtgeschichte: Martin Dinges, Die Ehre als Thema der Stadtgeschichte. Eine Semantik im Übergang vom Ancien Regime zur Moderne. In: ZHF 16 (1989), S. 409–440.

van Dülmen, Der infame Mensch: Richard van Dülmen, Der infame Mensch. In: Ders., Gesellschaft der Frühen Neuzeit: Kulturelles Handeln und sozialer Prozeß. Beiträge zur historischen Kulturforschung. Wien-Köln-Weimar 1994 (= Kulturstudien. Bibliothek der Kulturgeschichte 28), S. 236–278.

van Dülmen, Schauspiel des Todes: Richard van Dülmen, Das Schauspiel des Todes. Hinrichtungsrituale in der frühen Neuzeit. In: Volkskultur. Zur Wiederentdeckung des vergessenen Alltags (16.-20. Jahrhundert). Hg. von Richard van Dülmen und Norbert Schindler. Frankfurt am Main 1984, S. 203–245 und 417–423.

van Dülmen, Theater des Schreckens: Richard van Dülmen, Theater des Schreckens. Gerichtspraxis und Strafrituale in der frühen Neuzeit. 3. Aufl. München 1988.

Eibl-Eibesfeldt, Krieg und Frieden: Irenäus Eibl-Eibesfeldt, Krieg und Frieden aus der Sicht der Verhaltensforschung. München-Zürich 1975.

Gehrer, Aus der Dorfchronik: Josef Gehrer, Aus der Dorfchronik 1: Die Geschlechter und Hausnamen von Höchst. Höchst o.J.

Gernhuber, Strafvollzug und Unehrlichkeit: Joachim Gernhuber, Strafvollzug und Unehrlichkeit. In: Zeitschrift der Savigny-Stiftung für Rechtsgeschichte / Germanistische Abteilung 74 (1957), S. 119–177.

Gimpel, Nachrichten: Klaus Gimpel, Nachrichten über die Henker (Büttel, Scharfrichter) in Münster. In: Westfälische Zeitschrift 141 (1991), S. 151–168.

Gladigow, Homo publice necans: Burkhard Gladigow, Homo publice necans. Kulturelle Bedingungen kollektiven Tötens. In: Saeculum 37 (1986), S. 150–165.

Hämmerle, Glück in der Fremde: Markus W. Hämmerle, Glück in der Fremde? Vorarlberger Auswanderer im 19. Jahrhundert. Feldkirch 1990 (= Schriftenreihe der Rheticus-Gesellschaft 25).

Hageneder, Zum ersten Zeugnis für die Anwendung der Folter in Deutschland: Othmar Hageneder, Zum ersten Zeugnis für die Anwendung der Folter in Deutschland. In: Geschichte und ihre Quellen. Festschrift für Friedrich Hausmann zum 70. Geburtstag. Hg. von Reinhard Härtel. Graz 1987, S. 143–148.

Handwörterbuch des deutschen Aberglaubens: Handwörterbuch des deutschen Aberglaubens Bde. 1-10. Hg. unter besonderer Mitwirkung von E. Hoffmann-Krayer und Mitarbeit zahlreicher Fachgenossen von Hanns Bächtold-Stäubli. Berlin und Leipzig 1935/1936.

Hartl, Das Wiener Kriminalgericht: Friedrich Hartl, Das Wiener Kriminalgericht. Strafrechtspflege vom Zeitalter der Aufklärung bis zur österreichischen Revolution. Wien-Köln- Graz 1973 (= Wiener Rechtsgeschichtliche Arbeiten 10).

Hartung, Gesellschaftliche Randgruppen im Spätmittelalter: Wolfgang Hartung, Gesellschaftliche Randgruppen im Spätmittelalter. Phänomen und Begriff. In: Städtische Randgruppen und Minderheiten. Hg. von Bernhard Kirchgässner und Fritz Reuter. Sigmaringen 1986 (= Stadt in der Geschichte 13), S. 49–114.

Hartung, Das Westallgäu als vorindustrielle Gewerbelandschaft: Wolfgang Hartung, Das Westallgäu als vorindustrielle Gewerbelandschaft: Vereinödung – Pferdehandel – Strohhutproduktion. In: Gewerbe und Handel vor der Industrialisierung. Regionale und überregionale Verflechtungen im 17. und 18. Jahrhundert. Hg. von Joachim Jahn und Wolfgang Hartung. Sigmaringendorf 1991 (= Regio Historica. Forschungen zur süddeutschen Regionalgeschichte 1), S. 88–141.

Helfer, Henker-Studien 1: Christian Helfer, Henker-Studien. In: AKG 46 (1971), S. 334–359.

Helfer, Henker-Studien 2: Christian Helfer, Henker-Studien (Neue Folge). In: AKG 47 (1972), S. 96–117.

von Hentig, Der gehängte Henker: Hans von Hentig, Der gehängte Henker. Eine kriminalhistorische Studie. In: Schweizer Zeitschrift für Strafrecht 71 (1956), S. 32–43.

von Hentig, Henkersmahlzeit: Hans von Hentig, Vom Ursprung der Henkersmahlzeit. Nördlingen 1987.

His, Strafrecht 1: Rudolf His, Das Strafrecht des deutschen Mittelalters. Erster Teil: Die Verbrechen und ihre Folgen im allgemeinen. Leipzig 1920.

His, Strafrecht 2: Rudolf His, Das Strafrecht des deutschen Mittelalters. Zweiter Teil: Die einzelnen Verbrechen. Weimar 1935.

Ilg, Späte Nachweise: Karl Ilg, Späte Nachweise des »Lebendigbegrabens« als Strafvollzug aus den Alpenländern. In: Rheinisches Jahrbuch für Volkskunde 10, S. 232–237.

Irsigler-Lassotta, Bettler und Gaukler, Dirnen und Henker: Franz Irsigler-Arnold Lassotta, Bettler und Gaukler, Dirnen und Henker. Randgruppen und Außenseiter in Köln 1300- 1600. Köln 1984.

Jacobs-Rölleke, Kommentar: Jürgen C. Jacobs-Heinz Rölleke, Kommentar. In: Das Tagebuch des Meister Franz, Scharfrichter zu Nürnberg. Nachdruck der Buchausgabe von 1801. Dortmund 1980, S. 205–240.

Jussel, Dorfbuch Bludesch: Guntram Jussel, Dorfbuch Bludesch. Von den Rätoromanen zur II. Republik. Geschichte und Gegenwart einer Walgaugemeinde. Bludesch 1994.

Kurrus, Scharfrichterfamilie: Karl Kurrus, Die Scharfrichterfamilie Burkhard von Endingen. In: Zeitschrift des Breisgau-Geschichtsvereins »Schau-ins-Land« 111 (1992), S. 47–56.

Laubach, Die Täuferherrschaft in Münster: Ernst Laubach, Die Täuferherrschaft in Münster. Zur Korrektur eines Fernsehfilms. In: GWU 8 (1994), S. 500–517.

Lauppe, Scharfrichter und Wasenmeister: Ludwig Lauppe, Der Scharfrichter und Wasenmeister zu Memprechtshofen. In: Die Ortenau 66 (1986), S. 242–250.

Leder, Todesstrafe: Karl Bruno Leder, Todesstrafe. Ursprung, Geschichte, Opfer. München 1986.

Leyh, Der Rosstaler Galgen: Robert Leyh, Der Rosstaler Galgen. Eine archäologische Untersuchung der ehemaligen Richtstätte. In: Forschungen zur Rechtsarchäologie und Rechtlichen Volkskunde 13 (1991), S. 133–140.

Matschek, Wasenmeister: Hans Matschek, Der verfemte Beruf des Wasenmeister. In: Carinthia 180 (1990), S. 401–434.

Mone (Hg.), Stadtrecht: Franz Mone (Hg.), Das Stadtrecht von Feldkirch nach der Abfassung von 1399. In: ZGO 21 (1868), S. 129–171.

Moser, Scharfrichter von Tirol: Heinz Moser, Die Scharfrichter von Tirol. Ein Beitrag zur Geschichte des Strafvollzuges in Tirol 1497–1787. Innsbruck 1982.

Moser-Rath, Galgenhumor wörtlich genommen: Elfriede Moser-Rath, Galgenhumor wörtlich genommen. In: Schweizerisches Archiv für Volkskunde 68/69 (1972/73), S. 423–432.

Münster, Scharfrichtersippen: Otto Münster, Die Scharfrichtersippen im kurtrierischen Amt Zell. In: Mitteilungen der westdeutschen Gesellschaft für Familienkunde 31/1 (1983), S. 6–8.

Niederstätter, Beiträge: Alois Niederstätter, Beiträge zur Verfassungs- und Verwaltungsgeschichte Vorarlbergs (14.-16. Jahrhundert). In: Montfort 39 (1987), S. 53–70.

Niederstätter, Frauenleben im vorindustriellen Vorarlberg: Alois Niederstätter, Frauenleben im vorindustriellen Vorarlberg. Beiträge zur regionalen Sozialgeschichte im Mittelalter und in der frühen Neuzeit. In: Hexe oder Hausfrau. Das Bild der Frau in der Geschichte Vorarlbergs. Hg. von Alois Niederstätter und Wolfgang Scheffknecht. Sigmaringendorf 1991, S. 26–56.

Niederstätter, Gesellschaftliche Strukturen: Alois Niederstätter, Gesellschaftliche Strukturen und soziale Verhältnisse im vorindustriellen Vorarlberg. In: Dornbirner Schriften. Beiträge zur Stadtkunde 8 (1990), S. 3–21.

Niederstätter (Hg.), Urfehdebriefe: Alois Niederstätter (Hg.), Vorarlberger Urfehdebriefe bis zum Ende des 16. Jahrhunderts. Eine Quellensammlung zur Rechts- und Sozialgeschichte des Landes. Dornbirn 1985 (= Forschungen zur Geschichte Vorarlbergs 6, der ganzen Reihe 13).

NN (Hg.), Jnstruction: NN (Hg.), Jnstruction Vor den Scharpfrichter derer Vier Herrschaften in Vorarrlberg M: O.V... ddo. Aprilis 1695. In: Jahrbuch des Vorarlberger Landesmuseumsvereins 2 (1860), S. 39–43.

Nowosadtko, Ehre: Jutta Nowosadtko, Die Ehre, die Unehre und das Staatsinteresse. Konzepte und Funktionen von »Unehrlichkeit« im historischen Wandel am Beispiel des Kurfürstentums Bayern. In: GWU 44 (1993), S. 362–381.

Nowosadtko, Betrachtungen über den Erwerb von Unehre: Jutta Nowosadtko, Betrachtungen über den Erwerb von Unehre. Vom Widerspruch »moderner« und »traditionaler« Ehren- und Unehrenkonzepte in der frühneuzeitlichen Ständegesellschaft. In: Ehre. Archaische Momente in der Moderne. Hg. von Ludgera Vogt und Arnold Zingerle. Frankfurt am Main 1994.

Nowosadtko, Scharfrichter und Abdecker: Jutta Nowosadtko, Scharfrichter und Abdecker. Der Alltag zweier »unehrlicher Berufe« in der Frühen Neuzeit. Paderborn – München – Wien – Zürich 1994.

Nowosadtko, »Scharfrichter« – »Hangman«: Jutta Nowosadtko, »Scharfrichter« – »Hangman«. Zwei soziokulturelle Varianten im Umgang mit dem Vollzug der Todesstrafe. In: AKG 74 (1992), S. 147–172.

Ohler, Sterben und Tod im Mittelalter: Norbert Ohler, Sterben und Tod im Mittelalter. München 1993.

Oppelt, Über die »Unehrlichkeit« des Scharfrichters: Wolfgang Oppelt, Über die »Unehrlichkeit« des Scharfrichters. Lengfeld 1976 (= Legfelder Libellen 1).

Peter, Hexenwahn: Norbert Peter, Hexenwahn in der Grafschaft Hohenems. In: Gedenkschrift Stadterhebung Hohenems 1333–1983. Hg. von Amt der Stadt Hohenems. Dornbirn 1983, S. 54–57.

Putzer, Aus dem Salzburger Scharfrichter Tagebuch: Peter Putzer, Aus dem Salzburger Scharfrichter Tagebuch. In: Forschungen zur Rechtsarchäologie und Rechtlichen Volkskunde 8 (1986), S. 115–135.

Putzer (Hg.), Das Salzburger Scharfrichter Tagebuch: Peter Putzer (Hg.), Das Salzburger Scharfrichter Tagebuch (1757–1817). St. Johann – Wien 1985 (= Schriften des Instituts für historische Kriminologie 1).

Sachwörterbuch der Mediävistik: Sachwörterbuch der Mediävistik. Hg. von Peter Dinzelbacher. Stuttgart 1992.

Sander, Begnadigungsrecht: Hermann Sander, Über das Begnadigungsrecht der Stadt Feldkirch und des hinteren Bregenzerwaldes. Innsbruck 1883 (= Sonderdruck aus dem Programme der k.k. Oberrealschule zu Innsbruck für 1882/83).

Scheffknecht, Armut – Mobilität – Kriminalität: Wolfgang Scheffknecht, Armut – Mobilität – Kriminalität. Zwei in Vorarlberg gedruckte Gaunerlisten als sozialgeschichtliche Quellen. In: Biblos 39 (1990), S. 219–229.

Scheffknecht, Armut und Not als soziales Problem: Wolfgang Scheffknecht, Armut und Not als soziales Problem. Aspekte der Geschichte vagierender Randgruppen im Bereich Vorarlbergs vom 16. bis zum

18. Jahrhundert. In: Innsbrucker Historische Studien 12/13 (1990), S. 69–96

Scheffknecht, Eliten: Wolfgang Scheffknecht, Dörfliche Eliten am Beispiel der Hofammänner von Lustenau und der Landammänner von Hohenems. In: Montfort 46 (1994), S. 77–96.

Scheffknecht, Hinrichtung: Wolfgang Scheffknecht, Die Hinrichtung der Barbara Waldnerin 1749 in Lustenau. In: Jahresbericht des Bundesoberstufen-Realgymnasiums Lauterach (1987/88), S. 55–59.

Scheffknecht, Hochgerichtsbarkeit und Galgen: Wolfgang Scheffknecht, Hochgerichtsbarkeit und Galgen im Reichshof Lustenau. In: Jahrbuch des Vorarlberger Landesmuseumsvereins 135 (1991), S. 217–222.

Scheffknecht, Fahrende Leute und Scharfrichter: Wolfgang Scheffknecht, Fahrende Leute und Scharfrichter. Beispiele für nicht-seßhafte und seßhafte Außenseiter und Randgruppen in der Geschichte Vorarlbergs. In: Dornbirner Schriften. Beiträge zur Stadtkunde 8 (1990), S. 23–51.

Scheffknecht, Scharfrichter in Vorarlberg: Wolfgang Scheffknecht, Scharfrichter in Vorarlberg. In: Jahresbericht des Bundesoberstufen-Realgymnasiums Lauterach (1985/86), S. 42–60.

Scheffknecht, Arme Weiber: Wolfgang Scheffknecht, »Arme Weiber«. Bemerkungen zur Rolle der Frau in den Unterschichten und vagierenden Randgruppen der frühneuzeitlichen Gesellschaft. In: Hexe oder Hausfrau. Das Bild der Frau in der Geschichte Vorarlbergs. Hg. von Alois Niederstätter und Wolfgang Scheffknecht. Sigmaringendorf 1991, S. 77–109.

Schild, Ehrenstrafen: Wolfgang Schild, Ehrenstrafen. In: Justiz in alter Zeit. Hg. von Ch. Hinckeldey. Rothenburg o.d.T. 1989 (= Schriftenreihe des Mittelalterlichen Kriminalmuseums Rothenburg ob der Tauber VI c), S. 335–348.

Schild, Die Folter als rechtliches Beweisverfahren: Wolfgang Schild, Die Folter als rechtliches Beweisverfahren. In: Justiz in alter Zeit. Hg. von Ch. Hinckeldey. Rothenburg o.d. Tauber 1989 (= Schriftenreihe des Mittelalterlichen Kriminalmuseums Rothenburg ob der Tauber VI c), S. 241–259.

Schild, Alte Gerichtsbarkeit: Wolfgang Schild, Alte Gerichtsbarkeit. Vom Gottesurteil bis zum Beginn der modernen Rechtssprechung. München 1980.

Schild, Geschichte der Verbrechen und Strafen: Wolfgang Schild, Geschichte der Verbrechen und Strafen. In: Strafjustiz in alter Zeit. Rothenburg ob der Tauber 1980 (= Schriftenreihe des mittelalterlichen Kriminalmuseums Rothenburg ob der Tauber 3), S. 103–180.

Schild, Katalog der Strafen: Wolfgang Schild, Der Katalog der Strafen. In: Justiz in alter Zeit. Hg. von Ch. Hinckeldey. Rothenburg o. d. T. 1989 (= Schriftenreihe des Mittelalterlichen Kriminalmuseums Rothenburg ob der Tauber VI c), S. 327–368

Schild, Scharfrichter: Wolfgang Schild, Scharfrichter. In: Justiz in alter Zeit. Hg. von Ch. Hinckeldey. Rothenburg o. d. T. 1989 (= Schriftenreihe des Mittelalterlichen Kriminalmuseums Rothenburg ob der Tauber VI c), S. 279–288

Schild, Das Strafrecht als Phänomen der Geistesgeschichte: Wolfgang Schild, Das Strafrecht als Phänomen der Geistesgeschichte. In: Justiz in alter Zeit. Hg. von Ch. Hinckeldey. Rothenburg o. d. T. 1989

(= Schriftenreihe des Mittelalterlichen Kriminalmuseums Rothenburg ob der Tauber VI c), S. 7–38.

Schmid, Die Biberacher Scharfrichter: Martina Schmid, Die Biberacher Scharfrichter. In: Lorenz Sönke (Hg.), Hexen und Hexenverfolgung im deutschen Südwesten. Aufsatzband. Karlsruhe 1994 (= Volkskundliche Veröffentlichunngen des Badischen Landesmuseums Karlsruhe 2/2), S. 411–415.

Schuhmann. Der Scharfrichter: Helmut Schuhmann, Der Scharfrichter. Seine Gestalt – seine Funktion. Kempten im Allgäu 1964.

Schwerhoff, Köln im Kreuzverhör: Gerd Schwerhoff, Köln im Kreuzverhör. Kriminalität, Herrschaft und Gesellschaft in einer frühneuzeitlichen Stadt. Bonn – Berlin 1991.

Schwerhoff, Verordnete Schande: Gerd Schwerhoff, Verordnete Schande? Spätmittelalterliche und frühneuzeitliche Ehrenstrafen zwischen Rechtsakt und sozialer Sanktion. In: Mit den Waffen der Justiz. Zur Kriminalitätsgeschichte des späten Mittelalters und der Frühen Neuzeit. Hg. von Andreas Blauert und Gerd Schwerhoff. Frankfurt am Main 1993, S. 158- 188 sowie S. 236–240.

Simon-Muscheid, Randgruppen, Bürgerschaft und Obrigkeit: Katharina Simon-Muscheid, Randgruppen, Bürgerschaft und Obrigkeit. Der Basler Kohlenberg, 14.-16. Jahrhundert. In: Spannungen und Widersprüche. Gedenkschrift für Frantisek Graus. Hg. von Susanna Burghartz, Hans-Jörg Gilomen u.a. Sigmaringen 1992, S. 203–225.

Sommer, Scharfrichter von Bern: Peter Sommer, Scharfrichter von Bern. Bern 1969.

Stegbauer, Der Dieb dem Galgen: Rainer Stegbauer, Der Dieb dem Galgen. Die Entstehung der Hängestrafe als ordentliche Hinrichtungsform im germanischen Recht. Jur. Diss. Erlangen-Nürnberg 1964.

Steiner, Gemeinden, Räte und Gerichte: Peter Steiner, Gemeinden, Räte und Gerichte im Nidwalden des 18. Jahrhunderts. Stans 1986 (= Beiträge zur Geschichte Nidwaldens 43).

Stuart, Unehrlichkeitskonflikte: Kathy Stuart, Unehrlichkeitskonflikte in Augsburg in der frühen Neuzeit. In: Zeitschrift des historischen Vereins Schwaben 83 (1990), S. 113–128.

Trombley, Die Hinrichtungsindustrie: Stephen Trombley, Die Hinrichtungsindustrie. Die Todesstrafe in den USA. Ein Gruppenbild mit Mördern. Reinbek bei Hamburg 1993.

Tschaikner, »Damit das Böse ausgerottet werde«: Manfred Tschaikner, »Damit das Böse ausgerottet werde«. Hexenverfolgungen in Vorarlberg im 16. und 17. Jahrhundert. Dornbirn 1992 (= Studien zur Geschichte und Gesellschaft Vorarlbergs 11).

Tschaikner, Hexenverfolgungen in Dornbirn: Manfred Tschaikner, Hexenverfolgungen in Dornbirn. In: Dornbirner Schriften. Beiträge zur Stadtkunde 8 (1990), S. 53–79.

Tschaikner, Frühneuzeitliche Hexenverfolgungen: Manfred Tschaikner, Frühneuzeitliche Hexenverfolgungen in den österreichischen Herrschaften vor dem Arlberg – Versuch einer Dokumentation und sozialgeschichtlicher Analyse. Phil. Diss. [masch.] Innsbruck 1991.

Tschaikner, »Also schlecht ist das Weib von Natur...«: Manfred Tschaikner, »Also schlecht ist das Weib von Natur...«: Grundsätzliches zur

Rolle der Frau in den Vorarlberger Hexenverfolgungen. In: Hexe oder Hausfrau. Das Bild der Frau in der Geschichte Vorarlbergs. Hg. von Alois Niederstätter und Wolfgang Scheffknecht. Sigmaringendorf 1991, S. 57–76.

Tschaikner, Vorarlberg: Manfred Tschaikner, Vorarlberg. In: Lorenz Sönke (Hg.), Hexen und Hexenverfolgung im deutschen Südwesten. Aufsatzband. Karlsruhe 1994 (= Volkskundliche Veröffentlichunngen des Badischen Landesmuseums Karlsruhe 2/2), S. 231–243.

Voß, Henker: Günter Voß, Henker. Tabugestalt und Sündenbock. In: Randgruppen der spätmittelalterlichen Gesellschaft. Hg. von Bernd-Ulrich Hergemöller. Warendorf 1990, S. 87- 114.

Wagner, Stockacher Scharfrichter: Hans Wagner, Stockacher Scharfrichter. In: Hegau 17/18 (1972/73), S. 149–163.

Welti, Gericht und Verwaltung: Ludwig Welti, Gericht und Verwaltung. In: Montafoner Heimatbuch. Hg. vom Stand Montafon. 2. Aufl. Bregenz 1980, S. 474–488.

Welti, Hohenems: Ludwig Welti, Die Entwicklung von Hohenems zur reichsfreien Residenz. In: Hohenems – Geschichte 1. Hg. von Marktgemeinde Hohenems. Hohenems o.J.

Welti, Graf Kaspar: Ludwig Welti, Graf Kaspar von Hohenems 1573–1640. Ein adeliges Leben im Zwiespalte zwischen friedlichem Kulturideal und rauher Kriegswirklichkeit im Frühbarock. Innsbruck 1963.

Wiedemann, Eine Allgäuer Scharfrichter-Familie: M. Wiedemann, Eine Allgäuer Scharfrichter-Familie. In: Holunder 9/47 (1931), S. 2–3, und 9/48 (1931), S. 1–2.

Welti, Totenbuch: Ludwig Welti, Was das Lustenauer Totenbuch erzählt. Dornbirn 1936 (= Sonderdruck aus Alemannia 1935/36).

Wilbertz, Scharfrichter und Abdecker im Hochstift Osnabrück: Gisela Wilbertz, Scharfrichter und Abdecker im Hochstift Osnabrück. Eine Untersuchung zur Sozialgeschichte zweier »unehrlicher« Berufe im nordwestdeutschen Raum vom 16. bis zum 19. Jahrhundert. Osnabrück 1979 (= Osnabrückische Geschichtsquellen und Forschungen 22).

Wilbertz, Standesehre und Handwerkskunst: Gisela Wilbertz, Standesehre und Handwerkskunst. Zur Berufsideologie des Scharfrichters. In: AKG 58 (1975), S. 154–177.

Wratzfeld, Eine blutige Geschichte: Viktor Wratzfeld, Eine blutige Geschichte. In: Jahresbericht des Bundesoberstufen-Realgymnasiums Lauterach (1981/82), S. 44–49.

Wutzel (Hg.), Die Rechtsquellen der Stadt Eferding: Otto Wutzel (Hg.), Die Rechtsquellen der Stadt Eferding. Graz-Köln 1954 (= Fontes Rerum Austriacarum III.2.)

Zehrer, Flurnamen: Josef Zehrer, Die Flurnamen. In: Hohenems – Kultur 2. Hg. von Marktgemeinde Hohenems. Bregenz 1978, S. 353–374.

Zipf, Generale: Hans Zipf, Die Generale Graf Philipp von Arco und Graf Ludwig von Marsigli. In: Montfort 35 (1983), S. 308–332 und 36 (1984), S. 7–41.